AF455983

BIBLIOTHEQUE SCOLAIRE INDOCHINOISE

CHARLES B. MAYBON

Docteur ès-lettres

Professeur de l'Enseignement supérieur en Indochine

LECTURES SUR L'HISTOIRE MODERNE ET CONTEMPORAINE DU PAYS D'ANNAM DE 1428 A 1926

Edition nouvelle revue et corrigée.

HANOI

IMPRIMERIE D'EXTRÊME-ORIENT

ÉDITEUR

—

1930

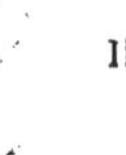

AVANT PROPOS

Au seuil de cette nouvelle édition des Lectures sur l'histoire du Pays d'Annam *refondues et complétées, je veux donner quelques explications à mes lecteurs.*

C'est d'un ton familier que je le ferai... les questions personnelles, dont j'ai à les entretenir n'ont pas une importance bien considérable et d'autre part, je me suis de nouveau convaincu, depuis que j'ai repris contact avec les populations scolaires annamites, que le meilleur moyen d'être bien entendu d'elles, c'était d'éviter l'accent guindé et magistral, et de leur parler tout bonnement en ami.

Et, d'ailleurs, ne sont-ce point de vrais et solides liens qui se sont noués entre nous ? N'ai-je pas gardé des amis parmi les premiers lecteurs des Notions sur l'histoire d'Annam (1909), *maintenant devenus des hommes ? Dix-sept années, en effet, se sont écoulées depuis la publication de ces* Notions, *— modeste petit livre sans autre prétention que d'être un* compendium nourri et exact *(voir la préface d'alors) et qui cependant, je l'avoue sans fausse honte, a été si grandement estimé... jusqu'à l'imitation, jusqu'au démarquage !... Mais de cette question, je m'interdis de parler : aussi bien, je ne suis pas fâché d'avoir pu — même de façon très indirecte et mon nom restant dans l'ombre — travailler au-delà des régions que les* Notions *pouvaient atteindre, à répandre,* *parmi les Annamites des écoles et les autres, les connaissances précises que j'avais acquises sur l'histoire de leur pays pendant mon passage à l'École française d'Extrême-Orient.*

Les Lectures, *conçues dans un esprit différent, ont suivi les* Notions *et, publiées en 1919 (après la disparition de mon regretté ami* Russier*), elles ont, depuis lors, continué leur carrière, sans amélioration et sans changement.*

Au lieu d'en donner à mes lecteurs une édition nouvelle — si transformée qu'elle puisse être, — j'aurais souhaité leur apporter cette Histoire des Pays de l'Union indochinoise *que je médite depuis longtemps, que j'ai commencé à écrire et pour laquelle j'ai obtenu la promesse de précieuses collaborations.*

Hélas ! une série de contre-temps a fait obstacle à la réalisation de cette belle entreprise. Et c'est au moment où un départ inopiné venait l'ajourner encore, qu'un problème nouveau s'est présenté. A la veille de quitter Hanoi, j'ai été informé par les éditeurs qu'un cinquième tirage des Lectures *devenait nécessaire, — le dernier étant épuisé et les demandes toujours nombreuses.*

Fallait-il donc laisser reproduire un texte établi en 1918, dont certaines parties avaient vieilli et dont la présentation était loin de me satisfaire ?

Une pareille question ne reste pas longtemps posée et, malgré l'impossibilité où j'étais de faire paraître l'Histoire des Pays de l'Union indochinoise, *je me montrai bien décidé à ne pas autoriser une simple réimpression des* Lectures.

Une solution moyenne s'est alors proposée : faire une nouvelle édition en refondant et complétant l'ancienne. Serais-je resté à Hanoi qu'une pareille solution n'eût sans doute pas été réalisable, faute de temps...; les loisirs escomptés d'une longue traversée et d'un congé forcé me l'ont fait admettre, et voilà comment, chers lecteurs, est née l'édition que je vous présente aujourd'hui.

Cette édition, vous ne serez pas longtemps à la reconnaître, diffère grandement de la primitive. Au point de vue de la forme, quelques menues erreurs ont été corrigées et des lacunes comblées; certains détails oiseux ont été supprimés, mais de nombreux détails ont été ajoutés, soit pour fournir un renseignement utile, soit pour donner à l'exposition plus de solidité et de liant.

D'autre part, certains points du plan ont été traités avec plus de développement et des sujets nouveaux ont été introduits, — si bien que le nombre des Lectures historiques *proprement dites s'est accru de 24, ce qui porte leur nombre total à 106 au lieu de 82.*

Enfin et surtout, grâce à une connaissance plus approfondie du sujet dans son ensemble, — près de vingt ans que j'en fais l'étude, — grâce à une vue précise des conditions actuelles de l'enseignement, j'ai conçu une idée plus juste du développement et de la signification des faits et j'ai voulu l'exposer avec plus de méthode; j'ai, en conséquence, modifié le plan général, ordonné différemment la distribution des matières et amélioré ainsi, je pense, le mode de présentation.

La table des matières rend apparents ces changements. Mais, chers lecteurs, il ne faut pas vous contenter d'y jeter un rapide coup d'œil. Vous devez en faire une étude attentive, si vous êtes soucieux de comprendre l'histoire de cette période de cinq siècles vécue par votre pays hors de l'influence directe des Chinois, période si variée, si multiple, si pleine de luttes, d'intrigues, d'efforts vers le mieux, de progrès entrevus et réalisés, d'activité souvent dépensée en vain, de grandeur et de souffrances.

C'est comme un raccourci de cette histoire féconde en événements importants pour le développement du peuple d'Annam qu'offre au lecteur averti la table des matières et c'est pour cette raison que j'ai voulu la placer en tête du livre.

Elle doit être l'objet de la première leçon : se rendre compte d'abord des trois grandes divisions :

L'Annam sous les Lê postérieurs ;

Les Tây-sơn et la fondation de la dynastie des Nguyễn ;

La dynastie des Nguyễn et l'intervention française,

puis, dans chaque partie, se rendre compte de l'ordre des chapitres, des raisons de cet ordre, de la dépendance mutuelle des questions traitées ; prendre ainsi du sujet une vue générale et acquérir la notion de l'enchaînement des faits dans leur ensemble.

Ce résultat obtenu, lire attentivement les titres des lectures de chaque chapitre pour pénétrer davantage dans le sujet et comprendre comment les faits constitutifs s'ordonnent; aucun titre n'a été écrit indifféremment, chacun a été choisi avec soin. Il ne s'agissait plus, en effet, de découper la matière historique en tranches, sous le prétexte — en apparence pédagogique — d'en permettre une ingestion plus facile ; mon but était, au contraire, de la présenter dans sa réalité et sa complexité vivantes sans donner trop aux détails et sans que l'exposition perdît de sa clarté et de sa fidélité.

Y serai-je parvenu ?

Je m'y suis, chers lecteurs, sincèrement efforcé, et j'aurai dans tous les cas atteint un de mes objets si, par mon exemple, j'ai pu faire concevoir aux maîtres chargés d'enseigner l'histoire du Pays d'Annam dans nos écoles, que le souci ne doit pas les quitter de montrer aux élèves non pas seulement des faits plus ou moins bien classés et étiquetés, mais les relations de ces faits, leur enchaînement, la répercussion des uns sur les autres.

S'il y a, comme l'ont cru de bons esprits, une logique de l'histoire, elle ne peut être exprimée ni par un ordre artificiel, ni par une symétrie tout extérieure ; elle est vivante comme les faits eux-mêmes dont elle règle la succession.

Océan Indien, février 1926.

Encore un mot.

La couverture de cette édition diffère de celle des premières par un titre légèrement modifié et surtout par l'absence du nom de Russier. *Il était nécessaire que ce nom figurait en 1919 à côté du mien ; c'était un devoir de piété amicale que j'accomplissais en l'y inscrivant et c'était aussi un devoir de justice :* Russier *ne m'avait-il pas entraîné, en effet, à écrire les* Notions *d'où étaient sorties les* Lectures ?

Maintenant que 30.000 exemplaires ont porté ce nom, je ne crois pas manquer à la fidélité envers un ami en signant seul ce nouveaux travail.

Ch. B. M.

TABLE DES MATIÈRES

DEUXIÈME PARTIE

Les Tây-son et la fondation de la dynastie des Nguyên : Gia-Long.

Pages

TROISIÈME PARTIE

La dynastie des Nguyên et l'intervention française.

PRÉLIMINAIRES

Les origines et la domination chinoise. — Les premières dynasties nationales.

L'*histoire du Pays d'Annam* (1), telle que l'ont retracée pour la première fois des auteurs annamites relativement récents—puisqu'ils ne datent que de la seconde moitié du quinzième siècle— comporte à ses débuts une longue *période légendaire* et une courte *période semi-historique*.

La première est celle de la *dynastie des Hông-Bàng*; elle aurait duré vingt-six siècles. La seconde est celle de la *dynastie Thuc* dont l'unique souverain, *An-Dương*, aurait régné cinquante ans, de 257 à 208 A. C.

Avec la chute de ce souverain, nous entrons dans la période historique ; son vainqueur fut le général chinois *Triệu-Đà* dont l'histoire nous est contée par des auteurs chinois qui furent à peu près ses contemporains. La *dynastie des Triệu* qu'il fonda ne peut guère être considérée comme une dynastie nationale ; elle compte cinq souverains (ayant régné de 207 à 111 A. C.) et se termine avec la conquête du pays par l'Empire chinois. Alors commence la *domination chinoise*.

On admet généralement qu'elle pesa sur le Pays d'Annam pendant un millier d'années (111 A. C. — 939 P. C.) ; mais le peuple,

---

(1) Nous adoptons cette expression de *Pays d'Annam* parce qu'elle représente de manière commode toutes les terres occupées successivement ou simultanément par des populations de langue annamite, — soit le Tonkin *ou* la Cochinchine (Annam actuel), — soit le Tonkin *et* la Cochinchine, — soit enfin l'ensemble de la région qui s'étend des frontières de la Chine au golfe du Siam.

tout en se façonnant à la civilisation du conquérant, réussit quelquefois à secouer son joug. Ainsi, les sœurs *Trưng Trắc* et *Trưng Nhị*, au premier siècle de notre ère, et *Lí Bôn (ou Lí Bí)*, cinq cents ans plus tard, tinrent en échec les armées chinoises. Mais le pays ne recouvra entièrement son indépendance qu'avec *Ngô Quyền* qui, suivant l'expression d'un historien annamite, « donna l'essor aux *dynasties nationales* ».

Les trois premières de ces dynasties nationales, les *Ngô*, les *Đinh* et les *Lê antérieurs*, ne règnent guère que soixante-dix ans. En 1009, un dignitaire de la cour des Lê reçoit la couronne, et fonde la première des grandes dynasties annamites, celle des *Lí postérieurs* qui dure 216 ans (1009-1226). Les faits de guerre dominent dans son histoire. Le pays d'Annam paraît avoir, à cette époque, possédé une grande puissance militaire. Mais son organisation administrative ne fut qu'ébauchée ; elle devait se préciser et se compléter plus tard, sous les *dynasties Trần et Lê*.

La première de ces dynasties exerça le pouvoir de 1226 à 1414, sauf un intervalle de sept ans occupé par la *dynastie usurpatrice des Hồ* (1400-1407). La première partie du règne des Trần est remplie presque tout entière par les guerres contre les Mongols et les Chams. Bien que les événements militaires aient tenu une grande place dans l'histoire de cette dynastie, les Trần firent effort pour fonder sur de solides bases l'organisation du royaume ; certains d'entre eux ont été d'excellents administrateurs. Le dernier souverain de cette dynastie mourut bravement en 1414, après quatre ans de luttes acharnées contre les Chinois, qui établirent de nouveau leur *domination* sur le pays d'Annam.

Mais elle ne fut pas de longue durée et bientôt se fonda la grande *dynastie des Lê qui dura* de 1428 à 1786.

PREMIÈRE PARTIE

Le Pays d'Annam
sous la dynastie des Lê postérieurs.

TABLEAU CHRONOLOGIQUE

I. — LA DYNASTIE DES LÊ DE 1428 A 1556 — LA FAMILLE DES NGUYỄN

1. Lê Lợi ou Lê Thái-Tổ (1428-1433)

Lê Thái-Tôn
2e fils de Lê Thái-Tổ
(1433-1442)

Lê Trừ
frère aîné de
Lê Thái-Tổ

Nhơn-Tôn
fils de
Thái-Tôn
442-1459)

3. Lê Nghi-Dân
(usurpateur)
1er fils de
Lê Thái-Tôn
(1459-1460)

4. Lê Thánh-Tôn prend pour épouse principale la fille de..... Nguyễn Đức-Trung
4e fils de
Lê Thái-Tôn
(1460-1497)

5. Lê Hiến-Tôn
2e fils de
Lê Thánh-Tôn
(1497-1504)

Tân
5e fils de
Lê Thánh-Tôn

6. Lê Túc-Tôn
3e fils de
Lê Hiến-Tôn
(1504)

7. Lê Uy-Mục-Đế
2e fils de
Lê Hiến-Tôn
(1504-1509)

8. Lê Tương-Dực
2e fils de
Tân
(1509-1516)

Nguyễn Văn-Lang

Période de troubles

9. Lê Chiêu-Tôn
arrière-petit-fils de
Lê Thánh-Tôn
(1516-1522)

10. Lê Hoàng-Đế-Xuân
frère cadet de
Lê Chiêu-Tôn
(1522-1527)

Nguyễn Hoằng-Dụ

Usurpation des Mạc (1527-1533)

11. Lê Trang-Tôn
fils de
Lê Chiêu-Tôn
(1533-1548)

Nguyễn Kim
mort en 1545

12. Lê Trung-Tôn
frère aîné de
Lê Trang-Tôn
(1548-1556)

13. Lê Anh-Tôn
(1556-1573)

Nguyễn Hoàng
(1558-1613)

CHAPITRE PREMIER

Fondation de la dynastie. — L'organisation du pays.

1. — LÊ LỢI, FONDATEUR DE LA DYNASTIE DES LÊ POSTÉRIEURS. — En 1414, les Chinois avaient réussi à imposer leur domination sur le Pays d'Annam.

Pendant quatre années, deux gouverneurs chinois se succédèrent dans le pays mal pacifié, et dès 1418, un Annamite nommé Lê Lợi se mit à la tête de ses compatriotes et commença contre les Chinois une lutte qui devait durer dix ans. Lê Lợi était originaire du village de Sam-sơn, dans la province de Thanh-hóa ; il était né en 1385 et avait donc 33 ans lorsqu'il commença à guerroyer.

Il se contenta d'abord de faire de prudentes expéditions autour de son village, mais bientôt des succès l'enhardirent et il remporta un avantage important contre les troupes que le gouverneur chinois avait envoyées pour le réduire. La défection d'un de ses officiers mit obstacle à ses progrès et un grave échec le priva des meilleurs de ses soldats. Sans se laisser abattre, Lê Lợi recommença une guerre de surprises et d'embuscades jusqu'à ce que, devenu assez fort pour lutter à armes égales, il défit une armée chinoise commandée par le gouverneur en personne. Cette victoire le rendit maître du pays environnant et il put sortir du Thanh-hóa.

En 1424, il chassa les Chinois de la capitale de l'Ouest, Tây-đô, fondée par Lê Quí-Li. Son pouvoir se consolidait tous les jours ; ses troupes, bien disciplinées, respectaient les biens des habitants ; sa fermeté, autant que sa bonté, lui attiraient sans cesse de nouvelles recrues. Cependant, il crut politique d'écouter les propositions des généraux chinois qui acceptaient de reconnaître comme roi un certain Trần Cảo prétendu descendant de Trần Nghệ Tôn. En effet, l'Empereur, estimant que les sacrifices considérables d'hommes et d'argent faits au Pays d'Annam avaient procuré peu de résultats, se voyant obligé d'autre part, s'il voulait continuer la guerre, à envoyer des renforts contre Lê Lợi victorieux, était prêt à écouter les avis de ceux de ses conseillers qui le poussaient à rétablir l'ancien royaume d'Annam. Il fit donc partir quatre hauts mandarins chargés de porter le brevet d'investiture à Trần Cảo avec le titre de *Roi tributaire du Pays d'Annam*. Quand ils arrivèrent, Lê Lợi les reçut avec honneur et accorda la vie sauve à tous les prisonniers chinois qu'il avait faits (1427).

Peu de temps après, le calme étant rétabli dans le pays, les dignitaires de la cour prièrent Lê Lợi de monter sur le trône. En réalité, bien que Trần Cảo portât le titre de souverain, c'était Lê Lợi qui régnait; et quand Trần Cảo, mis au courant des projets de la cour, se fut empoisonné, il n'y eût pas grands changements dans l'administration du royaume.

Lê Lợi se fit couronner dans la capitale de l'Est, Đông-đô, qui portera désormais le nom officiel de Đông-kinh (d'où Tonkin). Il est le premire souverain de la dynastie des Lê postérieurs ; cette dynastie règne près de 400 ans ; mais sa période active s'arrête au début du seizième siècle ; à cette époque, son autorité s'efface et passe aux mains de quelques puissantes familles. Elle conserva cependant le pouvoir nominal jusqu'en 1789.

2. — Les premiers souverains. — Lê Thánh-Tôn. — Lê Lợi se proclama empereur en 1428 ; son titre rituel fut *Lê Thái-Tổ* ; il choisit le titre de période de *Thuận-thiên*. La période fut courte : Lê Thái-Tổ ne régna en effet que six ans. Il mourut en 1433, laissant la couronne à son fils cadet, qui fut *Lê Thái-Tôn* (1433-1442) et sept souverains se succédèrent de 1433 à 1527.

Toute la première partie de l'histoire de la dynastie est faite d'événements importants. L'indépendance, gagnée par plusieurs années de luttes incessantes, est définitive ; le pays est désormais affranchi du joug de la Chine. Le peuple annamite conservera tout ce qu'il a reçu de l'empire suzerain : la langue écrite, la littérature, la religion bouddhique, certaines institutions et toute sa formation intellectuelle, mais son indépendance politique est réelle et sera durable.

Sous les premiers princes Lê, le royaume va recevoir l'organisation qui lui fait encore défaut. Pendant le règne de Lê Thái-Tôn, qui dura neuf ans à peine (1533-1542), des mesures fiscales assez heureuses furent prises pour améliorer la situation financière du pays qu'avaient appauvri les luttes intestines et les guerres d'émancipation. L'assiette de l'impôt fut fixée et des modes de perception furent établis; l'exploitation des mines fut réglementée, la part des produits extraits revenant à l'Etat fut exactement déterminée, une réforme des monnaies fut entreprise.

Les fils de Lê Thái-Tôn continuèrent à mettre de l'ordre dans le royaume. Le plus illustre d'entre eux, Lê Thánh-Tôn, resta sur le trône pendant 38 ans; en même temps qu'un grand général, il se montra un fort habile administrateur et il est permis de dire que l'organisation du Pays d'Annam date de son règne.

« Il avait, dit l'Annaliste, une nature bonne et élevée comme le Ciel, une intelligence profonde, lumineuse; fort et puissant, il avait un esprit grand et sublime; il était habile dans les lettres et passé maître dans le métier des armes; et avec cela, il était toujours actif, étudiant, travaillant avec les plus savants du royaume ». (P. Cadière).

Son deuxième fils Lê Hiên-Tôn et ses successeurs n'eurent qu'à parfaire son œuvre. Sans parler de la réglementation minutieuse des dignités et des rapports des fonctionnaires entre eux, de toutes les règles relatives au protocole, fixées à l'imitation de celles qui régissaient la cour de Chine, des réformes plus importantes pour la vie nationale furent réalisées. Nous allons énumérer les principales.

3. — Administration du royaume. — Lê Thánh-Tôn établit, en 1465, six ministères appelés *bộ* ou *viện* : le ministère des Emplois civils, le ministère des Finances, le ministère des Rites, le ministère de la Guerre, le ministère de la Justice et le ministère des Travaux; chaque ministère fut doublé d'un bureau correspondant. A la tête d'un ministère se trouvaient un président, *thượng-thư*, et deux assistants, *thị-lang*, l'un de droite et l'autre de gauche.

Cette organisation fut conservée, sans changement notable pendant toute la dynastie des Lê.

Le royaume fut divisé en 13 *đạo* ou provinces [1], comprenant 52 préfectures, 178 sous-préfectures, 6.851 communes. Les gouverneurs durent faire dresser la carte de leurs provinces, et une carte générale du royaume fut établie. Les fonctionnaires furent choisis parmi les lauréats des concours; leur situation fut améliorée; des peines furent prévues pour les fonctionnaires prévaricateurs; des inspecteurs furent nommés qui devaient parcourir les provinces et adresser leurs rapports au souverain; des juges provinciaux furent établis. Un tribunal des censeurs constituait le rouage intermédiaire entre les services provinciaux et le souverain; il avait des fonctions de direction et de contrôle administratif et judiciaire.

Pour défendre le pays, l'armée fut réorganisée selon le plan suivant: à la base, l'escouade, *đội*, comptant 20 hommes; 20 *đội* formèrent une section, *cơ*; 5 ou 6 *cơ* constituèrent un régiment, *vệ*, qui comprenait donc de 2 000 à 2.400 hommes. A côté du *vệ*, se trouvait le *tư* comptant 100 hommes. Les troupes intérieures étaient formées de 66 *tư* et de 51 *vệ*, soit environ 110.000 à 120.000 hommes. Les troupes extérieures comprenaient 26 *vệ*, soit environ 50.000 à 60.000 hommes. Les forces annamites semblent avoir atteint sous Lê Thánh-Tôn un total de 170.000 hommes environ.

4. — Œuvre législative et financière. — L'œuvre législative des Lê fut considérable; un code fut promulgué, désigné sous le

---

(1) Voici la liste de ces provinces; les noms entre parenthèses indiquent les divisions modernes approximativement correspondantes: 1° Nghệ-an (Hà-tĩnh et Quảng-bình Nord); 2° Thanh-hóa; 3° Sơn-nam (Hà-nội, Nam-định et Hưng-yên); 4° Sơn-tây (Sơn-tây, Vĩnh-yên, Việt-trì); 5° Kinh-bắc (Bắc-ninh); 6° Hải-dương; 7° Thái-nguyên; 8° Tuyên-quang; 9° Hưng-hóa, 10° Lạng-sơn; 11° Yên-bang (Quảng-yên); 12° Thuận-hóa (Quảng-bình Sud, Quảng-trị, Thừa-thiên et une partie du Quảng-nam); 13° Quảng-nam (partie du Quảng-nam et Quảng-ngãi).

nom de *Code Hồng-đức*, du nom de la période (1470-1497) qui le vit paraître ; il déterminait avec précision les peines appliquées aux divers délits ou crimes.

C'est encore sous le long règne de Lê Thánh-Tôn que furent promulguées de nombreuses lois relatives aux successions, aux testaments, aux contrats. Après ce souverain, on ne trouve guère plus de textes sur le droit civil proprement dit ; les recueils des actes des règnes postérieurs contiennent surtout des lois administratives.

Les réformes financières esquissées par Lê Thái-Tôn furent complétées par de sages mesures. Les rôles des familles furent révisés, et il fut décidé que la révision aurait lieu régulièrement de 6 en 6 ans. Aux époques déterminées, les fonctionnaires des préfectures et des sous-préfectures réunissaient les fonctionnaires communaux (*xã-quan*, appelés plus tard *xã-trưởng*) qui devaient se rendre à la capitale pour faire inscrire les noms et le nombre des individus composant les familles de leurs villages. Mais, sous Lê Thánh-Tôn, on établit la règle qu'il serait procédé tous les trois ans à la confection des rôles des familles, opération désignée sous le nom de « petit règlement »; le recensement opéré tous les six ans fut appelé « grand règlement ». De grandes commissions étaient envoyées dans les provinces pour procéder aux opérations du recensement et de l'établissement des rôles. Les habitants étaient divisés (en dehors des vieillards exemptés et des dispensés pour cause d'études) en 6 catégories : robustes ou soldats, *cháng* ou *lính-hạng* ; militaires, *quân-hạng* ; habitants, *dân-hạng* ; vieillards, *lão-hạng* ; mercenaires, *cô-hạng* ; indigents, *cùng-hạng*.

Le principe fondamental du système fut le suivant : établissement des rôles d'après le chiffre réel des inscrits, et détermination de l'impôt personnel d'après la catégorie à laquelle était rattaché le contribuable (d'ap. DELOUSTAL).

L'impôt personnel fut fixé à 8 ligatures par inscrit ; un impôt fut frappé sur les terrains cultivés, calculé d'après la superficie du terrain et la classe à laquelle il appartenait. Les terres domaniales et les terres communales étaient seules soumises à l'impôt ; les terres appartenant à des particuliers en furent exemptes. C'est de cette époque que datent les premières dispositions relatives aux biens *hương-hỏa* ; on n'en trouve pas trace dans les législations antérieures.

5. — Réformes d'intérêt économique. — Les annales du pays. — L'agriculture et le commerce furent protégés par une série de mesures : création de canaux ; construction de digues ; encouragements à l'élevage du bétail et des vers-à-soie, à la plantation des mûriers ; concession de terrains non encore cultivés ou abandonnés par leurs propriétaires à la suite des guerres ; interdiction de laisser les terres en friche ; établissement des concessions militaires, *đồn-điền*, cultivés par des soldats-agriculteurs qui pourvoyaient ainsi à leur propre subsistance, soit par eux-mêmes, soit à l'aide de condamnés mis à leur service.

Les souverains Lê eurent aussi le souci de faire établir l'histoire du pays. Avant les Trần, les souverains annamites ne paraissent pas avoir compris l'intérêt national qu'il y avait à la rédaction d'annales. c'est Trần Thái-Tôn (1414) qui prit l'initiative de faire rédiger le premier récit connu de faits historiques concernant l'Annam.

Il confia ce soin à Lê Văn-Hưu, originaire du Thanh-hóa, qui est ainsi le plus ancien historien officiel annamite dont l'œuvre nous soit connue. Elle fut publiée en 1272, sous le titre de *Đại-việt-sử'-ký* ; elle comprenait l'histoire des événements survenus depuis Triệu Đà (207 av. J.-C.) jusqu'à Lý Chiêu-Hoàng (1224).

Aucun souverain ne se soucia, semble-t-il, de la faire continuer pendant un siècle et demi. En 1445 seulement, Lê Nhơn-Tôn (1442-1459) donna l'ordre à *Phan Phù-Tiên* de rédiger les annales du point où les avait laissées Lê Văn-Hưu jusqu'à la fin de la domination des Minh (1428); Phan Phù-Tiên ajouta dix chapitres aux trente de Lê Văn-Hưu et ainsi l'histoire officielle depuis le règne de Triệu Đà jusqu'à l'avènement des Trần (1225) fut fixée. En 1479, Lê Thánh-Tôn fit réviser les annales par *Ngô Sĩ-Liên* ; le nouveau travail porta le titre de *Đại-việt-sử'-ký-toàn-thơ* ; il comprenait *pour la première fois* la période légendaire antérieure à Triệu Võ-Đế et commençait à la famille des Hồng-Bàng. Lê Tương-Dực-Đế (1509-1516) fit composer par *Võ-Quình* 武瓊 le *Đại-việt-thông-giám*, et chargea Lê Tung 黎嵩 d'écrire un résumé préliminaire. Enfin, sous Lê Chiêu-Tôn (1516-1526), il fut fait une sorte de compilation poétique, ayant pour base le *Đại-việt-sử-ký-toàn-thơ* et dont le titre était *Việt-giám-vịnh-sử-thi-tập*. Toutes ces œuvres ne nous sont point parvenues dans leur intégralité, mais elles ont servi aux annalistes postérieurs et notamment aux rédacteurs et aux compilateurs du *Khâm-định-việt-sử-thông-giám-cang-mục*, composé sur les ordres de Tự-Đức.

CHAPITRE II

Puissance du Pays d'Annam au quinzième siècle.

6. — Relations avec les pays voisins. — Dès que Lê Lợi se fut assuré du pouvoir, il envoya une ambassade à la cour de Chine qui, un an auparavant, avait accordé l'investiture à Trần Cảo. Les ambassadeurs étaient chargés de faire connaître à l'Empereur la mort de Trần Cảo et, en second lieu, que le choix des hauts mandarins s'était porté sur Lê Lợi pour lui succéder ; ils priaient humblement l'Empereur de vouloir bien approuver cette désignation.

Le souverain chinois fut d'abord surpris d'une telle hardiesse et son premier mouvement fut d'en tirer vengeance. Mais lorsqu'on lui représenta les difficultés qu'avaient entraînées sans résultat les expéditions en Pays d'Annam et les sommes énormes qu'elles avaient coûtées, il prit le parti de dissimuler sa colère contre Lê Lợi. Et, feignant d'ajouter foi à ce que l'adversaire inlassable des Chinois lui faisait dire respectueusement par ses envoyés, il ordonna de lui expédier les lettres d'investiture qui confirmaient officiellement son élection.

Pendant le règne de Lê Lợi et de ses huit premiers successeurs, les relations du Pays d'Annam et de la Chine demeurèrent pacifiques ; il se produisit bien quelques froissements, quelques incidents de frontière, mais ils n'eurent pas de suites sérieuses. Des ambassades furent assez régulièrement envoyées par les souverains annamites et ils ne tentèrent pas de se dérober à leurs devoirs de tributaires.

Quant aux petits Etats voisins du Pays d'Annam, ils se montrèrent respectueux de l'autorité annamite ; à vrai dire, des principautés laotiennes et des peuplades aborigènes essayèrent, à plusieurs reprises, d'éluder la servitude du tribut, mais elles furent à chaque tentative battues et forcées de rentrer dans le devoir.

Tranquille du côté de la Chine ; redouté des princes au Laos et des Barbares de l'Ouest et du Sud ; ayant, comme on va le voir, rudement puni l'insolence des Chams, ennemis tenaces et voisins turbulents, — le Pays d'Annam a connu au quinzième siècle une période de réelle puissance.

7. — Les guerres avec les Chams [1]. — Quand Lê Lợi eut rétabli le royaume dans son indépendance, le roi du Champa *Jaya Simhavarman* lui adressa un ambassadeur ; mais en 1434, après la mort de Lê Lợi, le pouvoir étant exercé par les régents d'un prince âgé de onze ans, le roi cham crut le moment favorable pour repousser vers le Nord les frontières de son royaume. Une armée annamite fut immédiatement dirigée contre lui ; il n'osa pas résister et demanda la paix.

Sous le règne de *Mahà Vijaya*, son neveu et son successeur, les Chams recommencèrent leurs coups de main ; à plusieurs reprises, ils mirent au pillage le Nord du Quảng-nam. En 1446, la cour d'Annam décida une expédition ; les Chams furent vaincus en plusieurs rencontres et reculèrent jusqu'aux confins méridionaux de leur royaume ; leur capitale Đồ-ban fut prise et pillée ; le roi fut fait prisonnier. Un nouveau roi fut placé sur le trône, qui reconnut la suzeraineté de l'Annam et envoya le tribut à Đông-kinh.

En 1470, le roi du Champa, las de cette servitude, voulut se rendre tout à fait indépendant du souverain annamite. Selon la coutume, il commença les hostilités en ravageant les villages voisins de la frontière. Le fonctionnaire local annamite, dont les forces étaient insuffisantes, battit en retraite.

Mais Lê Thánh-Tôn n'était pas homme à souffrir une telle insulte. Il fit d'abord connaître à l'Empereur de Chine que ses voisins, par leurs continuelles violations du sol annamite, l'obligeaient à la guerre ; il adressa ensuite aux Chams une proclamation les assurant qu'il se chargeait de faire régner la tranquillité au Champa ; il se rendit enfin devant l'autel de ses ancêtres pour solliciter la grâce de leur protection et leur demander de lui rendre la mer propice et le vent favorable. Il ne s'en était pas tenu à ces mesures de précaution, il avait fait préparer d'énormes approvisionnements de riz et expédié en avant une flotte nombreuse. Il partit à son tour avec

(1) L'ouvrage de G. Maspero, *Le Champa*, a été mis à contribution.

les troupes de terre et fit sa jonction avec l'armée navale vers la fin de l'année 1470. Au deuxième jour de l'année suivante, il ordonna la marche en avant. Parvenu dans le Quảng-ngãi, il fut avisé qu'une armée chame, avec des éléphants, allait tenter de le tourner. Il prit ses dispositions et s'avança contre l'ennemi qui, culbuté et enveloppé, se débanda pour tomber dans une embuscade où il fut complètement détruit.

Le roi envoya à Lê Thánh-Tôn des offres de soumission ; le souverain annamite les rejeta ; il poursuivit sa route, enleva le port de la capitale, et deux jours après, investit Chà-bàn où Trần Duệ-Tôn, en 1377, avait subi une retentissante défaite. Les préparatifs de l'assaut terminés, il lança ses troupes ; elles emportèrent toutes les résistances, entrèrent dans la ville, et massacrèrent les habitants. Le roi fait prisonnier avec toute sa parenté, mourut bientôt à bord de la jonque qui le portait à Đông-kinh.

8. — La fin du Royaume cham. — Lê Thánh-Tôn estima qu'il ne suffisait pas d'avoir remporté cette victoire : tant de fois déjà, les Chams vaincus avaient, peu de temps après leur défaite, recommencé leurs pillages ! Afin d'abattre définitivement leur puissance, il annexa la partie septentrionale du royaume, dont il forma une seule circonscription qu'il appela *Quảng-nam*, comprenant les provinces actuelles de Quảng-nam, Quảng-ngãi, Bình-định. La frontière entre le Champa et l'Annam fut le contrefort de la Cordillère annamitique qui forme le cap Varella. Au Sud, il ne resta qu'un petit royaume, établi dans le territoire de Phan-rang par un général cham, qui offrit à Lê Thánh-Tôn son hommage de tributaire. Un neveu de l'ancien roi paraît avoir aussi régné dans le Champa ainsi diminué.

D'après les textes chinois, ces roitelets continuèrent à envoyer le tribut et à demander l'investiture à l'Empereur de Chine ; la dernière ambassade signalée eut lieu en 1543. Mais, malgré ce semblant de vie politique, on peut dater de la campagne de Lê Thánh-Tôn la fin du royaume cham en tant que royaume. Le peu qu'il restait aux chefs du Champa de biens et de libertés, nous verrons les Nguyễn le leur enlever plus tard par la force.

CHAPITRE III

Les souffrances du Pays d'Annam au seizième siècle. L'usurpation des Mac

9. — PÉRIODE DE TROUBLES (1504-1522). LÊ UI-MỤC ; LÊ TƯƠNG-DỰC ; LÊ CHIÊU-TÔN. — La période active de la dynastie dura moins de cent ans. Vers le commencement du seizième siècle, le pouvoir tomba aux mains débiles de princes dont la mollesse, l'inexpérience, l'inaptitude à gouverner favorisèrent l'éclosion de partis et de cabales et encouragèrent l'ambition des grands. Pendant qu'à la cour les luttes d'influence mettaient aux prises les hauts fonctionnaires et leur clientèle, les provinces étaient la proie de mandarins cupides et cruels ; des mécontents fomentaient des révoltes, des prétendants s'élevaient.

Cette période est l'une des plus malheureuses de l'histoire du Pays d'Annam.

Lê Ui-Mục (1504-1509), débauché et incapable, soulève contre lui ses sujets et ses voisins ; sous le règne de *Lê Tương-Dực* (1510-1516), jeune prince de seize ans, le désordre est à son comble. Un gardien de pagode nommé *Trần Cảo*, descendant, à son dire, d'un souverain de la dynastie Trần, se proclame empereur. Un mandarin désigné pour le combattre, *Trịnh Duy-Sản*, trouve plus expédient de supprimer le souverain régnant ; un prince nommé *Quang-Trị* est mis à sa place. Mais au bout de trois jours de règne, Quang-Trị est tué par une faction adverse et un arrière-petit-fils de Lê Thánh-Tôn est intronisé : c'est *Lê Chiêu-Tôn* (1516-1526). En 1516 et 1517, le mandarin *Nguyễn Hoàng-Dũ*, sous prétexte de venger Lê Tương-Dực, s'empare de la capitale et la pille. Puis, il poursuit Trần Cảo qui, défait, s'enferme dans une monastère bouddhique et désigne son fils *Trần Thăng* pour lui succéder. Des partis remuants proclament, durant l'année 1518, deux nouveaux souverains ; avec les deux Trần, on compte ainsi quatre usurpateurs de 1516 à 1518. Et, pendant ce temps,

Lê Chiêu-Tôn est censé régner ; son autorité est nulle ; les grands fonctionnaires qui luttent ouvertement entre eux, se réclament tour à tour, suivant les besoins du moment, de ce fantôme de roi ; l'anarchie règne, le pays est pillé par des mercenaires à la solde des mandarins, les travaux agricoles sont suspendus, la famine sévit, le peuple souffre.

Dans des circonstances pareilles, le plus énergique ou le plus habile des grands mandarins devait s'emparer du pouvoir. Trịnh Duy-Sản avait trouvé la mort en combattant les usurpateurs Trần ; Nguyễn Hoàng-Dũ qui, pendant un moment, avait paru primer tous ceux qui approchaient du trône, s'était retiré dans la province de Thanh-hóa et, sans que l'on s'expliquât pour quelles causes, refusait de revenir à la cour.

Mạc Đăng-Dung, gouverneur de la province de Sơn-nam, entreprit au nom de Lê Chiêu-Tôn de réduire les rebelles ; il se saisit de l'un des usurpateurs, nommé Lê Du, et le fit mettre à mort (1519) ; il prit aussi Trần Cảo ; le souverain put rentrer dans sa capitale.

10. — Usurpation des Mạc. — Lê Chiêu-Tôn combla d'honneurs ceux qui l'avaient servi et principalement Mạc Đăng-Dung. Mais celui-ci ne songeait qu'à se débarrasser de ses rivaux. Sur leur ruine il construit sa fortune et bientôt son influence et son autorité deviennent si grandes que le souverain légitime lui-même craint pour sa vie et abandonne la cour ; il se retire avec quelques partisans dans la province du Sơn-nam (1522). Mạc Đăng-Dung, malgré ses efforts, ne réussit pas à s'emparer de lui ; il le dépose et fait monter sur le trône à sa place son frère cadet, Xuân, qui porte le nom de Lê Hoàng-Đế-Xuân (1522). Enfin, quatre ans après, ayant pu se saisir de la personne de Lê Chiêu-Tôn, il le mène captif à la capitale et le fait mettre à mort. Il se fait offrir la couronne par les hauts fonctionnaires de la cour et envoie à sa créature Xuân l'ordre de se tuer.

Il annonce alors à l'Empereur que la famille des Lê est éteinte et demande l'investiture. Après l'avoir obtenue, il se proclame empereur (1527) et prend le titre de période *Minh-đức*.

En 1529, le royaume ayant retrouvé quelque tranquillité, il abdiqua, suivant la coutume de Trần ; il laissa le titre de souverain à son fils aîné Mạc Đăng-Doanh, mais il garda néanmoins une part prépondérante dans la conduite des affaires du royaume.

Sous son administration énergique, le calme renaquit peu à peu ; les travailleurs des champs reprirent confiance ; une ère de prospérité sembla s'ouvrir. La domination des Mạc s'étendit sans contestation sérieuse depuis la frontière de Chine sur tout le delta du Fleuve Rouge.

11. — La lutte des Lê contre les Mạc. — Pourtant, au Midi, dans la personne de Lê Ninh, fils de Lê Chiêu-Tôn, la famille des Lê vivait encore. En 1533, *Nguyễn-Kim*, fils de Nguyễn Hoằng-Dũ, le proclama empereur sous le nom de *Lê Trang-Tôn* ; mais il n'avait qu'une ombre de pouvoir. Entouré de quelques fidèles à la tête desquels Nguyễn Kim, il avait trouvé, au milieu des peuplades laotiennes du royaume de Lan-chhang, un asile contre ses ennemis, mais non point les moyens de revendiquer par la force l'héritage de ses pères.

En 1535, cependant, il fit partir en Chine des envoyés chargés d'informer l'Empereur que, contrairement aux affirmations de Mạc Đăng-Dung, la famille des Lê n'était pas éteinte. Après un long parcours terrestre, ces envoyés s'embraquèrent sur des vaisseaux marchands et abordèrent à Canton ; leur voyage dura deux ans. L'Empereur ordonna au ministre des Rites d'examiner leur requête, et demanda aux vice-rois du Yun-nan et du Kouang-tong un rapport sur la situation de l'Annam. Les Mạc firent le nécessaire pour gagner à leur cause le vice-roi du Yun-nan et envoyèrent un ambassadeur à la Cour impériale.

Pendant ce temps, Nguyễn Kim travaillait de tout son pouvoir à la restauration des Lê ; il remporta divers succès et réussit à s'établir dans le Nghệ-an. En 1541, Mạc Đăng-Dung mourut. Les progrès de la cause de Lê Trang-Tôn n'en furent que plus rapides : la province de Thanh-hóa et la capitale de l'Ouest (Tây-kinh) tombèrent en son pouvoir.

En 1545, *Mạc Phúc-Hải*, petit-fils de Mạc Đăng-Dung, fit assassiner Nguyễn Kim, alors âgé de 78 ans. Mais son œuvre était trop avancée pour que sa mort pût en compromettre le succès ; d'ailleurs, il laissait à Lê Trang-Tôn des serviteurs habiles et fidèles, son second fils Nguyễn Hoàng et son gendre Trịnh Kiểm.

12. — LA RESTAURATION DES LÊ (1592). — L'Empereur Kia-tsing fit connaître sa sentence. Par un effet de cette politique de compensation que la Chine paraît rechercher, les deux partis étaient autorisés à gouverner le territoire qu'ils occupaient. Ainsi, l'Annam était divisé en deux portions ; il ne constituait plus un royaume, mais *deux seigneuries héréditaires vassales de la Chine* (1), et Lê Ninh, dont les droits n'étaient pas discutés, devait supporter que l'autorité des Mạc s'exerçât sur les provinces qu'il n'avait pas reconquises, c'est-à-dire sur la plus importante fraction de son patrimoine.

En 1548, Lê Trang-Tôn mourut et fut remplacé par son fils aîné, *Lê Trung-Tôn* qui, étant mort sans enfants, eut lui-même pour successeur en 1556, Duy-Bang (*Lê Anh-Tôn*, 1556-1573), descendant de Lê Trừ, frère de Lê Thái-Tổ.

Chez les Mạc qui règnent au Nord, plusieurs souverains se suivent dans le même intervalle. Sous le règne de *Mạc Mậu-Hợp*, petit-fils de Mạc Phúc-Hải, les hostilités qui n'avaient jamais cessé tout à fait, deviennent plus vives ; les Lê sont devenus plus forts, leur influence s'est étendue de province en province. *Trịnh Tùng*, fils de Trịnh Kiểm, le gendre de Nguyễn Kim, porte aux Mạc des coups vigoureux ; une expédition des usurpateurs dans le Thanh-hóa se termine en déroute, et Trịnh Tùng multiplie ses attaques vers le Nord ; il gagne du terrain chaque année. Enfin, en 1592, il tente un grand effort : il marche contre les Mạc, les défait, arrive sous les murs de la capitale, l'investit et l'enlève (décembre 1592).

(1) Les deux compétiteurs reçurent le même titre, celui de *gouverneur général*, transmissible à leurs descendants (d'ap. PHAN HUY-CHÚ).

Ainsi, après avoir été occupée soixante ans par l'usurpateur, Đông-kinh, capitale du royaume, était reconquise ; cet événement marque réellement la restauration des Lê, bien plutôt que l'attribution du titre d'empereur à Lê-Ninh dans sa solitude laotienne, comme le proposent les auteurs du *Cang-mục*.

C'est aussi à cette importante date que l'on peut fixer le commencement de l'*histoire moderne* du pays d'Annam.

13. — La fin des Mạc. — Après cette date, la puissance des Mạc est en fait presque anéantie ; mais ils gouvernent encore une portion du territoire annamite. Pendant quatre-vingts ans, trois de leurs souverains vont se succéder à Cao-bằng, et pour la Chine, ils conservent le même rang que les souverains Lê de la dynastie légitime, jusqu'au moment où la nouvelle dynastie chinoise des Thanh, victorieux de leurs adversaires (les Minh), consent à accorder aux Lê l'investiture royale (1667).

Malgré l'état de faiblesse où se trouvaient les Mạc au dix-septième siècle, ils ne furent pas toujours des voisins tranquilles : à plusieurs reprises, ils s'allièrent avec des mandarins mécontents et fomentèrent des révoltes. L'armée des Lê prit possession de leur territoire après avoir battu les troupes de Mạc Kinh-Hoàn en 1660 ; mais la cour de Chine ordonna à Lê Huyền-Tôn de le restituer, et celui-ci s'exécuta (1669). Huit années plus tard, Mạc Kinh-Vũ, revenu dans son fief et enhardi par l'appui de la Chine, fit de nouvelles tentatives pour étendre son autorité. Trịnh Tạc envoya une armée contre lui ; il fut battu, mais il réussit, non sans peine, à échapper aux poursuites et il gagna la ville de Nan-ning (Kouang-si). A partir de ce moment, l'histoire ne fait plus mention de son nom.

Les Annamites réoccupèrent le territoire de Cao-bằng et le gardèrent désormais.

La date de 1677 marque la fin des Mạc.

CHAPITRE IV

Les Nguyên et les Trinh; développement de la puissance des deux familles.

14\. — La famille des Nguyễn. — La famille des *Nguyễn* était originaire de la province de Thanh-Hóa, préfecture de Hà-trung, sous-préfecture de Tống-sơn. Elle occupait à la cour des Lê une place importante; Lê Thánh-Tôn y avait choisi la femme dont il fit son épouse principale. Après la mort de ce grand roi, sa veuve vit son fils *Lê Hiền-Tôn* (1497-1504) occuper le trône.

Le père de cette reine, *Nguyễn Đức-Trung*, est regardé comme « l'ancêtre originaire » de la famille. Mais il est possible qu'antérieurement à Nguyễn Đức-Trung, des ascendants des Nguyễn aient rempli des fonctions officielles ou possédé un certain crédit auprès des souverains. Parmi les compagnons de lutte du fondateur de la dynastie des Đinh au dixième siècle, on cite un *Nguyễn Bặc* que certains auteurs rattachent à la généalogie des Nguyễn; et des descendants auraient servi à la cour des Lí et des Trần.

Le fils de Nguyễn Đức-Trung, frère de la reine, nommé *Nguyễn Văn-Lang*, fut amené à jouer un certain rôle sous le règne de Lê Ui-Mục et contribua à faire monter sur le trône son successeur Lê Tương-Dực-Đế.

Nguyễn Hoàng-Dũ, dont il a déjà été question, était son fils; il vécut, lui aussi, dans une période de désordres, mais son rôle, qui ne fut pas sans importance au moment de l'avènement de Lê Chiêu-Tôn, semble avoir été assez effacé dans la suite. D'abord adversaire de Trịnh Duy-Sản, il appartint ensuite à la faction de ce mandarin et sa conduite ne fut peut-être pas à ce moment des plus nettes. On le voit se réfugier du côté du Thanh-Hóa où Lê Chiêu-Tôn chercha, lui aussi, un asile en 1522, après l'usurpation du pouvoir par Mạc Đăng-Dung. Malgré l'état d'anarchie qui régnait alors dans le

Nord et qui offrait aux ambitieux tant d'occasions favorables, malgré aussi qu'il fût appelé par des rebelles désireux de le voir combattre avec eux, Nguyễn Hoằng-Dũ ne se décida pas à quitter les alentours de sa province natale. Il s'était taillé, d'après certains témoignages, une sorte de fief où il vivait avec son fils *Nguyễn Kim*, il avait noué des relations avec les chefs des peuplades laotiennes voisines ; le « roi du Laos » (sans doute Potisarach, roi de Han-chang dont la capitale était Vien-chan) lui aurait même, dit-on, abandonné pour sa subsistance l'un de ses districts. Il y mourut en 1518.

15. — Nguyễn Kim. — Environ dix ans plus tard, à la fin du règne de Mạc Đăng-Dung, *Nguyễn Kim* décida de renoncer à la vie retirée qu'il avait menée jusque là avec son père et de commencer la lutte contre les Mạc ; au bout de quelque temps, il fut à la tête d'un nombre assez considérable de partisans ; ce nombre s'accrut de tous ceux qui combattaient les Mạc au nom des Lê et qui, assez régulièrement battus, passaient la frontière. Ils prirent bientôt l'habitude de se réunir auprès de Nguyễn Kim sur le territoire laotien. C'est là, on le sait, qu'un nouveau souverain, le prince Ninh, fut proclamé sous le nom de *Lê Trang-Tôn*.

La même année, Nguyễn Kim reçut lui-même le titre de grand-duc et Lê Trang-Tôn lui confia le commandement suprême de toutes ses troupes. La fonction devait être surtout honorifique à ce moment, mais Nguyễn Kim employa toute son habileté à la rendre effective. Dès qu'il fut assez fort pour quitter sa terre d'asile, il fit maintes incursions heureuses sur le territoire annamite et, en 1540, il était solidement installé dans le Nghệ-an. L'année suivante, en 1541, date de la mort de Mạc Đăng-Dung, il poursuivit ses succès en s'emparant de la capitale de l'Ouest. Quatre ans plus tard, il fut empoisonné à l'instigation du petit-fils de Mạc Đăng-Dung. Lê Trang-Tôn ordonna des funérailles solennelles. Lorsque les restes de Nguyễn Kim furent déposés dans le tombeau, celui-ci, d'après la légende, se referma de lui-même ; un orage terrible éclata et tous les assistants effrayés s'enfuirent. Des rochers roulèrent amoncelés, des arbres s'élevèrent et il fut impossible, dans la suite, de reconnaître l'emplacement de la sépulture.

16. — Nguyễn Hoàng et Trịnh Kiểm. — L'assassinat de Nguyễn Kim ne profita guère aux Mạc et les Lê trouvèrent dans la famille de leur champion des concours dévoués.

Nguyễn Kim avait laissé deux fils et une fille : l'aîné des fils, *Uông*, eut le titre de duc et remplit les fonctions d'assistant de gauche du président du Grand Conseil ; le second, *Nguyễn Hoàng*, avec le titre de marquis, reçut un commandement militaire ; à la suite de ses victoires sur les Mạc, il fut fait duc. Quant à la fille, *Ngọc-Bảu*, qui était l'aînée de la famille, Nguyễn Kim l'avait mariée à l'un de ses lieutenants *Trịnh Kiểm*.

Le *Cang-mục* donne à *Trịnh Kiểm* une origine obscure : « Dans sa jeunesse, pauvre et souffrant de la faim, il chercha un refuge chez Nguyễn Kim, qui lui accorda sa confiance et son amitié, lui fit décerner le titre de marquis et lui donna la main de sa fille aînée ; il lui permit de s'occuper des affaires de l'Etat ; Trịnh Kiểm s'acquit de grands mérites par de nombreuses victoires » (1). L'année même de la mort de Nguyễn Kim, il reçut le titre de grand-duc et il hérita de l'influence et de l'autorité de son bienfaiteur ; à la cour, ses beaux-frères ne venaient qu'après lui. Pourtant, plein du désir de s'élever encore, il vit en eux des concurrents à craindre, dont il était urgent de se débarrasser, et fit tout pour s'assurer un pouvoir incontesté. Uông étant mort d'une façon assez mystérieuse, Nguyễn Hoàng crut prudent de s'éloigner. Grâce à l'appui de sa sœur, il obtint le gouvernement du *Thuận-hóa*, ancienne province du Champa, qui n'était pas encore complètement pacifiée. Cette province comprenait le Quảng-bình, le Quảng-trị, le Thừa-thiên et le Nord du Quảng-nam.

17. — Nguyễn Hoàng quitte la cour des Lê. — En 1558, Nguyễn Hoàng quitta la capitale de l'Ouest (2). Il partait muni de pouvoirs

---

(1) D'après la traduction publiée dans « *Le Mur de Đồng-hới* » ; c'est en suivant cette remarquable étude du P. Cadière que l'histoire de la rivalité des Nguyễn et des Trịnh a été retracée dans ces *Lectures*.

(2) Les Mạc tenaient encore, il ne faut pas l'oublier, la capitale de l'Est, Đông-kinh (Hanoi).

étendus ; la cour ne lui imposait que la charge de lever l'impôt et de payer un tribut annuel.

Une suite nombreuse l'accompagna ; le renom de son père, ses propres victoires lui attiraient l'estime de ses compatriotes. Des mandarins et des soldats du Thanh-hóa et du Nghệ-an le suivirent, déterminés à rester attachés à sa fortune ; les villages de la sous-préfecture de Tống-sơn notamment, lieu d'origine des Nguyễn, fournirent leur contingent. Trịnh Kiểm s'aperçut peut-être alors que la mesure qu'il avait prise était impolitique. Cependant, le territoire confié à son beau-frère était à conquérir ; des bandes soudoyées par les Mạc parcouraient et dévastaient le pays. La tâche était périlleuse ; et la stèle du Long-Pont (1) représente Nguyễn Hoàng comme « un colon qui s'enfonce dans l'épaisseur des forêts et défriche un terrain rempli de ronces ».

Nguyễn Hoàng qui avait pris la route de mer, débarqua au port de Cửa-Việt à l'embouchure de la rivière de Quảng-trị ; il fixa sa résidence au village de Aí-tử (au Nord de la citadelle actuelle de Quảng-trị). Les habitants, au moment de son arrivée, lui offrirent sept grandes jarres d'eau pure. Comme il en marquait quelque étonnement : « La volonté du Ciel est manifeste, lui dit son oncle qui l'avait accompagné ; voilà le présage de votre royauté future (2).

Nguyễn Hoàng réussit à pacifier complètement sa province ; en 1570, il y ajouta le Sud du Quảng-nam.

18. — Nguyễn Hoàng dans le Thuận-hóa. — Nguyễn Hoàng s'entoura de gens dévoués à sa cause et s'efforça de gagner le cœur de son peuple ; la renommée de sa justice et de sa bonté s'étendit hors des limites de son commandement. Ses talents d'administrateur ne le cédaient pas à ses talents militaires, et il

---

(1) Stèle impériale dressée par les ordres de Thiệu-trị, en 1842, à l'endroit dit Bac du Long-Pont (đò Cầu-dài), à un kilomètre environ au Sud de la citadelle actuelle de Đồng-hới et sur la route mandarine.

(2) Jeu de mots, *nước* signifiant à la fois *eau* et *royaume* en annamite. Le fait est raconté dans la biographie de son oncle Nguyễn Ư-Ki.

réussit à unifier et à s'attacher les éléments disparates de la population : Chams incomplètement soumis, vagabonds venus du Nord, condamnés à l'exil, anciens partisans des Mạc, mandarins et soldats transfuges des Trịnh, sauvages des régions montagneuses. Les ouvrages historiques, ceux des Lê aussi bien que ceux des Nguyễn, s'accordent à dire qu'il sut se faire aimer de ses sujets.

Le *Cang-mục* en particulier a laissé de son administration un tableau un peu flatté sans doute, peut-être inexact dans ses détails, vrai dans son ensemble : « Sévère et digne dans le commandement des troupes, il savait, dans le gouvernement du peuple, allier la justice à la clémence. Sous son influence, les habitants de deux provinces mettaient un frein à leurs passions et pratiquaient les vertus qui font les hommes ; . . . de tous les royaumes voisins, les étrangers se donnaient rendez-vous dans le pays ; la population devenait de jour en jour plus nombreuse et plus prospère ».

A la fin de l'année 1592, la capitale de l'Est étant retombée au pouvoir de ses maîtres légitimes, Nguyễn Hoàng vint à la tête de sa flotte apporter à Lê Thế-Tôn ses félicitations de sujet fidèle.

Il fit à la cour un long séjour, beaucoup trop long à son gré, car il eût préféré retourner dans son domaine du Thuận-hóa, où il vivait indépendant, loin des intrigues et à l'abri des manœuvres des Trịnh tout puissants. Il ne put cependant se soustraire à la nécessité d'aller, sur l'ordre du souverain, réduire des mandarins révoltés ou des partisans des Mạc ; deux de ses fils furent tués dans ces campagnes.

Vers le milieu de l'année 1600, un soulèvement se produisit dans la province de Ninh-bình. Il partit pour le réprimer, mais au lieu de combattre les rebelles, il poursuivit sa route et rentra dans son territoire ; il n'en sortit plus désormais.

Il vécut treize ans encore ; il s'occupa d'affermir son autorité dans toute l'étendue de son gouvernement et d'en fortifier certains points, particulièrement dans la région voisine de l'embouchure du Nhựt-lệ, fleuve de Đồng-hới, et au Sud, sur les confins des provinces encore occupées par les Chams.

Au commencement de l'année 1613, se sentant malade, il fit appeler auprès de lui ses principaux lieutenants et son sixième fils qu'il désigna comme successeur. Il mourut peu après.

19. — Les Trịnh a Hanoi. — Leur puissance. — Lorsque Nguyễn Hoàng était revenu auprès de son souverain en 1592, il avait pu se rendre compte de la place considérable que les Trịnh s'étaient faite à la cour.

La dynastie des Lê n'avait plus qu'un pouvoir nominal ; soit par apathie, soit par impuissance, les princes ne tentaient rien pour sortir de l'état de sujétion où les tenaient les Trịnh ; s'ils essayaient de secouer leurs chaînes, leur destitution ou leur mort ne se faisait pas attendre et le peuple apprenait ainsi que les Lê n'étaient pas ses vrais maîtres (d'ap. H. Cadière).

Les Trịnh se faisaient attribuer les titres les plus élevés de la hiérarchie. Trịnh Tùng avait fait mourir Lê Anh-Tôn en 1573 pour mettre sur le trône le cinquième fils du souverain, un enfant de sept ans, qui fut Lê Thế-Tôn ; il était déjà grand-duc depuis 1571, il fut nommé successivement par sa créature « Généralissime », « Administrateur général du royaume », « Grand Maître », et, pour clore dignement la liste, « Roi ». A partir de ce moment, le titre de *Vương* fut héréditaire dans la famille : les Trịnh désignèrent même des héritiers présomptifs, tout comme les Lê. Trịnh Tùng ouvrit une cour ; il nomma des mandarins ; toute l'autorité fut entre ses mains et le règlement de toutes les affaires dépendit de lui : perception de l'impôt, administration des revenus de l'État, direction des fonctionnaires ; il eut tous les pouvoirs civils et militaires.

Quant au souverain légitime, il ne montait plus sur le trône que pour les audiences solennelles ; il n'avait plus, pour sa garde personnelle, que cinq mille hommes, sept éléphants et vingt barques ; il ne lui était laissé, pour subvenir à son entretien, que les revenus de mille villages.

Lorsque Nguyễn Hoàng, sentant son indépendance menacée, quitta la cour, en 1600, sous prétexte d'aller faire rentrer dans le devoir les rebelles du Ninh-bình, Trịnh Tùng, habile politique, n'accusa point le coup qui lui était ainsi porté ; il envoya seulement un message à son rival pour lui faire savoir que le souverain continuait à le charger de l'administration des provinces du Sud et qu'il aurait, comme par le passé, à percevoir l'impôt, à payer le tribut et à veiller à ce que les greniers royaux fussent tenus pleins.

Sur la fin de sa vie, Trịnh Tùng associa son fils Trịnh Tráng à la conduite des affaires ; nous retrouverons bientôt celui-ci à la tête de son armée et combattant le fils de Nguyễn Hoàng.

CHAPITRE V

La rivalité des Nguyên et des Trinh, Seigneurs (Chua) du Sud et du Nord.

20. — CAUSE DE LA RIVALITÉ. — Après la mort de Nguyễn Hoàng, les deux familles des Nguyễn et des Trịnh restent en présence, l'une au Tonkin, l'autre en Cochinchine, l'une toute puissante auprès du souverain nominal, l'autre parfaitement indépendante en fait vis-à-vis de ce souverain et exerçant tous les droits royaux dans son territoire.

Mais tandis que les Seigneurs du Nord commencent à concevoir quelque inquiétude à l'égard des Seigneurs du Sud de jour en jour plus redoutables, ceux-ci ne peuvent oublier qu'un de leurs ancêtres a restauré la dynastie légitime, et ne sont pas éloignés de penser que la place occupée par les Trịnh leur reviendrait justement. Ainsi, en même temps que leur fortune s'élève, la rivalité des deux partis ne cesse de croître ; à mesure qu'ils ont, les uns et les autres, plus à garder, à envier ou à craindre, ils se détestent davantage.

Mais ils dissimulent les raisons qu'ils ont de se haïr sous les couleurs des sentiments les plus nobles ; l'intérêt de la dynastie seul les guide. Les Trịnh ont à faire respecter l'autorité des Lê méprisée par les Nguyễn, et les Nguyễn eux-mêmes ne tendent qu'à rendre aux Lê toute leur puissance usurpée par les Trịnh.

Bientôt, ils en viendront aux mains.

21. — DIVISIONS DE LA LUTTE. — La rivalité des Nguyễn et des Trịnh devint lutte ouverte dans le premier quart du dix-septième siècle ; elle prit fin dans les dernières années du dix-huitième siècle avec l'anéantissement des Trịnh. Mais les hostilités ne furent pas continues.

On peut y distinguer deux périodes :

1° De 1620 (date à laquelle éclatent les premières hostilités ouvertes) jusqu'à 1674, les campagnes des Trịnh contre les Nguyễn ou des Nguyễn contre les Trịnh se succèdent nombreuses à des intervalles rapprochés ;

2° En 1774, les Trịnh profitent des difficultés que crée aux Nguyễn la révolte des Tây-sơn pour reprendre les hostilités, mais ils sont bientôt obligés de se défendre eux-mêmes contre les Tây-sơn, vainqueurs des Nguyễn. Un des généraux Tây-sơn inflige plusieurs défaites à Trịnh Phùng qui s'enfuit en 1787 ; on ne sait quelle fut sa fin.

Entre ces deux périodes de lutte se produit une trêve d'un siècle (1674-1774) pendant laquelle les Trịnh achèvent d'enlever aux Lê tout pouvoir réel, tandis que les Nguyễn organisent leur patrimoine et étendent leurs conquêtes vers le Sud.

22. — Forces en présence. — Les rivaux disposaient de forces importantes. Au dire des missionnaires qui vivaient alors dans le pays d'Annam et dont les témoignages concordent entre eux et avec les récits indigènes, les Trịnh avaient une armée de plus de 100.000 hommes, cinq cents éléphants et cinq cents grandes jonques armées chacune de trois canons au moins. Bien que ces chiffres soient considérables, ils ne paraissent pas exagérés. La guerre était la seule préoccupation des mandarins, et une bonne partie de la population vivait du métier des armes. En outre, l'organisation du royaume elle-même était favorable à cet état de choses. Chaque grand mandarin recevait en fief un certain nombre de villages dont il percevait les revenus, à condition seulement d'entretenir un nombre déterminé de soldats. Les officiers de rang subalterne avaient droit aux mêmes faveurs. La solde des troupes était ainsi assurée. Ces avantages, auxquels s'ajoutait l'espoir du pillage et de récompenses extraordinaires, attiraient sous les drapeaux de nombreuses recrues. D'autre part, les fiefs étant distribués en raison du mérite et des services rendus, les chefs avaient tout intérêt à entretenir convenablement leurs troupes ; ils savaient que leur zèle serait récompensé.

Les forces des Nguyễn étaient sensiblement inférieures à celles des Trịnh. Avec ses fleuves aux barres difficiles, la Cochinchine ne se prêtait pas au développement des forces navales ; cependant, d'après un témoignage européen de l'époque, ils avaient, en 1674, 133 galères. Les Seigneurs du Sud paraissent avoir donné tous leurs soins à rendre leur armée de terre plus nombreuse, mieux exercée et mieux armée : vers 1674, elle comptait 40.000 hommes ainsi distribués : 15.000 sur la frontière du Tonkin ; 9.000 à la cour ; 6.000 pour la garde des princes ; 10.000 dans les provinces aux ordres des gouverneurs.

Noter que, grâce à leurs relations avec les Portugais, il fut possible aux Nguyễn de perfectionner l'instruction et l'armement de leurs troupes. En outre, ils s'appliquèrent à renforcer les défenses naturelles de leurs frontières et construisirent à cet effet d'importants ouvrages. Ils élevèrent notamment deux grands murs, de direction perpendiculaire à la côte, qui fermaient l'accès du pays aux troupes venant du Nord.

Le premier, le *mur de Trường-đức*, suivait d'abord un rameau du Nhựt-lệ, puis ce fleuve lui-même ; il avait une longueur de dix kilomètres environ, une largeur de six mètres à la base et d'après les vestiges qui en restent, sa hauteur devait atteindre trois mètres au moins ; il comprenait un camp et un grenier pour l'approvisionnement des troupes. Il formait obstacle au passage d'un ennemi qui aurait voulu remonter le Nhựt-lệ.

L'autre, plus important, était le *mur de Đồng-hới*, construit en 1631 ; il s'étendait du mont Dầu-mâu à l'embouchure du Nhựt-lệ. Ce mur atteignait une hauteur de six mètres ; du côté extérieur, on avait planté des madriers en bois de fer ; du côté intérieur, on avait construit, au moyen de terre rapportée, cinq degrés où les éléphants et les chevaux pouvaient circuler. La longueur totale du mur était d'environ dix-huit kilomètres. Tous les douze ou vingt mètres, se trouvaient des pavillons contenant des canons de gros calibre ; tous les quatre mètres il y avait un pierrier (d'ap. CADIÈRE).

CHAPITRE VI

Les Seigneurs du Nord et les Seigneurs du Sud au dix-septième siècle. — Période d'hostilités ouvertes.

23.— PREMIÈRE GUERRE (1620-1634). — Nguyễn Hoàng, mort en 1613, eut pour successeur son sixième fils, Nguyễn Phúc-Nguyên, né en 1563, appelé par les écrivains occidentaux Sãi Vương. Deux des frères de celui-ci se soulevèrent ; les Trịnh s'apprêtaient à leur porter secours, mais la rébellion fut réprimée avant qu'ils ne fussent en état de rien tenter.

Quelques années plus tard (1627), Trịnh Tráng, fils de Trịnh Tùng, réclama à Sãi Vương l'impôt des deux provinces de Thuận-hóa et de Quảng-nam qui, depuis 1620, n'avait pas été envoyé à la capitale. Sãi Vương répondit que les récoltes avaient été mauvaises, que lorsqu'elles seraient bonnes, il songerait à s'acquitter de cette obligation. Trịnh Tráng, peu satisfait de cette réponse, envoya cinq mille hommes de troupes sur la frontière ; puis, il dépêcha un nouveau messager pour mettre Sãi Vương en demeure de payer l'impôt et de venir rendre hommage à son seigneur, Lê Thần-Tôn, de qui l'ordre était censé émaner, Sãi Vương se contenta de renvoyer le messager après l'avoir traité magnifiquement. A une nouvelle démarche de Trịnh Tráng, il répondit par une nouvelle fin de non-recevoir et le Seigneur du Tonkin entra en campagne aussitôt.

Sãi Vương rassembla ses troupes et les mit en marche. La rencontre eut lieu sur les bords du Nhựt-lệ, fleuve de Đồng-hới. L'armée tonkinoise fut à plusieurs reprises battue et la flotte fut presque entièrement anéantie à l'embouchure du fleuve.

Trois ans après (1630), les Nguyễn prirent l'offensive à leur tour et occupèrent le Bồ-chính méridional (partie méridionale de la province moderne de Hà-tĩnh ; c'est le Bồ-trạch d'aujourd'hui).

En 1634, les Tonkinois, appelés par Anh, troisième fils de Sãi Vương et gouverneur (*trần-thủ*) du Quảng-nam, s'avancèrent jusqu'au mur de Đồng-hới pour se joindre aux révoltés ; mais ils furent repoussés par les soldats cochinchinois fidèles à leur prince. En se retirant, Trịnh Tráng laissa une garnison dans le Bồ-chính septentrional (actuellement Quảng-trạch) pour empêcher toute nouvelle tentative d'annexion.

A la fin de l'année suivante, Sãi Vương mourut. Son fils Nguyễn Phúc-Lan, héritier présomptif depuis la mort du premier fils (en 1631), lui succéda ; il est nommé Công-Thượng Vương. Son frère Anh refusa de reconnaître son autorité et, secondé par quelques Japonais de Fai-fo, se révolta ; Công-Thượng Vương le battit près de Tourane, s'empara de sa personne et le fit transporter à Huế où il fut mis à mort ; par mesure de sécurité, il jeta en prison quatre autres de ses frères nés de concubines.

24. — Deuxième guerre (1640-1648). — Le nouveau seigneur n'attendit pas que les Trịnh vinssent l'attaquer. En 1640, il prit l'offensive et occupa le Bồ-chính septentrional. Il songea à s'avancer plus loin encore.

Voyant que le royaume était riche et prospère, disent les historiens, il conçut le projet d'attaquer le Tonkin ; il passait fréquemment en revue les troupes de terre, les exerçant aux manœuvres militaires. Un jour, il alla en barque au port Nọn, à l'embouchure du fleuve de Huế, et vit que les troupes de mer n'étaient pas dans un état satisfaisant. Il ordonna aussitôt aux trois sous-préfectures de Hương-trà, de Quảng-điền et de Phú-vinh, d'établir un champ d'exercice pour les troupes de mer au village de Hoàng-phúc, aujourd'hui Hồng-phúc, dans le Phú-Vinh. On éleva une butte en terre haute de plus de trente pieds (12 m.) et longue de plus de 150 pieds (60 m.). Pendant sept mois, les troupes s'exercèrent à ramer et à tirer le canon. Ceux qui faisaient preuve d'habileté recevaient en récompense de l'or et de la soie. Il n'y eut plus alors dans les troupes de mer, aucun soldat qui ne fut exercé et habile.

En 1643, Trịnh Tráng se mit à la tête de l'armée contre Công-Thượng Vương ; le roi Lê Thần-Tôn l'accompagnait. Les

Cochinchinois furent chassés du Bô-chính septentrional. Mais le climat fut contraire aux Tonkinois, ils durent se retirer.

Trịnh Tráng se remit en campagne en 1648. Les Tonkinois remportèrent une série de succès partiels, mais ils furent arrêtés par le mur de Trường-đức.

Les troupes tonkinoises s'étaient avancées jusqu'au pied du mur, qui n'était plus alors qu'un amoncellement de sable sans consistance. Leurs projectiles ne tardèrent pas à y faire une brèche. Les troupes cochinchinoises saisies de frayeur avaient pour la plupart pris la fuite ; il en restait à peine le quart, mais *Trương Phúc-Phân* qui était chargé de défendre le mur, montra le plus grand courage. Seul, à la tête des soldats spécialement attachés à sa personne, faisant frapper du tambour et agiter un drapeau, il soutint une lutte acharnée contre les ennemis qui, tout en combattant, agrandissaient la brèche. Assis fièrement devant le mur, son fils et lui, les parasols ouverts, excitaient leurs gens qui, sans relâche, réparaient la brèche. Les traits de l'ennemi pleuvaient autour d'eux ; à leurs côtés, des centaines de soldats tombaient, blessés ou mourants ; mais Phân continuait à rester assis, sans s'émouvoir. Les ennemis croyaient que c'était un génie sous l'aspect d'un homme ; ils n'osaient approcher de lui, pensant qu'il était doué d'une puissance surnaturelle. Le mur fut réparé et ne tomba pas aux mains des Tonkinois, Phân reçut le surnom de Co-Tri « l'obstiné défenseur » (d'ap. CADIÈRE).

Grâce à cette résistance héroïque, les renforts eurent le temps d'arriver ; ils étaient commandés par le fils de Công-Thượng Vương, *Hiền*, général brave et habile, qui infligea un terrible échec aux troupes tonkinoises.

25. — TROISIÈME ET QUATRIÈME GUERRES (1655-1674). — Peu après, Công-Thượng Vương mourut. Il eut pour successeur son fils Nguyễn Phú-Tần, ou *Hiền Vương*.

Pendant les sept ans qui suivirent, les hostilités furent suspendues entre les Nguyễn et les Trịnh. Hiền Vương cependant se préparait à la guerre. Il la recommença en 1655, à la suite d'une incursion d'un officier des Trịnh dans le Bô-chính méridional.

Dès le début de la campagne, les généraux qui commandaient l'armée cochinchinoise, envahirent le Bố-chính septentrional et furent vainqueurs des Tonkinois en plusieurs engagements partiels. Ils ordonnèrent de suspendre partout des proclamations invitant la population à se soumettre aux Nguyễn. Le nombre des soumissionnaires s'accrût si vite que bientôt les sept sous-préfectures du Nghệ-an situées au Sud du fleuve de Vinh passèrent sous l'autorité des Nguyễn.

Trịnh Tráng envoya aussitôt des renforts sous le commandement de ses fils *Trịnh Tạc,* héritier présomptif, et *Trịnh Toàn,* jeune encore, mais chef habile et très aimé de ses soldats. Trịnh Toàn remporta quelques avantages, sans résultat décisif toutefois; vers le milieu de l'année 1656, il n'avait encore pu franchir le fleuve de Vinh.

A la fin de l'année, Trịnh Tạc fut brusquement rappelé à Hanoi: Trịnh Tráng est gravement malade et sa mort est redoutée. Trịnh Tạc envoie sur le théâtre de la guerre ses deux fils *Trịnh Căn* et *Trịnh Đồng* pour surveiller leur oncle Trịnh Toàn en qui il voyait un compétiteur probable.

Lorsque Trịnh Tráng mourut (mai 1657), Trịnh Toàn, accusé de rébellion, fut envoyé à Hanoi et jeté en prison; Trịnh Căn le remplaça à la tête des troupes.

La campagne reprend bientôt; les adversaires se fatiguent en plusieurs rencontres sans obtenir d'avantage appréciable jusqu'à la fin de l'année 1658; mais à ce moment, Trịnh Căn remporte une victoire complète à Tuần-lễ. Peu de temps après, il attaque les troupes cochinchinoises qui s'étaient reformées et les met en déroute. Ainsi, les Nguyễn perdirent les sept sous-préfectures au Sud du fleuve de Vinh.

Trịnh Căn rentra à Hanoi en triomphateur (1661).

Quelques mois plus tard, il se remit en campagne avec des troupes fraîches. Les Cochinchinois, sous le commandement de Nguyễn Hữu-Dật, s'étaient retirés derrière le mur de Đồng-hới; les Tonkinois campèrent en face, occupant la route de terre et la route de mer. Mais Nguyễn Hữu-Dật, à l'abri, ne leur offrit pas la bataille ; pendant plus d'un mois il les laissa inactifs dans le pays dévasté. Les vivres firent défaut et les troupes tonkinoises commencèrent à se démoraliser. Quand il jugea le moment opportun, Nguyễn Hữu-Dật attaqua à l'improviste ; les Tonkinois prirent la fuite, poursuivis par les Cochinchinois qui firent un grand butin.

Trịnh Tạc médita dix ans sa revanche. Quand il se crut prêt, il prit les armes. Les forces tonkinoises s'élevaient à cent mille hommes ; Trịnh Căn fut chargé de la direction des opérations. Lê Gia-Tôn et Trịnh Tạc étaient de l'expédition. Les troupes pénétrèrent dans le Bố-chính septentrional vers la fin de l'année 1672 ; Trịnh Căn adressa, aussitôt après avoir franchi le Sông Gianh, une proclamation aux habitants du Thuận-hóa et du Quảng-nam pour les engager à se soumettre aux Lê, souverains légitimes.

Les troupes cochinchinoises sous le commandement du prince *Hiệp*, quatrième fils de Hiền Vương, prirent position derrière le mur de Đồng-hới, le mur de Trấn-ninh et le mur de Sa-phụ sur la rive droite du Nhựt-lệ et un peu en amont de l'embouchure. Le choc des Tonkinois porta d'abord contre le mur de Đồng-hới, et la première rencontre fut défavorable aux Cochinchinois. Mais par la suite, malgré des assauts répétés, malgré une tentative par mer, ils tinrent bon et réussirent à repousser toutes les attaques. Trịnh Tạc et Lê Gia-tôn se retirèrent. Trịnh Căn recula avec la flotte. Le gros des troupes de terre se retira pendant la nuit.

26. — Victoire des Nguyễn ; ses causes. — Ce fut la dernière expédition des Trịnh. Les Nguyễn restaient maîtres chez eux. Le Sông Gianh désormais sera regardé comme la limite des États du Nord et du Sud. Ainsi se termina (en 1674) la première période de la lutte entre les Nguyễn et les Trịnh.

Le succès des Cochinchinois était dû à plusieurs raisons. S'ils possédaient moins de troupes et moins de ressources que les Tonkinois, du moins ils avaient l'avantage de combattre chez eux. Les Tonkinois étaient dans l'obligation de conduire les opérations le plus rapidement possible ; si elles traînaient en longueur, le manque de vivres et les maladies les réduisaient bientôt à reprendre le chemin du Nord. D'autre part, les Cochinchinois paraissent avoir été généralement unis entre eux. Tous obéissaient à celui qu'ils considéraient comme leur chef et luttaient pour leur propre indépendance. Les Tonkinois, au contraire, combattaient surtout pour satisfaire l'ambition des Trịnh qu'ils ne considéraient pas comme leurs véritables souverains, et par suite, ils apportaient moins d'ardeur dans la lutte. En outre, les Trịnh avaient à se garder, dans le Tonkin même, contre les révoltes des Mạc toujours remuants.

Enfin, les Cochinchinois eurent l'appui des Européens, — des Portugais en particulier, — tandis que les Tonkinois, après avoir vainement sollicité et espéré le concours des Portugais et des Hollandais, furent réduits à leurs seules forces.

CHAPITRE VII

Rôle des Seigneurs du Nord et des Seigneurs du Sud dans le développement du pays d'Annam au dix-huitième siècle. — I. Les Trinh au Nord.

27. — LES TRỊNH, VRAIS MAITRES DU TONKIN. — RÉVOLTE DE LÊ DUY-MẬT — Au Tonkin, les Trịnh étaient véritablement les maîtres : ils faisaient et défaisaient les rois.

En 1572, Trịnh Tùng mit Lê Thê-Tôn sur le trône ; à la mort de celui-ci, il écarta l'héritier présomptif et désigna pour régner le second fils du souverain défunt, Duy-Tân, dont le nom est *Lê Kính-Tôn* (1599) ; il lui fit épouser sa fille, ce qui ne l'empêcha pas, vingt ans plus tard, de le faire étrangler. Ni *Lê Thần-Tôn*, qui, en 1619, succéda à Lê Kính-Tôn, ni ses fils, ne s'opposèrent à l'entière main-mise des Trịnh sur les affaires du royaume ; et l'un d'eux, *Lê Huyền-Tôn* accorda même à *Trịnh Tạc* des privilèges inusités ; il l'avait laissé prendre le titre de *Roi de l'Ouest*, et lui permit de s'asseoir à la gauche du trône, pendant les audiences solennelles ; il le dispensa des formules de salutation.

Cet effacement des souverains Lê s'accentua davantage encore après la guerre contre les Nguyễn. De retour de sa campagne, Trịnh Tạc fit transporter les bureaux des divers ministères dans son palais ; et lorsque son fils *Trịnh Căn* revint à son tour, il lui décerna le titre de second roi.

L'un de ses successeurs, *Trịnh Cương*, força le souverain à abdiquer et le remplaça par un prince de sa propre descendance (1729) ; ce prince ne régna que quatre ans, car *Trịnh Giang* le déposa pour en introniser un autre. Trois ans plus tard, il mit sur le trône un membre de la famille royale qu'il avait élevé dans son palais, et prit le titre de *Roi antérieur d'Annam*.

Cependant, les actes d'arbitraire et de despotisme des Seigneurs du Nord étaient devenus insupportables à certains membres de la famille des Lê qui n'acceptaient qu'à contre-cœur de se voir écartés des affaires. Ils fomentèrent des révoltes et soulevèrent le peuple contre des Trịnh.

Les troubles les plus sérieux commencèrent en 1737 ; trois princes, *Lê Duy-Trúc*, fils de Lê Hi-Tôn, *Lê Duy-Qui* et *Lê Duy-Mật*, tous deux fils de Lê Dũ-Tôn, étaient à la tête d'un vaste complot. Les deux premiers furent pris et tués ; Lê Duy-Mật put s'enfuir et tint la campagne. Il se fixa dans le Sud du Tonkin avec ses partisans. Trịnh Giang essaya vainement d'en venir à bout. Son successeur, *Trịnh Doanh* (1740-1767), eut plus de succès ; il réussit à vaincre et à mettre à mort plusieurs des chefs qui avaient embrassé le parti de Lê Duy-Mật ; mais il mourut sans avoir pu s'emparer de la personne de celui-ci.

A la nouvelle de sa mort, Lê Duy-Mật marcha sur la capitale. *Trịnh Sâm*, fils de Trịnh Doanh et son successeur (1771-1782), envoya contre lui son général *Bùi Thế-Đạt* avec des forces considérables et une nombreuse artillerie. Lê Duy-Mật fut obligé de s'enfermer dans la citadelle de Trấn-ninh ; mais il se rendit bientôt compte que toute résistance était impossible, les canons de l'ennemi faisant de larges brèches dans ses remparts. Alors il fit mettre en tas un grand nombre de caisses de poudre, y monta avec sa famille et se fit sauter (1770) (1).

28. — Caractères de l'œuvre administrative des Trịnh. — Si les Trịnh accaparaient ainsi tout le pouvoir, ils en prenaient la responsabilité. Ils payèrent largement de leur personne pendant la guerre avec les Seigneurs du Sud ; ils s'efforcèrent en outre de rétablir la sécurité dans les provinces ; ils réussirent à vaincre définitivement les Mạc et à faire rentrer dans le domaine royal le territoire de Cao-bằng qui en était sorti depuis un siècle et demi,

---

(1) Et non 1767, comme il est dit généralement. Voir *Cang-mục*, liv. XLIII, p. 27.

Ils s'occupèrent aussi avec activité de l'administration du pays.

Entre tous, *Trịnh Cương* (1709-1729) se distingua par d'importantes réformes. Il fit commencer le cadastre et refaire les registres fonciers ; il augmenta les ressources du pays par l'organisation d'un nouveau système d'impôts qui frappaient les produits du sol et des mines ; il fit agrandir et améliorer les ports des provinces du Nghệ-an et du Thanh-hóa. Il remit en vigueur les dispositions du Code Hồng-đức qui n'étaient plus appliquées ; il interdit aux mandarins de créer des villages et de les placer sous leur protection, car c'était un moyen de soustraire les habitants aux obligations de l'impôt, de la corvée et du service militaire en temps de guerre. Au point de vue judiciaire, il fit promulguer un règlement concernant la vérification des jugements ; de juridiction en juridiction, les jugements rendus étaient vérifiés et la Cour des Censeurs devait, au début du dernier mois de chaque année, soumettre au Conseil du gouvernement, *Chính-đường*, ses propres registres de vérification ainsi que ceux des juridictions inférieures. Les règles de procédure furent complétées et améliorées ; les formalités d'appel réglementées ; des instructions furent données pour la diminution des procès.

Les Trịnh ne s'occupèrent pas du droit civil, mais leur œuvre propre fut l'organisation, on pourrait presque dire, la création de la procédure. Les nombreuses lois promulguées à ce sujet constituèrent un véritable code de procédure qui paracheva la législation annamite.

Trịnh Giang (1729-1740) fut aussi un bon administrateur. Il supprima les droits sur le commerce du sel ; il réglementa l'exploitation des mines ; il diminua le taux des impôts payés par les Annamites et augmenta les taxes qui frappaient les Chinois. Afin d'encourager la librairie annamite, il fit imprimer des éditions des livres canoniques, des livres classiques et des Annales, et en ordonna la vente, à l'exclusion des éditions chinoises.

Ainsi, on le voit, si les Trịnh avaient su s'élever par l'intrigue et si, pour assouvir leur soif de domination, ils n'avaient reculé devant aucun moyen, — néanmoins ces « maires du palais », comme ont voulu les nommer, avec plus ou moins d'à-propos, certains des auteurs qui ont écrit de l'histoire d'Annam, possédaient un caractère bien trempé et de sérieuses qualités d'énergie et d'intelligence. Malgré leur cruauté, leur absence de scrupules, certains, qui ne furent pas uniquement guidés sans doute par le sens du bien public, rendirent de grands services à l'Etat et même, par occasion, à la dynastie.

CHAPITRE VIII

Rôle des Seigneurs du Nord et des Seigneurs du Sud dans le développement du pays d'Annam au dix-huitième siècle — II. Extension des Annamites vers le Sud sous les Nguyên.

29. — Administration des Nguyễn. — Les premiers Nguyễn ne tendirent guère, au début de leur administration, qu'à imiter les modèles offerts par le gouvernement des Lê ; mais ils ne manquèrent pas de mieux tenir compte, au fur et à mesure que leur domination s'affermissait, des besoins de ce pays nouveau, différents de ceux du Tonkin.

C'est ainsi que, pour l'établissement des *rôles et la fixation de l'impôt, Sãi Vương* (1613-1635) adopta, en 1632, les méthodes fixées par Lê Thánh-Tôn en 1645 et encore en vigueur au Tonkin à cette époque ; un grand recensement avait lieu de six ans en six ans et un petit recensement tous les trois ans ; la population était répartie en huit catégories. Les opérations avaient lieu à la fin de la récolte principale de la région ; elles duraient un mois ; quand elles étaient terminées, on fixait la quotité de l'impôt à payer, déterminée suivant les catégories. *L'impôt foncier* fut fixé en tenant compte, autant que possible, de la superficie des champs qui fut officiellement mesurée, de la nature des cultures, de la valeur des terrains ; il était perçu soit en nature, soit en argent. Un bureau de l'agriculture fut établi par Hiền Vương ; le défrichement des terrains incultes fut encouragé ; les terrains cultivés furent divisés en plusieurs catégories ; les colonies militaires créées au quinzième siècle par les souverains du Tonkin dans les territoires pris aux Chams et qui se trouvaient maintenant dans le domaine des Nguyễn, furent distribués en fiefs temporaires à des mandarins méritants.

L'impôt personnel, tel qu'il avait été fixé par *Sãi Vương*, était appelé impôt proportionnel en argent; il frappait suivant une échelle déterminée les huit catégories de la population et les étrangers; il variait à peu près de deux ligatures à cinq dixièmes de ligatures; les indigents étaient exempts. Il y avait d'autres impôts en argent: l'impôt des prémices, l'impôt des anniversaires, l'impôt de remplacement des frais de transport des grains. Les exceptions étaient assez nombreuses.

L'organisation militaire paraît avoir été l'objet de tous les soins des Seigneurs de Cochinchine, à la base se trouvait la *thuyền* ou section, comprenant de 30 à 50 hommes du même village ou de villages voisins, ensuite venait la compagnie ou *đội* commandée par un *đội-trưởng* et un *cai-đội*, comptant, suivant les cas, deux, trois, quatre et même cinq *thuyền*.

Le *cơ*, ou régiment, commandé par un *cai-cơ* et un *trưởng-cơ*, était ordinairement formé de *đội* divisés en thuyền; il comportait généralement de six à dix *thuyền*, mais on a l'exemple d'un *cơ* de soixante thuyền; son effectif variait à l'ordinaire entre 250 et 600 hommes. Enfin, la légion ou *đinh* était commandée par un trưởng-đinh qui paraît avoir eu sous son autorité les trưởng-cơ; elle contenait à peu près le même nombre de soldats que le régiment.

Vers le milieu du dix-huitième siècle, les Nguyễn divisèrent le pays en *douze provinces* ou *đinh*. A la tête de chaque *đinh* était un gouverneur, *trấn-thủ*, un trésorier, *cai-bộ* et un juge provincial, *kí-lục*.

Ce personnel, ainsi que le personnel des divers bureaux de la capitale et des provinces, était recruté par voie d'*examens*; un assez grand nombre de mandarins avaient suivi Nguyễn Hoàng en 1558 et en 1600; d'autres étaient certainement venus se joindre à lui dans l'intervalle; mais il est aisé de concevoir que les Nguyễn ne comptèrent pas sur les fonctionnaires du Tonkin pour administrer leur domaine. Dès 1632, Sãi Vương institua les examens pour subvenir aux besoins des bureaux provinciaux; les candidats qui avaient réussi pouvaient acheter certaines charges dans ces bureaux, dès qu'une vacance se produisait.

Công-Thượng Vương lui aussi permit l'accès de quelques emplois de préfectures, tels que ceux de *tri-phủ*, huấn-đạo et de lễ-sinh (fonctionnaires chargés des sacrifices), aux candidats, ayant satisfait à des examens spéciaux, dits examens généraux d'automne. Une innovation assez intéressante fut faite par Hiền Vương ; il institua en 1675, à la suite des épreuves écrites ordinaires, une interrogation portant notamment sur la situation respective des soldats et de la population civile et sur ce qui concernait les Lê et les Trịnh ; c'était une sorte d'examen pratique : sept candidats furent admis et promus aux places vacantes du bureau judiciaire. Indépendamment des examens qui ouvraient la carrière administrative, il y en avait d'autres qui avaient lieu tous les six ans au moment du grand recensement, c'étaient les examens provinciaux de printemps : les lauréats étaient dispensés d'impôt jusqu'au recensement suivant. Ainsi les études étaient encouragées et souvent il arrivait que ces candidats heureux se présentaient aux examens généraux d'automne.

30. — Absorption des restes du Royaume cham. — Les Seigneurs du Sud mirent à profit la trêve de cent ans que leur laissèrent leurs rivaux du Tonkin. Leur indépendance assurée, sinon formellement reconnue, ils surent administrer le pays avec sagesse et, d'un effort constant, reculer de plus en plus leurs frontières méridionales.

Les Chams ne s'étaient pas relevés de la défaite que leur avait infligée Lê Thánh-Tôn dans la seconde moitié du quinzième siècle, et les mesures qu'il avait prises pour anéantir leur puissance avaient été efficaces. Au dix-septième siècle, le territoire cham avait encore été réduit et n'occupait plus que quelques districts où régnait sans prestige un souverain dépourvu de ressources. En 1653, ce roitelet se permit quelques incursions sur le territoire annamite. Hiền Vương, qui était alors le Seigneur du Sud, envoya des troupes, fit rentrer sans grand peine dans le devoir son peu dangereux voisin, et profita de l'occasion pour réduire encore son domaine. Le territoire du Khánh-hòa fut, à partir de cette date, rattaché au patrimoine des Nguyễn.

En 1692, Bà Tranh, roi des Chams, se révolte; Minh Vương s'empare de lui, d'un de ses ministres Kê-bà-tử et d'un de ses parents; ce qu'il restait du Champa devient la province de Thuận-thành; des fonctionnaires annamites sont placés à Phan-rang et à Phan-ri. La même année, le nom de la province est changé; c'est désormais le phủ de Bình-thuận; le ministre Kê-bà-tử qui, sans doute, avait donné des gages de sa fidélité, est nommé à un emploi. Mais les indigènes, sous la conduite d'un Chinois, se soulèvent contre la domination annamite; la révolte est bientôt réprimée, et, à la fin de l'année 1694, Kê-bà-tử est nommé prince du Trấn de Thuận-thành (on était revenu au nom primitif) avec la charge de payer l'impôt. En 1697, le phủ de Bình-thuận fut rétabli, mais un prince cham continua d'y régner; il en est encore question en 1714 dans le Thật-lục. En 1720, des officiers de la Compagnie française des Indes purent voir de leurs yeux ce fantôme de roi.

Quelle qu'ait été l'autorité de ce souverain, il est certain qu'à partir de l'annexion du Bình-thuận, l'influence des Annamites ne cessa de grandir dans le pays; ils en devinrent vraiment les maîtres, et les restes misérables de la population chame, dominés par les sujets des Nguyễn, méprisés par eux, accablés d'impôts, menés « comme des buffles », furent si durement traités que la race manqua d'être complètement anéantie.

31. — Éviction des Cambodgiens du territoire maritime. — C'est ainsi que les Annamites submergeaient peu à peu la région jadis occupée par un peuple riche et puissant, dont les descendants dégénérés paraissent avoir fait preuve d'une singulière apathie; puis, ils s'infiltraient dans la population du Cambodge dont ils arrivaient à constituer un élément important.

A vrai dire, les Annamites qui essaimaient ainsi n'étaient pas toujours, au point de vue de la morale stricte, des individus de choix; c'étaient, pour la plupart, des bannis, des déserteurs, des gens sans feu ni lieu, des vagabonds, mais c'étaient aussi des tempéraments bien trempés, accoutumés aux privations, à l'épreuve de la fatigue..., et ils apportaient, là où ils s'établissaient, leurs qualités d'endurance et d'activité.

Au cours du dix-septième siècle déjà, des colonies d'Annamites s'étaient formées au territoire cambodgien, dans les lieux dits de Đồng-nai et de Mồi-xui (actuellement régions de Biên-hòa et de Ba-ria), où ils cultivaient des terres que les Cambodgiens paresseux ne faisaient pas valoir. De telles colonies ont toujours précédé l'annexion et, en 1658, l'on vit en effet le gouverneur du dinh de Trấn-biên (conquis en 1629 sur le Champa) occuper officiellement la région de Mồi-xui, sous prétexte que le roi du Cambodge Ang Chan avait violé la frontière annamite. Les Cambodgiens s'opposèrent à la prise de possession, mais les troupes annamites les mirent en fuite et firent prisonnier Ang Chan. Le gouverneur du Trấn-biên l'envoya à Hiền Vương enfermé dans une cage. Le Seigneur fit grâce au royal prisonnier après qu'il se fût reconnu vassal de l'Annam et qu'il eût promis de payer le tribut; il lui donna même une escorte pour le conduire jusqu'à sa capitale. Mais l'ordre ne régna pas dans le pays; Sor et Tan, frères révoltés de Ang Chan, continuèrent la lutte; ils avaient battu leur jeune frère Em : ils parvinrent à vaincre les Annamites et à les chasser; puis ils se firent rois. En 1672, de nouveaux troubles se produisirent; les Annamites, heureux de l'occasion nouvelle qui leur était offerte de s'immiscer dans les affaires cambodgiennes, entrèrent en campagne. Le roi, surpris de la soudaineté de l'attaque, s'enfuit, mais en emportant ses trésors et accompagné d'une armée assez forte; ainsi le royaume resta comme divisé entre l'oncle et le neveu. L'un et l'autre durent payer tribut au Seigneur de Huế.

En 1679, deux officiers chinois, partisans de la dynastie des Minh que les Mandchous venaient de renverser, arrivèrent à Tourane avec 3000 hommes et 50 jonques. Ils firent connaître à Hiền Vương que, fidèles sujets de la dynastie vaincue, ils refusaient de se soumettre aux Thanh (Ts'ing) contre lesquels ils avaient combattu et préféraient vivre sous l'autorité annamite. Hiền Vương hésita sur la manière dont il convenait d'accueillir ces discours; il doutait de la bonne foi des Chinois, mais il pouvait difficilement les repousser puisqu'ils venaient se donner à lui. Il trouva expédient de les envoyer s'établir dans le Sud et écrivit à Ang Non de les bien recevoir, qu'il n'avait rien à redouter de leur part. Il réussissait ainsi à se débarrasser d'hôtes peu sûrs et, en même temps, à faire occuper une partie du territoire cambodgien sans sacrifices d'aucune sorte.

Les Chinois remirent à la voile et, parvenus à la baie de Ganh-rai, se divisèrent : les uns remontèrent le Donnaï jusqu'à la hauteur de Bien-hòa où ils s'établirent ; les autres s'engagèrent dans la branche orientale du Mékong et se fixèrent à Mĩ-thơ. La colonie de Biên-hòa forma un centre agricole et commercial où vinrent trafiquer des Européens, des Chinois, des Malais et des Japonais, tandis que la colonie de Mĩ-thơ, composée d'aventuriers indisciplinés et plus hardis, menaçait le royaume cambodgien de Ou-dông et rançonnait la navigation du grand fleuve.

En 1688, Non réclama contre les Chinois l'aide du Chua ; celui-ci envoya des troupes et, en 1690, l'ordre était rétabli. C'est à partir de cette expédition que le territoire de l'ancien Cambodge maritime passa définitivement sous la domination annamite.

En effet, Non étant mort, il ne fut plus désigné de roi de Saigon et, en 1698, il fut envoyé un gouverneur annamite dans le territoire de Đồng-nai ; on créa le dinh de Phiên-trấn (Gia-định), le dinh de Trấn-biên (Biên-hòa) ; à Saigon fut constitué le huyện de Tân-bình. Dans chaque dinh furent placés un lưu-thủ, gouverneur résident, un cai-bộ ou trésorier et un kí-lục ou juge ; des régiments, des compagnies et des sections des soldats d'élite constituèrent des forces de terre et de mer.

Pour peupler ce vaste territoire, qui, d'après le recensement fait à cette époque, ne contenait qu'environ 200.000 habitants (40.000 familles), on fit appel à des colons du Nord ; il en vint même du Quảng-bình. Des villages et des bourgs furent fondés; les terrains de culture furent mesurés et l'impôt fut fixé. A ce moment, furent dressés les rôles de la population ; les Chinois habitant dans les deux dinh furent comme les Annamites soumis à l'impôt.

Ainsi, l'éviction des propriétaires primitifs fut consommée (J. SILVESTRE).

Mais là ne devait pas s'arrêter la domination annamite ; le territoire des Nguyễn s'étendait jusqu'au Mékhong ; ses limites vont bientôt atteindre le golfe de Siam.

32. — L'autorité annamite s'étend jusqu'au golfe du Siam. — Vers le même temps où des Chinois s'établissaient sur les bords du Đông-nai, un autre Chinois, nommé Mạc Cửu, originaire de la province du Kouang-tong, chassé lui aussi par la victoire des Ts'ing, venait se fixer sur les bords du golfe du Siam, non loin de l'endroit appelé plus tard Hà-tiên. Là se trouvait un centre de quelque importance où trafiquaient des Annamites, des Chinois, des Malais et des Cambodgiens. Mạc Cửu devint acquéreur de la ferme des jeux et s'enrichit rapidement ; il fit venir des colons et fonda plusieurs villages qui se développèrent peu à peu, notamment à Kampot, à Hà-tiên, à Rạch-giá et à Cà-mau.

Mais en 1715, Hà-tiên fut pillé par les Siamois. Pour éviter le retour d'une telle catastrophe, Mạc Cửu demanda au Seigneur de Huế de le désigner comme gouverneur de la province de Hà-tiên. Minh Vương (1691-1725), bien qu'il n'eût aucun droit sur le territoire, s'empresse d'accéder à cette demande. Mạc Cửu releva de ses ruines l'établissement qu'il avait fondé ; il construisit des forts et des remparts, établit divers postes sur les ports et les rivières et forma une milice ; il choisit parmi les habitants des hommes capables de l'aider dans son œuvre de réorganisation. En 1715, quand il mourut, la ville et la région tout entière commençaient à prospérer.

Il eût pour successeur son fils Mạc Thiên-Tứ que le Seigneur de Huế confirma dans la charge de son père.

En 1739, le roi du Cambodge entreprit de rétablir sa domination sur le pays ; la lutte fut rude, mais Mạc Thiên-Tứ eut raison de ses adversaires. Informé de ce succès, *Võ Vương*, petit-fils de Minh Vương, conféra au gouverneur le titre de général. Quelques années plus tard, le Seigneur de Huế lui-même, profitant des embarras du Siam envahi par les Birmans, dirigea une armée contre le Cambodge ; le roi s'enfuit à Hà-tiên et Mạc Thiên-Tứ s'entremit en sa faveur auprès de Võ Vương ; celui-ci voulut bien accorder la paix moyennant l'abandon de tout le territoire au Sud de Gia-định jusqu'au bras du Mékong qui passe à Mỹ-thơ (actuellement les districts de Gò-công et de Tân-an).

En 1757, le roi du Cambodge mourut; le régent demanda l'investiture à Võ Vương; mais une révolte se produisit et le Seigneur fut prié d'intervenir. Il ne se fit pas attendre : une armée annamite entra au Cambodge et mit le roi Ang Tôn sur le trône. Pour prix de ce secours, les Annamites obtinrent le territoire au Nord de Bassac; d'autre part, ils s'établirent solidement à Sa-đec et à Châu-đốc où ils élevèrent des forteresses. Quant à Mạc Thiên-Tứ, il reçut cinq districts qui furent adjoints à la province de Hà-tiên; le domaine administré par lui au nom du Seigneur de Huế s'étendait de Kampot à Cà-mau.

Ainsi, en un siècle, les Annamites s'étaient rendus maîtres de l'ancien Cambodge maritime et leur autorité s'était étendue jusqu'aux rivages du golfe du Siam.

CHAPITRE IX

Les Européens en pays d'Annam (1) au dix-septième et au dix-huitième siècles. — I. Les marchands.

33. — Relations commerciales entre Européens et Annamites sur la côte d'Annam. — Les rivages indochinois, dès le seizième siècle, furent connus des navigateurs européens. Mais des relations suivies entre Annamites et Occidentaux ne s'établirent qu'au siècle suivant, c'est-à-dire à l'époque où commencèrent les hostilités ouvertes entre les Nguyễn et les Trịnh.

C'est sur la côte d'Annam — en Cochinchine suivant le nom que donnèrent au patrimoine des Nguyễn les navigateurs étrangers — que les Européens entrèrent d'abord en rapports avec les Annamites.

Le centre des échanges était Fai-fo ; c'était un grand marché plutôt qu'une ville au sens propre du mot.

Les Chinois et les Japonais y venaient de longue date ; les Portugais, venant de Macao, y fréquentaient régulièrement depuis le commencement du dix-septième siècle au moins ; les Hollandais y vinrent plus tard.

Les Nguyễn virent quel parti ils pourraient tirer de l'aide de ces Européens dans leur lutte contre les Trịnh, et ils leur firent le meilleur accueil. Ce fut surtout avec les Portugais que leurs relations furent le plus solides ; l'un d'eux, Jean de la Croix, s'établit aux environs de Huê en 1614 ; il créa une fonderie de canons au lieu appelé encore aujourd'hui Thợ-đúc (les fondeurs). Pour la construction des navires, les Cochinchinois apprirent aussi beaucoup de leurs visiteurs européens. Il n'est pas douteux que le concours apporté aux Nguyễn par les Portugais contribua dans une bonne mesure à leur succès définitif sur les Trịnh.

---

(1) Consulter, pour plus de détails, mon livre sur l'*Histoire moderne du pays d'Annam*, p. 27-100 et 135-182.

Les Portugais envoyaient de Macao un ou plusieurs navires aux environs des mois de décembre ou de janvier ; ils restaient en Cochinchine le temps nécessaire pour écouler leurs marchandises et pour acquérir les « commodités » du pays, comme on disait alors; mais il ne paraît pas qu'ils y aient jamais possédé d'établissement fixe, de véritable factorerie avec un personnel à demeure. Ils eurent seulement une sorte de courtier ou de représentant qui préparait les achats de soie, de sucre, de poivre, de bois d'aigle, etc., qui, en dehors de la saison des échanges, préparait les marchés et qui, pendant la saison, servait d'interprète.

Les Hollandais, après plusieurs essais pour commercer en Cochinchine, ouvrirent un comptoir en 1636 ; le chef-marchand fut bien reçu par les autorités de Fai-fo. Mais les bonnes dispositions ne durèrent pas longtemps. Les promesses faites aux Hollandais relativement à l'exemption des taxes ne furent pas tenues et toutes sortes de difficultés furent créées aux marchands. Les Cochinchinois étaient irrités de voir les Hollandais tenter de s'établir aussi chez leurs ennemis, les Seigneurs du Nord, et, d'autre part, ils étaient mal disposés à leur égard par suite des manœuvres des Portugais qui cherchaient à nuire par tous les moyens à ces concurrents dangereux.

En 1641, les Hollandais durent abandonner la direction de leur comptoir de Fai-fo qu'ils confièrent à un Japonais chargé de leurs intérêts. En 1650, le nouveau Seigneur, Hiền Vương, fit faire des ouvertures aux directeurs de la Compagnie néerlandaise des Indes et un traité fut conclu qui permettait aux Hollandais de venir librement en Cochinchine. Mais l'accord ne se maintint pas ; dès 1654, à la suite de nouveaux mécomptes, les directeurs estimèrent qu'il n'était plus possible à leurs agents de se soumettre aux vexations dont ils étaient l'objet ; la fin de leurs relations commerciales avec la Cochinchine date de cette époque.

En 1695, la Compagnie anglaise des Indes envoya un agent, nommé Bowyear, chargé d'étudier la possibilité d'ouvrir des rapports avec la Cochinchine. A cette époque, dit cet agent, Fai-fo était constitué par une rue sur le bord de la rivière et par deux rangées de maisons, au nombre d'une centaine environ, habitées surtout par des Chinois ; il s'y trouvait aussi quatre ou cinq familles de Japonais. Les Japonais, autrefois, étaient les principaux habitants et étaient les maîtres du commerce du port, mais leur nombre ayant diminué et leur richesse étant fortement réduite, la direction des affaires était passée aux mains des Chinois. Il y venait environ dix ou douze jonques annuellement du Japon, de Canton, de Siam, du Cambodge et de Batavia. Les jonques japonaises ne venaient pas régulièrement depuis l'interdiction de l'exportation de l'argent ; celles qui touchaient à Fai-fo avait d'abord relâché en Chine où elles avaient déposé partie de leur cargaison et chargé d'autres marchandises, principalement du cuivre et des soieries ».

Bowyear fut bien reçu ; mais soit que les résultats de son voyage aient été jugés peu encourageants, soit que les garanties offertes par les autorités cochinchinoises n'aient pas paru suffisantes, il ne fut donné aucune suite à cette entreprise.

Il ne paraît pas que les Français aient rien tenté au dix-septième siècle, mais ils firent au siècle suivant un effort sérieux pour « ouvrir le commerce » dans le patrimoine des Nguyễn.

A la suite de plusieurs tentatives heureuses faites à titre privé par des Français venus de l'Inde, la Compagnie française des Indes Orientales confia à Pierre Poivre qui avait déjà séjourné en Chine et en Cochinchine la mission de « fonder sur des liaisons d'amitié une nouvelle branche de commerce » entre la France et la Cochinchine. Il arriva le 29 août 1749 à Fai-fo sur le navire le *Machault*. Il se rendit à Huê et remit la lettre et les présents dont il était chargé. Le chúa l'autorisa à faire du commerce dans le pays.

Ainsi les premières relations entre la France et la Cochinchine étaient établies. Bien que le résultat, au point de vue profit, n'en fût pas satisfaisant, elles auraient peut-être pu se développer, car la Compagnie était décidée à poursuivre l'exécution du plan conçu et Dupleix, de son côté, se préparait à envoyer des expéditions de l'Inde où il dirigeait alors les entreprises commerciales et politiques françaises. Mais son départ forcé pour la France en 1754 et la suppression de la Compagnie des Indes en 1769 ajournèrent définitivement la réalisation de tout nouveau projet.

34. — Les marchands européens au Tonkin. — De la Cochinchine, les relations s'étendirent au Tonkin. Les navires européens, portugais, anglais, français, franchissaient la barre du Thái-bình, s'engageaient ensuite dans le Cửa Thái-bình et le Cửa Van-ức, et s'arrêtaient à peu près à la hauteur du huyện actuel de Tiên-lãng; des embarcations plus légères remontaient ensuite devant Hưng-yên où les comptoirs furent longtemps établis, avant que les marchands n'obtinssent l'autorisation d'en ouvrir à la capitale même, à Hanoi, où comme l'on disait dès cette époque à Kẻ-chợ.

Les Portugais ne formèrent pas d'établissement permanent dans le pays ; aux environs des mois de décembre et de janvier, un ou plusieurs navires venaient de Macao et ne restaient dans le pays que le temps d'écouler leurs marchandises et de former une cargaison de retour.

Par contre, les Hollandais, les Anglais, les Français eurent des factoreries. Les Anglais gardèrent la leur jusqu'en 1697 et les Hollandais jusqu'en 1700. A vrai dire, ils ne cessèrent pas tout commerce avec le pays, mais ils n'y furent plus à demeure.

Commerçants anglais et hollandais appartenaient à des Compagnies créées en Europe pour faire le commerce avec les pays d'Extrême-Orient. La Compagnie française des Indes orientales avait aussi compris la Chine et l'Indochine dans son rayon d'action. Un premier navire français vint en 1669 au Tonkin et y resta plusieurs mois; il portait des prêtres des Missions-étrangères qui obtinrent de Trịnh Tráng l'autorisation pour la Compagnie des Indes d'ouvrir un établissement de commerce. Un comptoir fonctionna quelque temps sous la direction du marchand Chappelain envoyé par Baron, Chef de la Compagnie française à Surate. Une lettre et des présents furent remis en 1682, de la part de Louis XIV, à Lê Hi-Tôn et à Trịnh Tạc.

« Après avoir remporté tant de victoires..., y lisait-on, nous avons aussitôt donné des ordres à la Compagnie royale de s'établir dans votre royaume le plus tôt qu'elle pourra, et aux sieurs Deydier et de Bourges de demeurer auprès de vous, afin d'entretenir une bonne correspondance entre nos sujets et les vôtres et de nous avertir aussi des occasions qui se pourraient présenter, où nous puissions vous donner des marques de notre estime et du désir que nous avons de concourir à votre satisfaction et à vos avantages. Pour commencer de vous en donner des marques, nous avons commandé qu'on vous portât quelques présents que nous avons cru qui vous seraient agréables...»

Mais les directeurs de la Compagnie des Indes ne pouvaient entretenir un mouvement régulier d'affaires avec le Tonkin, et les opérations étaient plus faciles et plus fructueuses dans l'Inde.

L'abandon de la place par les Anglais et les Hollandais prouve aussi que les bénéfices n'y étaient pas suffisants. Cependant, des missionnaires français continuèrent de séjourner dans le pays et y représentèrent dans une certaine mesure le commerce français.

Au dix-huitième siècle, les transactions directes avec le Tonkin devinrent à peu près nulles.

CHAPITRE X

Les Européens en pays d'Annam au dix-septième et au dix-huitième siècles — II. Les missionnaires.

35. — LES MISSIONS AU DIX-SEPTIÈME SIÈCLE. ALEXANDRE DE RHODES — Les missionnaires avaient suivi de près les marchands. On sait d'après un récit de l'époque, que c'est le capitaine d'un navire portugais qui décida le supérieur des Jésuites de Macao à envoyer des religieux de son ordre en Indochine.

Au commencement de 1615, la nouvelle mission fut fondée ; et, pendant près de deux cents ans (plusieurs années même après la suppression de la Compagnie de Jésus), environ 180 religieux de cet ordre allèrent prêcher leur foi en Cochinchine et au Tonkin. Les deux premiers furent *Francisco Busomi*, napolitain, et *Diego Carvalho*, portugais. Ils arrivèrent le 18 janvier à Tourane et, autorisés à s'y installer, y bâtirent une église ; plus tard ils se fixèrent à Fai-fo. En 1618, le Milanais *Cristoforo Borri* fut envoyé en Cochinchine ; il est l'auteur de la première *relation* parue sur le pays (en 1631). Elle traitait de la situation, du climat, des productions, du gouvernement, des ressources, du commerce de la Cochinchine, des mœurs et coutumes des habitants, de leur façon de vivre, de se vêtir, de se médicamenter, etc... Elle eut le plus grand succès en Europe et plusieurs éditions furent publiées en italien, en français, en latin, en hollandais, en anglais et en allemand.

En 1625, les supérieurs des Jésuites songèrent à ouvrir une mission au Tonkin ; ils envoyèrent dans ce pays le P. *Giuliano Baldinolti* qui a écrit un rapport de son voyage ; il fut très bien reçu par Trịnh Tráng. A son retour à Macao, la création d'une mission au Tonkin fut décidée et le P. Alexandre de Rhodes fut choisi pour en être le premier chef.

Alexandre de Rhodes était déjà en Cochinchine depuis deux ans environ. Il convient de parler de lui avec quelques détails car cet homme, un Français, est celui qui a travaillé le plus efficacement à cette époque à donner des notions exactes sur le pays d'Annam aux peuples d'Europe. Né à Avignon en 1591, il partit pour l'Extrême-Orient en 1619 et quitta Macao vers la fin de l'année 1624 pour se rendre en Cochinchine ; aussitôt arrivé, il se mit à l'étude de l'annamite et fit de tels progrès qu'au bout de six mois il était à même de prêcher aux indigènes dans leur langue. Désigné pour créer la mission du Tonkin, il y arriva au mois de mars 1627 et y demeura plus de trois ans. Il fit ensuite plusieurs voyages dans le domaine des Nguyễn ; mais les circonstances y étaient peu favorables, le Seigneur Công-thượng Vương commençant à s'irriter de la propagande catholique. En 1645, à la suite d'une persécution qui coûta la vie à plusieurs convertis, il fut banni avec défense sous peine de mort de revenir dans le pays. Pendant plus de sept années qu'il était demeuré au Tonkin et en Cochinchine, le P. de Rhodes avait pris de la langue, des mœurs, du caractère des Annamites, ainsi que des ressources et de l'histoire du pays, une connaissance approfondie. Il écrivit plusieurs ouvrages qui forment l'ensemble des notions les plus complètes et les plus sûres que l'on ait eues longtemps sur le pays d'Annam. Il fit aussi imprimer un catéchisme en latin et en annamite rédigé pour les indigènes et un dictionnaire annamite-latin-portugais à l'usage des missionnaires. Ces ouvrages, imprimés à Rome, sont les premiers livres où les caractères romains ont été employés pour rendre les sons annamites, c'est à leur occasion que furent fondus les premiers caractères *quốc-ngữ*.

Tous les missionnaires venus en Indochine n'étaient pas des jésuites. Une société française fut fondée vers le milieu du dix-septième siècle pour fournir des évêques aux missions de la Cochinchine et du Tonkin ; ce fut l'origine de la *Société des Missions-Etrangères* qui s'est grandement développée depuis et dont l'action s'étendit peu à peu à l'Indochine française presque tout entière. Parmi les plus remarquables de ses membres, il faut citer *François Pallu*, l'un de ses fondateurs, *François Deydier* qui fit au Tonkin une longue carrière, et surtout *Pigneau de Béhaine, évêque d'Adran*, dont nous aurons à parler bientôt.

36. — Les missions au dix-huitième siècle. — Dans la première partie du dix-huitième siècle, la Société des Missions-Étrangères eut à souffrir d'une véritable pénurie d'hommes et de ressources; en 1722, elle n'avait que huit missionnaires en pays d'Annam; quatre en Cochinchine et quatre au Tonkin. D'autres missionnaires appartenant à divers ordres, jésuites, franciscains, dominicains et à différentes nationalités, portugais, italiens, allemands, évangélisaient aussi le domaine des Nguyễn et des Trịnh. Il ne régnait pas entre eux une harmonie parfaite et le pape dut intervenir pour assigner à chaque ordre telle ou telle partie du pays (1741).

D'une manière générale, les missionnaires, rencontrèrent dans l'accomplissement de leur œuvre moins de difficultés en Cochinchine qu'au Tonkin. Au Nord, des mesures sévères furent prises contre eux en 1712, en 1721, en 1737, en 1745, en 1773; en 1723 et en 1737, des jésuites furent décapités; en 1745 et en 1773, des dominicains furent jetés dans les fers et condamnés à mort. En Cochinchine, Minh Vương avait promulgué un édit d'expulsion (1724) et avait interdit à ses sujets la profession du catholicisme, mais ces mesures n'avaient pas été appliquées avec une grande sévérité. *Minh Vương* qui lui succéda fit preuve, pendant tout son règne (1725-1738), de la plus large tolérance et son fils *Võ Vương* se montra encore plus favorable au christianisme. Dans la première moitié du dix-huitième siècle et même plus tard, on vit à la cour des Nguyễn, comme on l'avait vu à la cour des Ts'ing à Pékin, des jésuites occuper les fonctions de mathématicien, d'astronome, de médecin.... et jouir d'une influence notable.

Mais en 1750, Võ Vương ordonna brusquement de chasser tous les prêtres étrangers qui se trouvaient dans ses États; exception fut faite seulement pour le P. Köffler, médecin du seigneur; mais deux évêques et sept missionnaires de la Société des Missions-Étrangères durent s'embarquer. Malgré une tentative faite en 1752, les missionnaires français ne purent se fixer de nouveau en Cochinchine proprement dite (c'est-à-dire l'Annam actuel). Ils allèrent s'établir au Cambodge, non loin de Ou-dông, alors capitale du royaume, et, de là, tentèrent de maintenir des relations avec le domaine du Seigneur du Sud par l'intermédiaire des Annamites qui venaient pêcher dans le Grand-Lac ; ils envoyaient aussi des missionnaires séjourner dans les provinces méridionales récemment acquises par les Nguyễn (Cochinchine actuelle). D'autres s'installèrent dans la province de Hà-tiên où Mạc Thiên-Tứ les accueillit à merveille ; ils fondèrent à Hôn-đất un séminaire dont Pigneau de Béhaine fut directeur en 1767. Un des chapitres suivants [1] retracera la carrière de cet illustre missionnaire qui, vers la fin du dix-huitième siècle, joua un rôle si important dans l'histoire du pays d'Annam.

---

(1) Chapitre XII, lecture 41.

DEUXIÈME PARTIE

Les Tây-son
et la fondation de la dynastie des Nguyên :
Gia-Long.

TABLEAU CHRONOLOGIQUE

II. — LA DYNASTIE DES LÊ DE 1556 A 1786. — LES NGUYỄN ET LES TRỊNH

Lê

13. Lê Anh-Tôn
descendant de Lê-Trừ
à la 5e génération
(1556-1573)

14. Lê Thê-Tôn
5e fils de Lê Anh-Tôn
(1573-1599)

15. Lê Kính-Tôn
2e fils du précédent
(1599-1619)

16. Lê Thân-Tôn
fils aîné de Lê Kính-Tôn
1er règne
(1619-1643)

…ân-Tôn
de
…-Tôn
…649)

18. Lê Thân-Tôn
2e règne
(1649-1662)

19. Lê Huyền-Tôn
frère cadet de
Lê Chân-Tôn
(1662-1671)

20. Lê Gia-Tôn
2e fils de
Lê Thân-Tôn
(1671-1675)

21. Lê Hi-Tôn
4e fils de
Lê Thân-Tôn
(1675-1705)

22. Lê Dụ-Tôn
fils de
Lê Hi-Tôn
(1705-1729)

23. Lê Đê-Duy-Phường
(1729-1732)

24. Lê Thuần-Tôn
fils aîné de
Lê Dụ-Tôn
(1732-1735)

25. Lê I-Tôn
11e fils de
Lê Dụ-Tôn
(1735-1740)

26. Lê Hiền-Tôn
fils aîné de
Lê Thuần-Tôn
(1740-1786)

27. Lê Mẫn-Hoàng-Đế
petit-fils de
Lê Hiền-Tôn
(1786)

Nguyễn

Nguyễn Kim

Nguyễn Hoàng
ou Tiên Vương
2e fils de Nguyễn Kim
(1558-1613)

Ngọc-Bảo
sa fille
épouse

Sãi Vương
ou Hi-Tôn
6e fils du précédent
(1613-1635)

Công-Thượng Vương
ou Thần-Tôn
2e fils du précédent
(1635-1648)

Hiền Vương
ou Thái-Tôn
2e fils du précédent
(1648-1687)

Ngãi Vương
ou Anh-Tôn
2e fils du précédent
(1687-1691)

Minh Vương
ou Hiền-Tôn
fils aîné du précédent
(1691-1725)

Ninh Vương
ou Túc-Tôn
fils aîné du précédent
(1725-1738)

Võ Vương
ou Thế-Tôn
fils aîné du précédent
(1738-1765)

Chương-Võ
2e fils
du précédent
mort en 1765

Huệ Vương
ou Duệ-Tôn
16e fils de Võ Vương
(1765-1778)

Usurpation des Tây-Sơn
(1778-1802)

Nguyễn Anh
Gia-Long
(1802-1820)

Trịnh

Trịnh Kiểm
(1539-1569)

Trịnh Cối
fils aîné de
Trịnh Kiểm
(1569-1570)

Trịnh Tùng
fils cadet de
Trịnh Kiểm
(1570-1623)

Trịnh Tráng
fils aîné de
Trịnh-Tùng
(1623-1657)

Trịnh Tạc
fils de
Trịnh Tráng
(1657-1682)

Trịnh Căn
(1682-1709)

Trịnh Cương
arrière-petit-fils de Trịnh Căn
(1709-1729)

Trịnh Giang
fils aîné de
Trịnh Cương
(1729-1740)

Trịnh Dinh
fils cadet de Trịnh Cương
(1740-1767)

Trịnh Sâm
fils de Trịnh Dinh
(1767-1782)

Trịnh Cán
(1782)

Trịnh Khải
(1782-1786)

Trịnh Phụng
(1786-1787)

CHAPITRE XI

La révolte des Tây-son.

37. — ORIGINE DES TÂY-SƠN. — Quand Võ Vương mourut, en 765, son fils aîné était déjà décédé et aussi son neuvième fils, *Hiệu*, qu'il avait nommé héritier présomptif. Depuis quelques nnées, son deuxième fils, Chương Võ, avait été associé au ouvoir et il semble qu'en l'absence d'héritier désigné, la uccession eût dû lui revenir. Mais un parti puissant l'écarta du ône (1) pour y porter le seizième fils de Võ Vương, fils d'une conubine affectionnée. Ce prince — que l'on a appelé *Huệ Vương*, u, de son titre posthume, *Duệ-Tôn* — n'était âgé que de douze ans.

Il fut assisté d'un *conseil de régence* à la tête duquel se trouva aturellement placé le chef du parti qui lui avait donné la couronne, *rương Phúc-Loan*. Ce mandarin, par ses exactions et par sa rannie, souleva bientôt les populations contre lui, et des fauteurs e troubles surent exploiter le mécontentement général.

Dans le village de *Tây-sơn* (2) (région du plateau d'An-khê), tait établie depuis plusieurs générations une famille originaire du ghệ-an. Trois membres de cette famille, trois frères, nommés *guyễn Văn-Nhạc, Nguyễn Văn-Lữ* et *Nguyễn Văn-Huệ*, appeés plus tard *du nom de leur lieu d'origine*, les *gens de Tâyn*, les *Tây-sơn*, se mirent à la tête des mécontents. L'aîné, guyễn Văn-Nhạc, avait d'abord fait le commerce du bétel avec s peuplades Moï et Bahnar du territoire où il vivait, puis, était evenu percepteur à Vân-đồn. Ayant dilapidé les fonds dont il ait responsable, il s'enfuit dans les montagnes par crainte du

---

(1) Il mourut d'ailleurs quelques mois après Võ Vương, et, mble-t-il, en prison où l'avait fait jeter la faction victorieuse.

(2) En 1819, le nom de ce village fut changé par Gia-long en celui de n-tây, *Ouest pacifié*.

châtiment. Il attira autour de lui les gens tarés, les déserteurs, les condamnés à l'exil, et devint peu à peu le chef d'une véritable bande de malfaiteurs qui ne tarda pas à se faire connaître par ses exploits. Mais, en même temps qu'il recrutait les hommes sans ressources et sans scrupules par l'appât du vol et du pillage, il secourait les pauvres à l'aide des biens dérobés aux riches et, pour étendre son autorité, flattait adroitement les sentiments de haine que le peuple avait conçus à l'égard de Trương Phúc-Loan. Des notables crurent à son désintéressement et l'aidèrent de leurs deniers. Bientôt, il fut assez fort pour s'emparer de la ville de Qui-nhơn ; il saisit le trésor public et s'établit solidement dans la citadelle (1773).

La cour s'émut et envoya des troupes contre les révoltés. Nguyễn Văn-Nhạc les mit en complète déroute.

Ce succès augmenta sa puissance.

38. — Les Trinh en Cochinchine (deuxième phase de la lutte du Nord et du Sud). — Dès qu'ils connurent les difficultés que la révolte des Tây-sơn suscitait aux Nguyễn, les Trịnh songèrent à reprendre contre leurs anciens adversaires la lutte qu'ils avaient dû abandonner depuis un siècle. Et ils le firent avec d'autant plus d'empressement que quelques mandarins de la cour, désireux de se débarrasser de Trương Phúc-Loan, avaient commis l'imprudence de demander contre celui-ci l'appui des Tonkinois.

Le Seigneur du Tonkin était alors *Trinh Sâm* (1767-1782). En 1774, il se mit en campagne.

Les mandarins de Huế lui amenèrent le régent prisonnier ; mais il n'arrêta pas sa marche. Les Tonkinois envahirent le Bố-chính et s'emparèrent de la fameuse muraille de Trấn-ninh qui passait pour inexpugnable et contre laquelle tous les efforts de leurs ancêtres avaient échoué. Ils s'empressèrent de raser complètement un ouvrage qui leur rappelait de si douloureux souvenirs ; puis continuant sans grandes difficultés leur progrès vers le Sud, ils arrivèrent en janvier 1775, après un court engagement avec les troupes cochinchinoises, devant les portes mêmes de Hué. Le Seigneur Huệ Vương s'était enfui en toute hâte ; ils entrèrent dans la capitale sans rencontrer de résistance.

39. — LES TÂY-SƠN, VAINQUEURS DES NGUYỄN. — De Hué, les Tonkinois poursuivirent leur marche vers le Sud ; mais une terrible épidémie se déclara parmi eux et l'armée, réduite de moitié, rebroussa chemin.

Nhạc fit alors route vers le Quảng-nam, y établit son autorité, y laissa des troupes et retourna à Qui-nhơn.

Dès le printemps de 1776, il envoya son frère Lữ dans la province de Gia-định où s'était retiré Huệ Vương. Le seigneur n'était pas en état de se défendre ; il abandonna Saigon et se refugia à Cần-thơ, auprès de *Mạc Thiên-Tứ*; Lữ pénétra dans la ville presque sans coup férir.

Mais son succès ne fut pas de longue durée ; à la 5e lune, il fut attaqué par les troupes de Mạc Thiên-Tứ et par les volontaires *Đông-sơn* qu'un officier des Nguyễn, *Đỗ Thanh-Nhơn* commandait. Les Tây-sơn plièrent et Lữ fut contraint de battre en retraite.

En 1777, Nhạc, reconnu par Trịnh Sâm comme Gouverneur du Quảng-nam, donna à la campagne une vigueur nouvelle, décidé à s'assurer la possession du delta du Mékong. Il prépara une expédition contre Gia-định et mit à la tête des troupes de terre et de mer ses frères Lữ et Huệ.

Les événements dès lors se précipitent. Les Tây-sơn se heurtent aux partisans des Nguyễn et en font un grand carnage ; ils s'emparent de Saigon, puis, maîtres de la province, n'arrêtent pas leur marche, poursuivant les princes qui se sont enfuis. Ils les atteignent non loin de *Long-xuyên*; *Huệ Vương* et ses neveux *Dương* (fils du prince Hiệu) et *Phúc-Đông* (aîné des fils vivants du prince Chương Võ) sont *mis à mort*.

Quant à *Phúc-Anh*, il échappe au massacre et s'enfuit avec un petit nombre de fidèles (1).

Après de vaines recherches pour s'emparer de ce rejeton des Nguyễn, les Tây-sơn reviennent à Saigon ; Huệ et Lữ, ayant laissé garnison dans la province de Gia-định, retournent à Qui-nhơn auprès de leur frère.

Celui-ci, *maître du Moyen et du Bas-Annam*, se considère comme débarrassé de la famille des Seigneurs de Cochinchine : il *se proclame empereur* et prend le titre de période de *Thái-đức* (1778).

---

(1) Voir ci-dessous, lecture 41.

CHAPITRE XII

Le dernier descendant des Seigneurs du Sud et l'évêque d'Adran.

40. — Le Prince Nguyễn Anh. — C'est à partir du moment où l'aîné des Tày-sơn, fier de ses victoires, venait de se proclamer empereur que le fils du prince Chương Võ, neveu de Huệ Vương, sorti sain et sauf de toutes les épreuves subies avec son oncle, va se révéler digne du titre de chef. Après des années de luttes sans merci, grâce à son énergie et à sa prudence, grâce aussi à des concours précieux, il sera à même d'abattre la dynastie usurpatrice.

Ce petit-fils de Võ Vương, qui tient dans l'histoire de l'Annam une si grande place, s'appelait *Chủng* ; il avait reçu le nom personnel de *Phúc-Anh*, on le nomme généralement *Nguyễn Phúc-Anh* ou *Nguyễn Anh*. Il était né dans le village de Gia-miêu, sous-préfecture de Tông-sơn, le 8 février 1762, trois années avant la mort de son père et de son aïeul.

Il était donc bien jeune quand les Tonkinois entrèrent à Huế et qu'il fut entraîné dans la fuite de son oncle, dans le Quảng-nam d'abord, en Basse-Cochinchine ensuite. Il avait une quinzaine d'années lors de la prise de Saigon par les troupes de Nguyễn Văn-Lữ et de Nguyễn Văn-Huệ ; on raconte cependant qu'il protégea la retraite de son oncle et qu'il l'escorta avec les Đông-sơn et leur chef Đỗ Thanh-Nhơn jusqu'à Cần-thơ, où se trouvait le fidèle Mạc Thiên-Tứ, puis, de là, à Long-xuyên.

Lorsque Huệ Vương fut pris, Nguyễn Anh se déroba à grand' peine à la poursuite des Tây-sơn et, fuyant devant eux, il finit par trouver un refuge dans l'île de *Poulo Panjang (an. Thổ-chu)*. Mais avant d'atteindre cette sûre retraite, à 200 kilomètres environ de la côte, il fut contraint d'errer longtemps, traqué par les rebelles, dans la région située au Sud de Long-xuyên, à travers les marécages de Cà-mâu ; s'étant risqué un jour sur l'une des rivières qui coulent de cette plaine vers le golfe de Siam, le *Sông Ong-đốc*, arrivé à l'embouchure et prêt à s'embarquer pour Poulo Panjang, il faillit être pris par les barques des Tây-sơn croisant à peu de distance. Il dut son salut, disent les historiographes, à un hasard miraculeux (1), mais il semble bien en vérité que, depuis la défaite de Long-xuyên, c'est à un secours tout humain (dont les mêmes historiographes ne parlent pas) qu'il fut redevable de sa liberté conservée, -- au secours que lui prêta *Pierre Pigneau de Béhaine, évêque d'Adran.*

41.-- Pigneau de Béhaine. — *Pierre-Joseph-Georges Pigneau* était né le 2 novembre 1741 à Béhaine, dans la commune d'Origny-en-Thiérache (actuellement département de l'Aisne). Il avait commencé ses études au Collège de Laon et les avait terminées au Séminaire des Missions-Étrangères, à Paris ; il avait quitté la France en 1765. Désigné pour la mission de Cochinchine, il avait été retenu au séminaire de Hòn-đất dont nous avons vu qu'il fut (2) nommé directeur en 1767 (mars). Il n'y resta pas longtemps tranquille. En 1768, il fut arrêté et pris à la cangue, sur l'accusation d'avoir donné asile à un prince siamois fugitif; en 1769, son établissement fut pillé et incendié par une bande de bandits chinois et cambodgiens. Pigneau ne put sauver qu'une quinzaine de ses quarante écoliers et s'enfuit avec eux.

Il alla jusqu'à Pondichéry ; il fut chargé d'installer près de cette ville le séminaire général ; c'est là qu'il reçut la nouvelle de sa nomination, avec le titre *d'évêque d'Adran*, de *coadjuteur* de l'évêque, Mgr. Pignel ; celui-ci étant mort le 21 juin 1771, il lui succéda en qualité de *vicaire apostolique de la Cochinchine.* Il se rendit alors à *Macao* pour réunir et former un personnel à l'aide duquel il pût réorganiser la mission qui lui était confiée et dont il savait l'état d'impuissance et de misère.

---

(1) Un crocodile apparut devant sa barque au moment où elle allait prendre la mer et resta visible toute la nuit, l'empêchant ainsi d'avancer ; le lendemain, on apprit que les barques des rebelles qui surveillaient la côte avaient croisé jusqu'au matin devant l'embouchure de la rivière,

(2) Voir ci-dessus, lecture 36, et *Histoire moderne du Pays d'Annam*, p. 145-148.

Vers le milieu du mois de mars 1775, de retour en Cochinchine, il arriva à Bassac avec quatre missionnaires, trois prêtres annamites et huit séminaristes ; il alla directement à *Hà-tiên* où il eut d'excellentes relations avec Mạc Thiên-Tứ,—partisan déterminé des Nguyễn. Dans une lettre du 26 juillet 1776, Mgr. d'Adran dit du fils de Mạc Cửu : « Il est souverain dans ses Etats et très puissant en Cochinchine et au Cambodge; c'est lui aujourd'hui principalement qui soutient le roi de Cochinchine (Huệ Vương) et qui, peut-être, le rétablira».

Mais après un succès éphémère, cet espoir ne se réalisa point et tous les princes Nguyễn furent, comme il vient d'être relaté (1), atteints à Long-xuyên et mis à mort à l'exception de Phúc-Anh. C'est justement à ce moment que celui-ci, fugitif et poursuivi de près par ses impitoyables ennemis, eut le bonheur de rencontrer Pigneau de Béhaine. Il semble que Mạc Thiên-Tứ, après le massacre de Long-xuyên, considéra la cause des Nguyễn comme perdue ; il cessa de prendre une part active aux événements qui se passaient en Basse-Cochinchine, ne fondant pas d'espoirs sur le jeune prince survivant. Et l'on peut penser qu'il aurait eu le même sort que sa parenté, si l'évêque d'Adran n'avait réussi à le cacher quelque temps dans une forêt où il lui fit tenir régulièrement des subsistances par l'intermédiaire d'un prêtre annamite nommé *Paul Nghị*; dès que les Tây-sơn se furent éloignés, il lui donna les moyens de se réfugier dans l'île de Poulo Panjang. Il demeura dans cette retraite jusqu'à ce que, prévenu du retour à Qui-nhơn des frères Tây-sơn, il rejoignit en toute hâte le dévoué Đỗ Thanh-Nhơn.

Le chef des Đông-sơn n'avait en effet pas accompagné les princes dans leur fuite de Cần-thơ à Long-xuyên; il les avait quittés peu de temps auparavant pour aller lever des renforts dans le Bình-thuận. C'est à l'aide de ces soldats que Nguyễn Anh remporta une victoire à Long-hồ sur les Tây-sơn, et quelques jours après, *rentra victorieux dans Saïgon* (novembre 1777).

Sur sa demande, l'*évêque d'Adran* vint l'y rejoindre.

---

(1) Voir ci-dessus, lecture 39.

CHAPITRE XIII

Le Traité de Versailles.

42. — LES ÉPREUVES DE NGUYỄN ANH. — A la première lune de l'année suivante (28 janvier-26 février 1778), Đỗ Thanh-Nhơn et les autres officiers des troupes royales offrirent à Nguyễn Anh le titre de *généralissime, chargé des affaires du royaume*; il avait alors 16 ans. A cette occasion, des titres posthumes furent conférés à Huệ Vương et à Chương Võ.

Dans le courant de l'année, le territoire, purgé des Tây-sơn, fut pacifié ; des fortifications furent élevées, des barques de guerre construites; trois grandes circonscriptions, Trấn biên (Biên-hòa), Phiên-trấn (Gia-định et Định-tường) et Long-hồ (Vĩnh-long et An-giang) furent établies ; on fit appel à des colons.

Le 5 février 1780, premier jour de l'année annamite, les mandarins prièrent Nguyễn Anh de prendre le titre de *Vương*; il distribua des récompenses, conféra des grades et des titres, désigna des ministres. L'un des plus honorés fut Đỗ Thanh-Nhơn qui avait rendu de si grands services et qui venait encore d'intervenir heureusement au Cambodge. Mais la gratitude du prince ne fut pas de longue durée; le général fut mis à mort peu de temps après (4e lune, 24 avril-22 mai 1781) sur l'ordre ou tout au moins avec l'assentiment de Nguyễn Anh. Les causes de ce meurtre restent obscures (1), mais l'acte fut incontestablement impolitique, et Nguyễn Văn-Nhạc s'en réjouit, disent les biographes des Nguyễn eux-mêmes.

Au mois de mars de l'année 1782, Nhạc fit avec son frère Huệ une nouvelle tentative contre Saigon. Malgré une lutte acharnée — au cours de laquelle se distingua le commandant d'un des navires français, *Manuel*, qui, entouré d'ennemis, se fit sauter plutôt que de

---

(1) Voir *Histoire moderne du Pays d'Annam*, pp. 195 et suivantes.

se rendre — l'entrée de la rivière de Saigon fut forcée et les *Tây-so'n* devinrent, une fois de plus, *maîtres de la ville*, quatre ans après en avoir été chassés.

Nguyễn Anh put s'enfuir; quant à l'évêque d'Adran, il réussit aussi, et non sans peine, à quitter la Cochinchine. Du Cambodge où il s'était réfugié, il écrivit à sa famille le 21 juillet 1782 : « Je viens encore de sortir tout nouvellement de circonstances très fâcheuses, sans savoir quelles en seront les suites. Le pauvre roi de Cochinchine, avec qui j'étais si lié, vient d'être battu par les révoltés et obligé de se retirer dans une île . . . ».

Nguyễn Anh, en effet, s'embarqua pour l'île de Phú-quôc. Mais pendant ce temps, ses partisans ne restaient pas inactifs et après avoir battu les détachements Tây-sơn laissés dans le pays, parvenaient à Saigon; le prince s'empressa de les y rejoindre. L'évêque d'Adran y vint à son tour vers la fin du mois d'octobre (1782). Mais ni l'évêque, ni Nguyễn Anh n'avaient grande confiance dans la solidité de la conquête.

En effet, Huệ et Lữ, avec des forces importantes, se présentèrent au mois de mars 1783 et brisèrent toute résistance. Alors commença pour le prince une vie de fugitif; impitoyablement chassé par ses ennemis, il erre, pour leur échapper, dans le golfe de Siam; il passe de Phú-quôc à Koh-rong (1), à Koh-kut, revient à Phú-quôc, touche à Poulo-Panjang; plusieurs fois à deux doigts de sa perte, il ne dut son salut qu'à un extraordinaire bonheur. Il rencontra Pigneau, fugitif comme lui, au mois de février 1784, dans une île de la baie de Kompong-som et à la fin de cette même année à Poulo-Panjang. C'est alors vraisemblablement que fut prise la décision de demander secours à la France.

---

(1) C'est ainsi qu'il faut traduire l'expression *côn-lôn* qui se trouve dans les ouvrages annamites et non par « Poulo-Condore », comme on le fait généralement. Il n'est pas admissible en effet que le prince, poursuivi par des ennemis supérieurs en nombre et en ressources, fût capable de se déplacer de Phú-quôc à Poulo-Condore sans se faire prendre. D'autres raisons encore militent contre la traduction devenue traditionnelle; les voir dans l'*Histoire moderne du pays d'Annam*, p. 201, no 3.

43. — L'Évêque d'Adran en France. — Dans l'intervalle de ses deux rencontres avec l'évêque d'Adran (fin octobre 1782 et février 1784), Nguyễn Anh, avec des troupes reçues du *Siam* et ce qu'il lui restait de soldats, avait fait une nouvelle tentative ; mais Nhạc, prevenu à temps, avait en toute hâte envoyé à Saigon son frère Huệ avec des renforts. Les Siamois furent taillés en pièces près de Mĩ-thơ ; le contingent annamite fut entraîné dans la déroute. Se voyant vaincu de nouveau, ses ressources épuisées, le secours du Siam prouvé inefficace, le prince n'eut plus qu'une pensée : s'adresser, pour reconquérir son patrimoine, à une puissance européenne.

Les Anglais, les Hollandais, les Portugais lui avaient fait des offres; mais sur les instances de son ami l'évêque d'Adran, il préféra recourir à la France. Le *conseil royal* de Cochinchine décida que Nguyễn Anh serait prié de remettre ses intérêts aux mains du roi de France, par l'intermédiaire de l'évêque d'Adran, et que, pour assurer la cour de France de la droiture de ses intentions, le *fils unique* du roi serait remis à l'évêque et le sceau royal confié à ce dernier. Pigneau quitta Nguyễn Anh à la fin de l'année 1784 avec le jeune *prince Cảnh* âgé alors de quatre ans et demi, et débarqua à *Pondichéry* au mois de février 1785.

Il avait l'espoir de trouver dans cette capitale des établissements français les secours nécessaires ; mais les autorités ne voulurent rien entreprendre sans avoir reçu d'ordres de France, et l'évêque se décida à passer en France pour plaider la cause de Nguyễn Anh.

Il partit de Pondichéry au mois de juillet 1786 avec le prince Cảnh et une petite suite ; au mois de février suivant il était en *France*. Il déploya, à Paris et spécialement à *Versailles*, — où se trouvaient la cour et les ministères, — la plus grande activité.

En présence de Louis XVI et des ministres, il s'attacha à montrer premièrement, la *justice* de la cause pour laquelle il implorait la bonté du roi ; secondement, la *facilité* du succès de l'expédition ; troisièmement, les *avantages* qui devaient résulter pour le commerce français dans les mers d'Asie, au moyen des concessions auxquelles le prince de la Cochinchine s'engageait, dans le cas où l'entreprise aurait d'heureuses suites.

Par des notes, des mémoires, des conversations, l'évêque fit en sorte de présenter sous un jour avantageux l'affaire qui fit dans les bureaux l'objet d'une étude attentive.

De là sortit le *traité* signé à Versailles le 28 novembre 1787.

44. — Le traité de Versailles. — Voici des extraits de ce traité, — premier chaînon des relations qui devaient plus tard s'établir entre la France et le pays d'Annam.

Le préambule et l'article premier sont reproduits *in-extenso* ci-dessous :

« Nguyễn Anh, Roi de la Cochinchine, ayant été dépouillé de ses Etats, et se trouvant dans la nécessité d'employer la force des armes pour les recouvrer, a envoyé en France le sieur P.-J.-G. Pigneau de Béhaine, évêque d'Adran, dans la vue de réclamer le secours et l'assistance de Sa Majesté le Roi Très Chrétien ; et ladite Majesté, convaincue de la justice de la cause de ce prince et voulant lui donner une marque signalée de son amitié comme de son amour pour la justice, s'est déterminée à accueillir favorablement la demande faite en son nom.

En conséquence, elle a autorisé le sieur comte de Montmorin, maréchal de ses camps et armées, chevalier de son ordre et de la Toison d'Or, son conseiller en tous ses Conseils, ministre et secrétaire d'Etat et de ses commandements et finances, ayant le département des Affaires étrangères, à discuter et à arrêter avec ledit sieur évêque d'Adran, la nature, l'étendue et les conditions du secours à fournir, et les deux plénipotentiaires, après s'être légitimés, savoir : le comte de Montmorin, en communiquant son plein pouvoir, et l'évêque d'Adran en produisant le grand sceau du royaume de Cochinchine ainsi qu'une délibération du grand Conseil dudit royaume, sont convenus des points et articles suivants :

Article premier. — Le Roi Très Chrétien promet et s'engage de seconder de la manière la plus efficace les efforts que le Roi de la Cochinchine ait résolu de faire pour rentrer dans la possession et la jouissance de ses Etats...

Les clauses suivantes indiquaient que le roi de France enverrait sur les côtes de la Cochinchine quatre frégates, 1750 hommes avec de l'artillerie de campagne (art. 2) ; que le roi de la Cochinchine cédait la propriété de l'île formant la rade de Tourane (art. 3) et de l'île de Poulo-Condore (art. 5) ; que le port de Tourane serait la propriété commune des deux souverains (art. 4) ; que les Français pourraient faire sur le continent tous les établissements qu'ils jugeraient utiles (art. 4) ; qu'ils jouiraient d'une entière liberté de commerce dans tous les Etats du roi de la Cochinchine à l'exclusion de toutes les autres nations européennes (art. 6) ; qu'ils pourraient aller, venir et séjourner librement ; qu'aucun bâtiment étranger, soit marchand, soit de guerre, ne serait admis que sous le pavillon français (art. 7) ; que, dans le cas où le roi de France serait en guerre avec quelque puissance asiatique ou européenne, le roi de la Cochinchine lui fournirait des secours en soldats, matelots, vivres, vaisseaux et galères ; mais ces secours ne seraient pas employés au delà des îles Moluques et de la Sonde et du détroit de Malacca (art. 8) ; qu'en échange, le roi de France assisterait le roi de la Cochinchine lorsqu'il serait troublé dans la possession de ses Etats ; secours proportionnés aux circonstances mais qui ne pourraient, en aucun cas, excéder l'importance des secours mentionnés dans l'article 2 (art. 9).

Enfin, l'article 10 arrêtait que le traité devait être ratifié par les deux souverains contractants et que les ratifications devaient être échangées dans l'espace d'un an, « ou plus tôt, si faire se peut ».

CHAPITRE XIV

L'usurpation des Tây-son.

45. — LES TÂY-SO'N, VAINQUEURS DES TRỊNH ET DES LÊ. — Redevenu maître de la Basse-Cochinchine, informé que des factions rivales se disputaient l'influence à la cour de Hanoi, qu'à Hué la discorde régnait entre les représentants des Trịnh, Nguyễn Văn-Nhạc pensa que l'occasion lui était favorable pour étendre son pouvoir vers le Nord.

La défection d'un officier tonkinois, *Nguyễn Hữu-Trỉnh*, le décida à agir ; bien renseigné par ce transfuge, il établit avec soin son plan de campagne. A la tête de la flotte, il plaça son frère Lữ ; les troupes de terre furent mises sous les ordres de *Vũ Văn-Nho'n*, son gendre, et de Nguyễn Hữu-Trỉnh ; Huệ fut nommé commandant en chef.

Au mois de juillet 1786, la ville de Hué fut attaquée simultanément par terre et par eau avec la plus grande vigueur ; la résistance fut opiniâtre mais les Tây-so'n l'emportèrent.

Maître de la capitale, Nguyễn Văn-Huệ ne s'y attarda point ; il la laissa à la garde de son frère Lữ et reprit sa *marche vers le Nord*. Il chassa des citadelles les garnisons que les Trịnh y avaient mises et occupa le Quảng-trị et le Quảng-bình. Il ne comptait pas pousser jusqu'au Tonkin, — ce qui eût été contraire aux ordres de Nhạc, — mais Nguyễn Hữu-Trỉnh le convainquit, par d'excellentes raisons, à passer outre.

Il traversa le *Nghệ-an* et le *Thanh-hoá* sans coup férir ; parvenu devant la capitale du *So'n-nam*, *Vị-hoàng* (maintenant Vị-xuyên, au Nord de Nam-định), il met en fuite une première armée tonkinoise, il en défait une seconde envoyée par *Trịnh Khải*. Enfin, il culbute les troupes commandées par Trịnh Khải en personne et pénètre dans la *citadelle de Hanoi* le 21 juillet 1786.

Le vieux souverain *Lê Hiển-Tôn* (1740-1786) lui confère les titres de *généralissime* et de *grand-duc*, puis lui donne en mariage la princesse Ngọc-Hàu. Quelques jours plus tard (10 août 1786), il meurt; son petit-fils *Duy-kì* (*Lê Mân-Đế*), lui succède avec l'assentiment de Nguyễn Văn-Huệ.

Cependant Nguyễn Văn-Nhạc, mécontent de voir ses ordres méprisés, inquiet aussi des succès de son frère, s'était décidé à l'aller rejoindre. Après un mois de séjour dans la capitale les deux frères partirent; en traversant le Nghệ-an, ils décidèrent de conserver cette province dont ils confièrent le gouvernement à Nguyễn Hữu-Trỉnh.

Retourné à Qui-nhơn, Nhạc jugea prudent de partager avec ses frères les territoires conquis; vers le milieu de l'année 1787, il attribua le Nghệ-an et le Haut-Annam à Huệ avec le titre de *Bắc-Bình Vương*, à Lữ la Basse-Cochinchine avec le titre de *Đông-Định Vương*; il garda pour lui les provinces du Quảng-nam et du Bình-định avec Qui-nhơn comme capitale, et se proclama Empereur du Centre, *Trung-Ương Hoàng-đế*.

46 — La dynastie des Tây-sơn. — Trịnh Khải s'étant suicidé après sa défaite, c'est un fils de Trịnh Giang (mort en 1740), nommé *Trịnh Phùng* qui, après le départ des Tây-sơn, vint auprès du nouveau souverain Lê, réclamer la place qu'avaient tenue ses ancêtres. Il empiéta tellement sur les prérogatives royales que Lê Mân-Đế envoya un messager auprès de Nguyễn Hữu-Trỉnh pour lui demander son aide.

Celui-ci accourut du Nghệ-an, prit le commandement de l'armée royale et marcha contre Trịnh Phùng; il défit en plusieurs rencontres les troupes qu'il avait rassemblées et le harcela sans relâche; Trịnh Phùng cependant lui échappa. Mais on ignore ce qu'il devint; à partir de cette époque, il ne reparaît pas et les textes ne mentionnent plus son nom. On ne sait donc pas comment finit *le dernier des Trịnh*, l'héritier des Chúa du Tonkin.

Mais trois mois plus tard, arrivait une armée envoyée par Nguyễn Văn-Huệ. Le général Nguyễn Hữu-Trỉnh fut battu, fait prisonnier et décapité, Hanoi fut pris et Lê Mân-Đế contraint de fuir. Nguyễn Văn-Huệ arriva à ce moment et chargea l'un de ses lieutenants de poursuivre le roi qui réussit cependant à passer en Chine. Nguyễn Văn-Huệ se fit proclamer roi du Tonkin, et retourna dans Huế, sa capitale. Mais Lê Mân-Đế, aidé d'une armée chinoise, reconquit son royaume ; Nguyễn Văn-Huệ, revenu en toute hâte, mit en fuite les Chinois dont il fit un grand massacre. Lê Mân-Đế échappa à son vainqueur, et après avoir erré à travers les provinces de l'Est, retourna en Chine (1er mois de l'année kỉ-dậu, commencement de 1789) ; mais il n'obtint plus aucun secours. Il fut conduit à Pékin où l'Empereur lui donna un grade dans le mandarinat (fonctionnaire chinois de 4e classe, inscrit sur le rôle des bannières tartares, — d'après DEVÉRIA). Il mourut le 19 novembre 1793 ; on lui fit les funérailles des ducs. Ainsi finit *le dernier représentant de l'illustre famille des Lê.*

Quant à Nguyễn Văn-Huệ, il envoya des présents et une adresse à la cour de Chine, demandant l'autorisation d'aller s'y présenter en personne l'année suivante, l'Empereur estimant que le Ciel s'était prononcé contre la famille des Lê, son représentant étant dépouillé pour la seconde fois de son royaume, ordonna au grand-juge de la province de Quảng-tây (Kouang-si) d'aller conférer l'investiture à Nguyễn Văn-Huệ.

Celui-ci changea son nom en celui de *Nguyễn Quang-Bình* ; il décerna le titre de reine à son épouse, la princesse Ngọc-Hâu, et désigna comme héritier présomptif son fils *Trác* (né en 1782) qui règnera sous le nom de *Quảng-Toan*. Il changea le nom de la capitale du Tonkin qu'il appela *Bắc-thành*, désigna des gouverneurs dans les provinces et dans chaque huyện, plaça un mandarin civil et un mandarin militaire, il fit dresser la liste des inscrits...

La *nouvelle dynastie*, reconnue par l'Empereur, appuyée sur de solides armées, paraissait destinée à durer.

CHAPITRE XV

Nguyên Anh reprend Saigon. — Le concours français.

47. — NGUYỄN ANH REPREND SAIGON. — Tandis que la puissance des Tây-sơn semblait consolidée d'une manière définitive, elle était en réalité fortement menacée. L'ambition avait déjà fait naître entre les deux frères Tây-sơn de nombreux sujets de ressentiments. Nguyễn Anh sut profiter de cette discorde.

Il s'était retiré à la cour du Siam pendant que l'évêque d'Adran était allé en France. Il n'y mena pas une vie oisive et prit part à des expéditions des Siamois contre les Birmans et les Malais où, avec son corps d'Annamites, il se distingua fort. Il reçu à Bangkok de nouvelles offres de services des Portugais qu'il refusa loyalement, attendant l'annonce des secours que l'évêque d'Adran devait lui amener de France.

Cependant, quand il apprit que le cadet des Tây-sơn, ayant pris Huế (1786), avait ensuite continué sa marche victorieuse jusqu'à Hanoi, que l'aîné, inquiet de ces succès, commençait à jalouser son frère et se préparait à le combattre, il comprit que le moment était venu de préparer une nouvelle campagne. D'ailleurs, des émissaires venaient lui annoncer que Nhạc retirait ses troupes de Gia-định et que les habitants de ce territoire étaient prêts à se soulever. Il envoya donc des officiers recruter des soldats à Hà-Tiên, et comme il ne voulait pas des secours du Siam, comme d'autre part il redoutait que le roi ne s'opposât à ce qu'il partit, il fit secrètement quitter la cour de son hôte à sa famille et s'enfuit lui-même nuitamment.

Arrivé à Long-xuyên, il remporta quelques succès contre les troupes envoyées contre lui. Nguyễn Văn-Lữ, qui venait au secours de Saigon, trompé par un faux rapport, fit faire volte-face à ses troupes.

Mais la ville était fortement défendue par le général *Phạm Văn-Sâm*. Nguyễn Anh avança prudemment, s'empara de Sadec, puis de Vĩnh-Long, battit Phạm qui s'était porté à sa rencontre, et s'installa solidement à Mĩ-thơ. En 1788, ses derniers préparatifs étant faits, il commença les opérations contre Saigon. A force de ténacité, il réussit à vaincre la résistance acharnée de Phạm Văn-Sâm; ses troupes avancèrent tandis que *Võ Tánh* harcelait les flancs et les derrières des Tây-sơn. L'effort final fut fourni au cours de l'été; à la suite de nombreux combats, Nguyễn Anh parvint à entrer dans Saigon le 7 septembre 1788. Cette fois, *l'occupation sera définitive.*

48. — Les secours apportés par l'évêque d'Adran. — En même temps que Nguyễn Anh réoccupait Saigon, les premiers secours français arrivaient.

L'évêque d'Adran, de retour de France, n'avait pas trouvé à Pondichéry le concours officiel qu'il avait espéré, et il dut, avec ses propres moyens et ceux de quelques Français, organiser l'expédition de secours qu'il avait promise à Nguyễn Anh.

Dès le mois de septembre 1788, la *Dryade* débarque à Poulo-Condore 1.000 fusils; la *Garonne*, quelques mois plus tard, y laisse des canons; le *Capitaine Cook* et le *Moyse* apportent des munitions; le *Robuste* mouille dans la baie Saint-Jacques à la disposition du prétendant. Le *Saint Esprit*, commandé par Jean-Marie Dayot — que nous allons bientôt retrouver — fait un voyage aux Philippines pour s'approvisionner en munitions de guerre et de bouche; il passe de là à Macao où Dayot doit acheter deux bâtiments portugais pour les conduire en Cochinchine. En même temps que ces navires, des auxiliaires arrivent.

Enfin, le 24 juillet 1789, l'évêque lui-même paraît dans la baie Saint-Jacques. Il était à bord de la frégate la *Méduse*, accompagnée de deux nouveaux navires, le *Pandour* et le *Duc de Chartres*, chargés de munitions, d'armes, de provisions de toutes sortes; plusieurs volontaires étaient avec lui.

Nguyễn Anh avait envoyé le prince Hội avec un détachement de troupes pour faire honneur aux nouveaux arrivants ; le prince se porta à Càn-trù, à l'entrée de la rivière de Saigon. Le débarquement s'effectua le 28 juillet et bientôt, après une séparation de quatre années, Nguyễn Anh reçut avec des transports de joie son fils Cảnh et son fidèle ami, l'évêque Pierre.

Il convient de citer ici les noms des principaux parmi les Français qui offrirent alors à Nguyễn Anh le concours de leur science et de leur courage.

La propagande de l'évêque avait été surtout efficace dans le corps des volontaires, qui étaient des jeunes gens de bonne famille autorisés à embarquer sur les bâtiments royaux et pouvant, après six ans de navigation, être nommés officiers de marine (enseignes).

Le plus célèbre est *Olivier* (*de Puymanel*), volontaire de 2e classe à bord de la *Dryade* ; il quitta son navire au moment de sa relâche à Poulo-Condore (septembre 1788) ; il fut l'un des auxiliaires les plus précieux de l'évêque, s'occupant de l'instruction des recrues et surtout de la fortification des places dont les troupes royales s'étaient emparées ; le plan de la citadelle de Saigon est de lui ; il mourut au service du prince, pendant un séjour à Malacca, le 23 mars 1799, âgé seulement de 31 ans.

De la *Dryade* vint aussi *Guillon* ; du *Pandour*, *Tardivet*, et *Malespine* ; du *Duc de Chartres*, *Guilloux* ; de la *Méduse*, *Lebrun*.

Tous ces volontaires entrèrent au service de Nguyễn Anh entre 1788 et 1790, et jouèrent un rôle actif dans l'état-major des navires français du prince.

Le chef de la division de ces navires était *Jean-Marie Dayot*, officier de marine du cadre colonial, appartenant à une famille bretonne établie à l'Ile de France ; *Magon de Médine et Vannier* commandèrent le *Đồng-nai* et le *Prince de la Cochinchine*.

C'est avec ces navires que Dayot et Vannier détruisirent la flotte Tày-sơn dans le port de Qui-nhơn en 1792. Mais Dayot était plus spécialement employé à assurer le ravitaillement de l'armée. Maintes fois, il fut envoyé à Macao ou à Manille vendre du riz, de l'arec et acheter des fusils, des canons, des munitions. Dayot profitait de ses voyages pour faire l'étude des côtes et des ports de la Cochinchine; il a laissé un mémoire pour servir d'instruction aux cartes et plans de cette partie des mers de Chine, depuis l'entrée du golfe de Siam jusqu'à la rivière de Hué. Il quitta le service de Nguyễn Anh en 1795 ; fatigué des mauvais procédés des mandarins à son égard, il se retira à Manille. Il a contribué pour une part importante à la formation de la marine cochinchinoise avec son collaborateur Vannier, secondé plus tard par *Chaigneau*.

Celui-ci, enseigne à bord de la *Flavie*, arriva en 1794 seulement. Mais il fut le seul qui, avec Vannier, prolongea longtemps son séjour en Cochinchine ; ils avaient su, l'un et l'autre, mériter la faveur du prince qui, après sa victoire définitive, les promut à un haut grade dans le mandarinat. Chaigneau fut le premier agent consulaire de France à Hué : il en sera question plus tard. A ces noms, il faut ajouter ceux de *Laurent Barizy*, *de Forsans*, du médecin *Desperles* et de son confrère *Despiau* venu beaucoup plus tard.

Là doit s'arrêter l'énumération de ceux que l'on connaît. Nul doute qu'il en vint d'autres ; car on lit dans une lettre de l'évêque d'Adran du 18 juillet 1792 : « Dans les armées de terre, il y a 50 Européens dont l'un est chargé d'un régiment de 600 hommes ». Mais on ignore malheureusement leurs noms.

On peut néanmoins affirmer que tous ces hommes contribuèrent grandement aux victoires de Nguyễn Anh, s'occupant d'organiser une armée et une marine, créant une artillerie de campagne, élevant des citadelles, faisant construire des navires, formant des soldats et des matelots.

Quant à l'aide que l'évêque d'Adran en personne apporta au prétendant, on pourait dire avec quelque justesse, semble-t-il, qu'il fut pendant les dix années qu'il vécut en Cochinchine, le ministre de la Guerre et le ministre des Affaires étrangères du futur Gia-Long. Le prince demandait ses conseils, n'entreprenait rien qui n'eût été discuté avec lui ; il écrivait par son intermédiaire aux gouverneurs des Philippines, de Macao, du Bengale, au roi d'Angleterre, au roi de Danemark. L'évêque traduisait des traités de stactique et de stratégie. Il réunit maintes fois en conseil les Français qui servaient Nguyễn Anh pour traiter des questions militaires ou maritimes. Il fût comme l'âme de ce corps de généreux auxiliaires, venus à sa voix défendre un prince malheureux.

CHAPITRE XVI

Succès de Nguyên Anh. — Mort de l'évêque d'Adran (9 octobre 1799) ; ses funérailles.

49. — Les « campagnes de saison » giặc mùa. — L'arrivée des secours français permit à Nguyễn Anh de reprendre la lutte avec plus de vigueur.

Dès 1789, il avait envoyé *Lê Văn-Quân* occuper le *Bình-thuận*; malgré le succès de l'expédition, il comprit que le moment n'était pas venu de s'étendre vers le Nord, car il ne disposait pas de forces suffisantes pour occuper effectivement de vastes territoires et il se contenta de maintenir des postes avancés ; mais il recruta de nouvelles troupes, ordonna des manœuvres, compléta ses approvisionnements.

Au début de 1792, il recommença les hostilités. « A l'époque où le vent est favorable, dit-il à ses officiers, il faut envoyer des navires dans le Nord et diriger en même temps des soldats par la voie de terre ; ces troupes combineront leurs mouvements avec ceux de la flotte ».

Ce fut la première idée de ces expéditions annuelles faites avec la mousson favorable, que l'on a appelées *campagnes de saison*. Une flotte, que les deux navires européens rendaient redoutable, partait ordinairement de Saigon vers le mois de juin, alors que la mousson était bien établie et des troupes de terre bien approvisionnées et toutes fraîches marchaient en même temps vers le Nord. Ces forces, s'étant jointes en un point déterminé, s'emparaient de quelques districts, fortifiaient certains points faciles à défendre et à tenir en communication avec les postes déjà établis ; elles y laissaient garnison et, la mauvaise saison venue, retournaient vers le Sud ; l'année suivante, si les circonstances le permettaient, les garnisons étaient relevées, les postes ravitaillés, et l'on en créait de nouveaux.

Il ne faudrait pas croire cependant que ces expéditions eurent lieu régulièrement de la même manière tous les ans, la suite du récit le montrera.

En 1792, apprenant que les Tây-sơn ont rassemblé dans le *port de Qui-nhơn* des forces importantes, Nguyễn Anh part, et, avec l'aide des navires commandés par Dayot et Vannier, surprend la flotte ennemie et la détruit complètement.

L'année suivante, pendant qu'il emprunte la route de mer, une armée s'empare des points fortifiés du Phú-yên, refoule les troupes commandées par *Bảo*, fils aîné de Nhạc, et vient mettre le siège devant Qui-nhơn.

L'aîné des Tây-sơn demanda du secours à son neveu *Nguyễn Quang-Toản*, qui, après la mort de son père Nguyễn Văn-Huệ en 1792, venait de recevoir de l'empereur de Chine l'investiture de roi d'Annam. Nguyễn Quang-Toản s'empressa d'accourir ; mais à peine eut-il débloqué la place, qu'il détrôna son oncle et se trouva ainsi seul maître de la Cochinchine et du Tonkin. *Nguyễn Văn-Nhạc* mourut peu après (1793), de rage et de douleur, dit-on. Son fils *Bảo* avait fait déjà sa soumission à Nguyễn Anh.

Cependant la lutte continuait. Presque chaque année, de nouveaux succès partiels étaient obtenus ; mais, malgré des efforts répétés, les troupes royales ne pouvaient s'emparer de Qui-nhơn. Dans l'été de 1797, une nouvelle tentative fut faite ; plusieurs postes, autour de la capitale, furent emportés de haute lutte. Le gouvernement de Toản envoya alors toutes les forces dont il disposait et Nguyễn Anh crut prudent de ne pas les affronter. Il abandonna le siège, s'embarqua et poussa vers le Nord alors dépourvu de troupes ; il mouilla devant Tourane, détruisit les approvisionnements et la flotte des Tây-sơn, puis retourna dans le Sud.

Au commencement de 1798, Bảo réussit par surprise à entrer dans Qui-nhơn ; il avertit aussitôt Nguyễn Anh, mais avant qu'il en eût reçu les secours demandés, la ville fut reprise et il fut mis à mort

50. — Prise de Qui-nhơn (1799 et 1802). — Ainsi Qui-nhơn, ce boulevard de l'insurrection, demeurait imprenable. Tout vrai progrès semblait devoir être impossible et tout succès stérile, tant que la ville serait aux mains des Tây-sơn.

L'évêque d'Adran résolut de faire un grand effort; en 1799, à la tête d'une armée importante, il vint avec le prince Cảnh mettre le siège devant la ville. Nguyễn Anh, laissant son fils le prince *Hi* en Basse-Cochinchine, s'embarqua dès que la mousson du Sud-Ouest fut établie. Trois autres corps d'armée s'avancèrent par voie de terre; le premier, renforcé de Laotiens, avait le Thanh-hóa pour objectif; l'autre suivait le rivage de la mer, le troisième marchait par le plus court chemin sur Qui-nhơn. Ce dernier corps fit sa jonction avec les troupes de débarquement et les positions importantes qui défendaient l'accès de la capitale furent enlevées par les généraux Lê Văn-Duyệt et Võ Tánh. Du Nord, des secours arrivèrent aux Tây-sơn; mais ils furent repoussés après plusieurs rencontres, et tout l'effort des troupes de Nguyễn Anh se porta contre la ville.

Pendant le siège, l'évêque d'Adran, fatigué par tant de travaux, usé par le climat, tomba gravement malade; une attaque de dysenterie se déclara. Le prince Cảnh vint chaque jour le visiter; son père, malgré les soucis du siège, venait aussi souvent qu'il le pouvait, s'asseoir à son chevet. Le prélat, après une agonie de deux jours, expira le 9 octobre 1799; il était âgé de 58 ans.

Nguyễn Anh voulut rendre à son serviteur fidèle, à son conseiller, à son ami dévoué, les honneurs qu'il méritait. Il fit transporter à Gia-định le cercueil qui contenait sa dépouille, ce cercueil resta pendant deux mois exposé dans la maison de l'évêque, près de Saigon, et chaque jour des cérémonies funéraires eurent lieu.

Lorsque Qui-nhơn eut capitulé, Nguyễn Anh revint à Saigon, et il présida lui-même aux obsèques (1).

Un des fidèles compagnons de l'évêque a écrit à propos de la prise de Qui-nhơn : « Cette conquête fameuse et toutes les victoires éclatantes qui l'ont précédée sont le fruit des sages conseils de notre prélat. S'il n'avait pas été à Qui-nhơn, les fiers Tây-sơn y seraient encore.»

---

(1) Voir ci-après, lecture 51.

Mais les fiers Tày-so'n ne prenaient pas leur parti d'en avoir été chassés. Dès le debut de l'année 1800, ils commencèrent à concentrer leurs meilleures troupes et la place en fut bientôt entourée. Võ Tánh, à qui la garde de Qui-nho'n avait été confiée, en avisa Nguyễn Anh qui répondit : « Vous êtes approvisionné pour un an. Au printemps prochain, vous recevrez des secours ; vous pourrez certainement tenir jusque-là ». Mais l'année passa tout entière sans que la ville pût être débloquée. Le 27 février 1801, *la flotte Tây-so'n* fut détruite dans le port de *Thi-nại* (1), mais contre Qui-nho'n elle-même, de plus en plus étroitement investie par l'armée Tây-so'n, aucun avantage ne put être obtenu. *Nguyễn Văn-Thành* fut laissé pour tenir l'ennemi en haleine et des dispositions furent prises pour garder le port de Thị-nại. Dans la ville cependant, la situation empirait de jour en jour. Au cours de la 5e lune (11 juin-10 juillet), toutes les provisions étant épuisées, Võ Tánh, las d'espérer, ne pouvant plus garder la citadelle, mais refusant toujours de la rendre, se fit sauter. Les Tây-so'n entrèrent dans la place.

Ce ne fut qu'après la prise de Huế (15 février 1802) que les royaux purent la reprendre ; Lê Văn-Duyệt enleva les défenses extérieures et commença le siège. La garnison épuisée, mal approvisionnée, était hors d'état de résister, mais elle réussit à échapper : par une nuit obscure, trois mille hommes et cent cinquante éléphants environ quittèrent la citadelle sans éveiller l'attention des troupes Nguyễn (2e lune, 4 mars-1er avril 1802). Nguyễn Văn-Thành fut chargé de garder la ville, qui, désormais, resta au pouvoir de Nguyễn Anh.

51. — Les funérailles de l'évêque d'Adran. — Quand Nguyễn Anh fut de retour à Saigon, il ordonna des funérailles magnifiques

(1) On lit dans une lettre de Chaigneau : « Le combat a été le plus sanglant que les Cochinchinois aient jamais eu. Les ennemis se sont défendus jusqu'à la mort. Nos gens se sont supérieurement conduits. Nous avons beaucoup de morts et de blessés, mais ce n'est rien en comparaison de l'avantage que le roi en retire. MM. Vannier Forsans, et moi y étions et en sommes revenus sains et saufs ».

en l'honneur de l'évêque d'Adran. Elles eurent lieu le 16 décembre 1799. Le prince Cảnh dirigeait le convoi qui comprenait au moins quarante mille hommes. Le roi s'y trouvait avec tous les mandarins des différents corps, et, « chose étrange, dit un témoin, sa mère, sa sœur, la reine, ses concubines, ses enfants, toutes les dames de la cour, crurent que, pour un homme si au-dessus du commun, il fallait passer par-dessus toutes les lois communes : elles y vinrent toutes et allèrent jusqu'au tombeau ».

Les restes de Pigneau de Béhaine, évêque d'Adran, furent ensevelis près de la modeste maison qu'il possédait aux environs de Saigon, dans un jardin qu'il avait cultivé de ses mains et qu'il avait désigné pour être sa dernière demeure. Les cérémonies du culte catholique ayant été accomplies, « le roi s'avança d'un pas grave et majestueux, la douleur peinte sur le visage, et fit ses derniers adieux au prélat : ses larmes coulaient avec tant d'abondance, qu'un grand mandarin qui ne pleura jamais en fut pénétré jusqu'au vif ». Afin de donner à la famille du prélat « une marque éternelle de sa reconnaissance », le roi a fait un brevet sur un damas brodé où il a écrit l'éloge de ce sage, cet intime confident de tous ses secrets qui ne le quitta jamais alors que la fortune lui était contraire et qu'une mort prématurée enlevait au moment où la victoire était revenue sous ses drapeaux.

« Ayant toujours présent à l'esprit le souvenir de ses anciennes vertus, disait Nguyễn Anh dans ce brevet (1), je veux lui en donner un nouveau témoignage. Je le dois à ses rares mérites. Si en Europe, il passait pour un homme au-dessus du commun, ici on le regardait comme le plus illustre étranger qui ait paru à la cour de Cochinchine. Dès ma plus tendre jeunesse, j'eus le bonheur de rencontrer ce précieux ami, dont le caractère cadrait si bien avec le mien. Quand je fis les premières démarches pour monter sur le trône de mes ancêtres, je l'avais à mes côtés. C'était pour moi un riche trésor, où je pouvais puiser tous les conseils dont j'avais tant besoin pour me diriger...

---

(1) C'est un brevet de *grand précepteur*, très haute dignité dans la hiérarchie chinoise et annamite ; elle est ici conférée à titre posthume. Le texte français est publié d'après la traduction du missionnaire français Le Labousse.

« Mon estime et mon affection pour lui croissaient de jour en jour. Dans les temps de détresse, il nous fournissait des moyens que lui seul pouvait trouver. La sagesse de ses conseils et sa vertu, qui brillait jusque dans l'enjouement de la conversation, nous rapprochaient de plus en plus. Nous étions amis et si familiers ensemble, que, lorsque mes affaires m'appelaient hors de mon palais, nos chevaux marchaient de front. Nous n'avons jamais eu qu'un même cœur. Depuis le jour que, par le plus heureux des hasards, nous nous sommes rencontrés, rien n'a pu refroidir notre amitié, ni nous causer un instant de déplaisir...

« Pour manifester à tout mon peuple les grands mérites de cet illustre étranger et répandre au dehors la bonne odeur de ses vertus, qu'il cacha toujours, je lui décerne ce brevet d'instituteur du prince héritier avec la première dignité après la royauté et le surnom d'*Accompli*. Hélas ! quand le corps est tombé et que l'âme s'envole au ciel, qui pourrait la retenir ? Je finis ce petit éloge : mais les regrets de la cour ne finiront jamais... O belle âme du maître, recevez cette faveur ! »

Nguyễn Anh fit élever (6e lune de l'année suivante, 22 juillet-21 août 1800) « un tombeau superbe, monument digne de Monseigneur et de lui. Il est placé sur une plate-forme de neuf toises carrées, sur une demi-toise de hauteur, sur laquelle s'élèvera une belle maison couverte en tuiles ; une muraille de briques à hauteur d'appui, avec différentes décorations, en fera le contour » (1).

Une épitaphe en chinois et en latin fut gravée sur une stèle, commémorant en style d'inscription, noble et pompeux, ce que Nguyễn Anh avait écrit si simplement, avec l'éloquence du cœur, dans le brevet destiné à la famille du prélat.

«... Alors que notre royaume était en proie aux troubles, le maître est venu à notre aide ; il s'est montré, au milieu d'une époque tourmentée, aussi sage et aussi savant que prudent et éclairé. Bien

(1) Le tombeau de l'évêque se voit encore tel que la reconnaissance du prince l'a élevé à la mémoire du prélat. Il a été décrété propriété nationale le 3 août 1861, sur la proposition de M. de Chasseloup-Laubat, ministre de la Marine et des Colonies.

plus, il a voulu se charger de la lourde mission d'aller demander l'appui de vaisseaux étrangers et il n'a pu nous les amener qu'après avoir franchi les montagnes et les mers pleines de périls sans nombre... Pendant plus de vingt ans, il a travaillé de tout son pouvoir à combiner des plans d'action, à chercher les moyens de recouvrer les provinces et de les pacifier.

« Tous ses actes sont dignes de servir d'exemples à la postérité. Si notre royaume a presque atteint l'état de parfait achèvement, il le doit surtout aux mérites et aux soins du prélat... ».

Ces éloges suppléent en quelque manière au silence ou à la sécheresse des textes officiels ; ils dépeignent avec exactitude les dettes contractées par le prince et le pays d'Annam envers l'illustre évêque.

En 1902, une statue de bronze fut érigée en grande pompe à Saigon ; l'évêque Pierre y est représenté avec son royal élève, le jeune Cảnh.

CHAPITRE XVII

Triomphe de Nguyên Anh.

52. — La prise de Huê (15 juin 1801). — Après la destruction de la flotte Tây-sơn dans le port de Thi-nại (27 février 1801), Nguyễn Anh considérant qu'il n'était pas possible, dans les circonstances actuelles, de battre les troupes qui assiégeaient Qui-nhơn, se décida hardiment à porter la guerre au Nord. Avec des forces de mer importantes à la tête desquelles se trouvaient six navires européens (dont quatre commandés par Vannier, Chaigneau, Forsans et Barisy), avec un corps de débarquement de quinze mille hommes bien entraînés, il cingla vers la rade de Tourane où il fit ses derniers préparatifs et donna l'ordre de bataille.

Le 9 juin (1801), raconte Barisy qui commandait le navire monté par Nguyễn Anh, nous appareillâmes tous de compagnie et, le 11, vînmes mouiller à l'entrée de la rivière de Huê, à portée de canon des forts d'entrée. Notre armée était partagée en deux. Tous les vaisseaux européens et 30 canonnières bloquaient la bouche de l'Ouest (*Cửa-hữu*) ; 45 galères, 300 chaloupes canonnières et 15.000 hommes de troupes de débarquement bloquaient la bouche de l'Est (*Cửa-Đông*).

Le 11, l'attaque commença ; galères et canonnières s'avancèrent et, par malheur, s'échouèrent à l'entrée (Est) de la rivière. L'ennemi redoubla son feu ; Nguyễn Anh ordonna aux troupes de sauter à l'eau et forma son armée sous le feu des canons des forts. Le général en chef des Tây-sơn, *Nguyễn Văn-Tri,* crut qu'il n'avait qu'à sortir pour « s'emparer de notre armée comme on prend des moutons dans un parc ». Mais, à 500 toises de ses murailles, il fut chargé par les gardes du corps, la baïonnette au bout du fusil ; les soldats qui étaient dans les galères vinrent par ses flancs et en queue et il se trouva cerné de toutes parts sans communication avec ses forts. Ses troupes crièrent quartier, « mais le soldat, ivre de carnage, n'entendait rien; sourd aux ordres de ses chefs, ce fut avec peine qu'on put l'arracher de sa proie. Le général fut pris vivant et présenté au roi qui le fit charger de chaînes ».

On prépara alors l'attaque des forts par le dedans de la rivière et le lendemain matin, après un engagement sanglant auquel prirent part les canonnières, le passage était libre. Nguyễn Anh remonta la rivière ; à 3 heures, il était au quai attenant au palais de ses ancêtres.

« Le peuple prosterné sur le rivage, dit le même témoin, semblait attendre l'arrêt que son roi victorieux allait prononcer. Le plus grand silence régnait, et la terreur que leur inspirait le souvenir de leurs offenses passées n'était pas propre à les rassurer. Aussi, quel a été leur étonnement lorsque, au lieu de voir un vainqueur irrité descendre dans leur ville, ils y ont trouvé un Henri IV, un père clément et miséricordieux ! La sérénité et la bonté peintes sur son front fut le présage de ce qu'ils devaient attendre pour l'avenir. Toute l'armée en bataille dans le plus profond silence attendait les ordres du Roi ; à six heures du soir, Sa Majesté ordonna à toutes ses troupes de se rembarquer, et elle-même vint coucher dans son bateau après avoir établi des corps de garde dans tous les quartiers et défendu le pillage sous peine de mort. »

Le surlendemain, 15 juin, à 8 heures du matin, Nguyễn Anh fit son *entrée solennelle dans la capitale* de ses ancêtres d'où il était sorti plus de vingt-six ans auparavant, entraîné dans le désastre des Nguyễn vaincus par les Tonkinois.

53. — La prise de Hanoi (20 juillet 1802). — Le dernier des Tây-sơn, Quang-Toản, qui se trouvait à Huế au moment où Nguyễn Anh forçait l'entrée de la rivière, avait voulu combattre ; mais ses soldats, apprenant la déroute de la flotte, l'avaient abandonné et il n'avait pu que s'enfuir. Arrivé dans la capitale, Nguyễn Anh avait lancé à sa poursuite Lê Chất par la route de terre et Nguyễn Văn-Trương avec des barques.

Mais Quang-Toản leur échappa ; il arriva à Hanoi au commencement du mois de juillet. Aussitôt il envoya des *ambassadeurs en Chine* pour demander secours à l'Empereur. Mais Nguyễn Anh l'avait prévenu. Sur ses ordres, Trịnh Hoài-Đức était allé parler au vice-roi des Deux-Kouang les brevets d'investiture et le cachet de tributaire que Quang-Toản avait, dans la précipitation de sa fuite, oubliés à Huế ; en outre, Trịnh Hoài-Đức était chargé de remettre aux autorités chinoises des pirates qui, soudoyés par les Tây-sơn, avaient ravagé les côtes de Chine.

Au rapport de ces faits, l'Empereur promulgua l'*édit* suivant : « *Nguyễn văn-Huệ et Nguyễn Quang-Toản, bien qu'à notre service comme vassaux de la cour impériale, ont recherché des aventuriers et donné asile à des traîtres. On ne peut être plus ingrat. Ils n'ont pu garder ni leur royaume, ni leur capitale, ni leur brevet d'investiture, ni leur sceau : la soudaineté de leur chute indique suffisamment qu'ils sont anéantis pour toujours.* »

Quang-Toản, n'ayant à compter que sur ses seules ressources, ne renonça cependant pas à la lutte. Il avait déjà envoyé son frère au Nghệ-an ; il partit à son tour (fin de 1801) avec 35.000 hommes dont 5.000 commandés par une femme héroïque, *Bùi Thị-Xuân*, devenue légendaire dans l'histoire de cette époque. Un corps d'armée fut chargé d'aller attaquer Trấn-ninh ; un autre fut dirigé contre la muraille de Đầu-mầu ; une flotte de cent jonques de guerre fut envoyée à l'embouchure du Sông Gianh.

Nguyễn Anh vint en personne à Đồng-hới prendre le commandement en chef ; *Nguyễn Văn-Trương* était à la tête de l'armée navale. Le 3 février, les Tây-sơn furent forcés de reculer à *Trấn-ninh* ; à *Đầu-mầu*, ils éprouvèrent des pertes énormes et commençaient à fuir quand Bùi Thị-Xuân les ramena à l'attaque et combattit sans trêve jusqu'au moment où Quang-Toản, avisé que sa flotte venait d'être détruite par Nguyễn Văn-Trương et ne songeant plus qu'à sa sûreté, abandonna le champ de bataille.

Nguyễn Anh retourna à Huế le 15 février 1802, laissant à la garde de Đồng-hới le général Nguyễn Văn-Trương. C'est alors qu'il envoya Lê Văn-Duyệt reprendre Qui-nhơn (1), jugeant prudent de ne laisser derrière lui aucune place au pouvoir des Tây-sơn.

---

(1) Voir ci-dessus, lecture 50.

Au cours de la 5e lune (31 mai-29 juin), il annonça par deux proclamations au peuple et aux soldats qu'il allait marcher *contre le Tonkin*. Il désigna Nguyễn Văn-Trương et Lê Văn-Duyệt qu'il venait de nommer *maréchaux* (*đại-tướng-quân*) pour commander l'un l'armée navale, l'autre l'armée de terre; à ce dernier était adjoint *Lê Chất*. Ils se portèrent aussitôt en avant, précédant les troupes de Nguyễn Anh qui sortirent de la citadelle le 20 juin.

Le premier contact avec l'ennemi se fit au port de *Rộn* (au Sud du Hà-tĩnh); Nguyễn Văn-Trương bouscula la garnison et détruisit le port militaire; il remporta un autre avantage à *Hà-trung*. Puis la flotte pénétrant dans le *Sông Cả* s'empara de gros approvisionnements et d'un grand nombre d'armes et de jonques. Lê Văn-Duyệt entra dans la capitale du *Nghệ-an* sans grande résistance; poussant vers le Nord, il atteignit *Thanh-hóa* où il battit et fit prisonnier un frère de Quang-Toản.

Le 13 juillet, Nguyễn Anh était à son tour à Thanh-hóa; il fut heureux de se trouver dans le pays d'où sa famille était sortie; en don de joyeux avènement, il suspendit les impôts et les corvées.

Lê Văn-Duyệt continuait à progresser en liaison parfaite avec Nguyễn Văn-Trương. Celui-ci s'engagea dans le *Fleuve Rouge* et détruisit une flottille devant la capitale du *Bas Sơn-nam*, à *Vị-hoàng*. Pendant ce temps son collègue balayait les troupes qu'il rencontrait sur son passage, mais n'avait guère affaire, à mesure qu'il approchait de la capitale, qu'à des soldats désireux de se soumettre. Les mandarins fuyaient, le peuple restait calme.

A deux ou trois journées derrière eux, Nguyễn Anh suivait, stationnant dans les capitales des provinces, prenant possession pour ainsi dire des territoires traversés. Le *20 juillet 1802* (1), — un mois après son départ de Huế, — il fit son *entrée dans la capitale des Lê*; il reçut dans la citadelle l'hommage de ses nouveaux sujets.

Le triomphe de Nguyễn Anh était complet. Il avait reconquis le patrimoine de ses ancêtres; et, au fief du vassal il ajoutait, par l'annexion du Tonkin, le royaume même du suzerain.

---

(1) C'est la date du *Thật-lục*; le *Liệt-truyện* donne 22 juillet.

CHAPITRE XVIII

Nguyên Anh, empereur et fondateur de dynastie: Gia-long. — I. Réformes.

Le 1er juin 1802, Nguyễn Anh, à l'issue d'une cérémonie solennelle dans le temple de ses ancêtres à Huê, déclara close l'ère *Cảnh-hưng* (1) et ouvrit la période *Gia-long*.

Il ne se proclama pas encore empereur bien qu'il en fût prié, disent les historiographes ; mais on peut considérer qu'à dater de ce moment, il exerce réellement le pouvoir suprême. Il ne prit officiellement le titre de *hoàng-đế* qu'en 1806 (5e lune de la 5e année de la période, 17 juin-15 juillet), il reçut l'*investiture de la Chine* la même année, au mois de février.

Il a quarante ans, la période des combats est close ; le guerrier se fait administrateur. La tâche qu'il assume est immense, car la confusion règne dans tout l'empire.

Il entreprit de mettre de l'ordre partout. Nous allons indiquer sommairement les réformes qu'il introduisit dans l'organisation des diverses régions du pays d'Annam et signaler les principales mesures qu'il prit pour assurer l'administration régulière du pays.

54. — Organisation administrative: les régions, les provinces. — L'empire fut divisé en trois régions:

1. *L'ancien patrimoine des Nguyễn* constitue la *partie médiane* et contient la capitale. Il comprend 9 *provinces* qui sont, du Nord au Sud: *Quảng-bình*, *Quảng-trị*, *Quảng-đức*, *Quảng-*

---

(1) En fait, la période *Cảnh-hưng* de Lê-Mân Hoàng-Đế avait pris fin en 1786 par la fuite du souverain déchu (ci-dessus lecture 46); mais on avait continué à donner aux années le nom de cette période; 1802 fut la 63.

nam, *Quảng-ngãi*, *Bình-định*, *Phú-yên*, *Khánh-hòa*, *Bình-thuận*. Les cinq premières ont un statut particulier : à leur centre est Quảng-đức, province de la capitale, nouvellement créée ; au Nord, les deux provinces de droite (Quảng-trị et Quảng-bình) ; au Sud les deux provinces de gauche (Quảng-nam et Quảng-ngãi) ; ces quatre provinces sont désignées sous le nom de *Trực-lệ*, car elles relèvent *directement du souverain*.

L'administration centrale avait son siège dans la *capitale* même, auprès de l'empereur, maître suprême et chef religieux du pays. Il y avait *six ministères : Lại-bộ*, ministère des Emplois publics ; — *Hộ-bộ*, ministère des Finances ; — *Lễ-bộ*, ministère des Rites ; — *Binh-bộ*, ministère de la Guerre ; — *Hình-bộ*, ministère de la Justice ; — *Công-bộ*, ministère des Travaux.

Dans chaque ministère se trouvaient : un président, deux vice-présidents et deux ou trois conseillers ; il était divisé en un certain nombre de bureaux ayant chacun ses attributions spéciales. Cette organisation, arrêtée ainsi dans ses grandes lignes dès le début de la reconstitution administrative ne fut complétée définsitivement que sous Minh-mạng et Thiệu-trị ; pendant le règne de Gia-long un grand nombre de fonctions furent exercées par cumul.

Le *Grand secrétariat* (*Nội-các*, chin. Nei-ko, littéralement, *Cabinet intérieur*) était le suprême conseil. Il ne possédait pas un personnel spécial, mais comprenait des fonctionnaires choisis dans d'autres services, notamment des vice-présidents des six ministères et des académiciens. En même temps qu'un *conseil*, le Nội-các était une *chancellerie*, préparant et enregistrant les ordonnances, les édits ; examinant les rapports des hauts fonctionnaires ; étudiant les affaires importantes en présence du souverain dont les paroles étaient transcrites par des employés spéciaux, etc.

2. La *région du Sud* avait déjà reçu un commencement d'organisation pendant la lutte contre les Tây-sơn ; Gia-long, dès la première année de son règne, détermina 4 provinces : *Gia-định*, *Biên-hòa*, *Vĩnh-thanh* (Vĩnh-long et An-giang) et *Định-tường*, qui furent pourvues de fonctionnaires. Dans la province de *Hà-tiên*, qui avait été dévastée complètement, il nomma comme

gouverneur *Mạc Tử-Thiêm*, fils de Mạc Thiên-Tứ ; à la mort de celui-ci, en 1809, il y plaça un *gouverneur annamite*, malgré les protestations du Siam.

3. Au *Tonkin*, on comptait treize provinces qui étaient à partir du Sud : *Nghệ-an*, *Thanh-hóa*, *Bas Son-nam* (Nam-định), *Haut Sơn-nam* (Hà-nội), *Hải-dương*, *Kinh-bắc* (Bắc-ninh), *Sơn-tây*, *An-quảng* (Quảng-yên), *Lạng-sơn*, *Cao-bằng*, *Thái-nguyên*, *Tuyên-quang*, *Hưng-hóa*.

Comme la domination des Nguyễn venait à peine de s'étendre sur le pays, où, malgré la conquête, les souvenirs des Lê et des Trịnh, maîtres depuis des siècles, étaient encore vivaces, Gia-long ne voulut pas imposer lourdement sa domination. Dans les provinces du delta, il plaça des fonctionnaires choisis parmi les *anciens magistrats nommés par les Lê* ; les autres furent administrées par des *fonctionnaires originaires du pays*, et les localités habitées par des aborigènes furent confiées aux *chefs* élus par la population.

La haute administration du Tonkin et du pays de Gia-định fut mise entre les mains de fonctionnaires spéciaux. Il y eut à *Bắc-thành* (Hanoi) pour les treize provinces du Nord, et à *Saigon* pour les quatre provinces du Sud, un *envoyé impérial*, *gouverneur général* nommé *tổng-trấn* ; il fut assisté d'un second, le *phó tổng-trấn*, d'un trésorier général, *cai-bộ*, et d'un chef du service judiciaire, *cai-án*. En outre, des *délégués des six ministères* se trouvaient au chef-lieu, et des bureaux furent placés sous leurs ordres et divisés en sections.

Ainsi l'ancien royaume des Lê et la Basse-Cochinchine étaient rattachés à l'administration de Huế, mais *sans trop de rigueur*, car Gia-long estima justement que des mesures sévèrement centralisatrices ne seraient pas de mise dans ces deux parties de l'empire.

Il n'y avait pas le même inconvénient à donner une certaine unité à l'*administration provinciale* dans toute l'étendue du pays. Certaines provinces importantes, *trấn*, eurent pour les diriger un gouverneur, *trấn-thủ* ; les provinces secondaires, *dinh*, furent dirigées par un *lưu-thủ*, par groupe de deux.

Au-dessous du gouverneur, il y eut dans chaque province : 1° un *trésorier*, chargé des impôts, des registres de population, de l'agriculture et du recrutement des soldats ; 2° un grand juge chargé de la justice et de la poste, *cai-bộ* ou *kí-lục* au Centre et au Sud, *hiệp-trấn* ou *tham-hiệp* dans le Nghệ-an, le Thanh-hóa et les provinces du Tonkin. Dans quelques provinces, un *directeur des études*, *đốc-học*, eut la surveillance générale de l'enseignement.

La province fut divisée en préfectures, *phủ*, à la tête de chacune desquelles se trouva un préfet, *tri-phủ* ou *đông-đường*, chargé du détail de l'administration de sa circonscription et ayant sous ses ordres les sous-préfets, *tri-huyện* ou *tây-dương*, et les chefs d'arrondissements, *tri-châu*.

Telle fut, dans ses grandes lignes, l'organisation que des édits, presque tous datés de la première ou de la deuxième année du règne, appliquèrent au pays.

55. — Recrutement des fonctionnaires. — « *Le peuple*, disait Gia-long, *est maintenant comme un malade en convalescence ou comme un enfant qui a besoin de soins.* »

Par un édit de la 7e lune de la 1re année de la période (juillet 1802), il fit appel aux anciens gradués des Lê. « Les Tây-sơn, disait-il, étaient méchants et personne ne voulait les servir ; les hommes vertueux et habiles laissaient leurs qualités sans emploi en attendant un souverain digne d'être servi par eux. Maintenant que la paix est revenue, c'est le moment de travailler au bonheur du royaume. Les sages de ce temps ne doivent plus se cacher, qu'ils se présentent à moi et je confierai aux meilleurs d'entre eux des *fonctions publiques*. Ainsi, ils allègeront mes charges de souverain et se rendront utiles aux pays ».

Maintes fois, à partir de 1802, on trouve dans le *Thật-lục*, des traces de ce souci constant de trouver de bons fonctionnaires ; Gia-long estimait que du choix des administrateurs dépend la prospérité du pays. Il exigea des mandarins proposant des candidats pour certains emplois qu'ils se portassent garants de leurs candidats ; faute de la mention de garantie, la proposition n'était pas examinée ; et d'autre part, des punitions étaient infligées aux mandarins si les fonctionnaires nommés sur leur recommandation se conduisaient mal.

La *hiérarchie* fut fixée ; les fonctions furent réparties en *9 degrés, chacun comprenant 2 classes*. Mais il ne fut jamais nommé, sous Gia-long, de mandarins civils du 1er degré ; ce cadre resta vide. D'ailleurs, les *mandarins militaires*, dans les cérémonies, avaient le pas sur les *mandarins civils*.

Afin de pourvoir régulièrement aux besoins de l'administration, les *examens* furent réorganisés ; à Huê, le *Collège national* (*Quốc-tử-giám*) fut établi en 1803 ; la même année, deux décrets ordonnèrent la création d'*écoles* dans les provinces, fixèrent leur personnel, les programmes d'études, rétablirent les *examens provinciaux*. Des directeurs d'études, *đốc-học*, avaient été nommés en 1802 dans quelques provinces; les années suivantes, il en fut désigné, suivant les besoins, dans les provinces qui n'en avaient pas encore ; des assistants, *phó-đốc-học* ou *trợ-giáo*, suivant les provinces, leur furent adjoints.

En 1807, Gia-long décréta : « A l'époque des désordres, personne ne voulait s'instruire ; l'institution des concours disparut dans l'anarchie ; maintenant que le pays jouit de la paix, je décide d'ouvrir une *session d'examen* au 10e mois de l'année courante ».

La *périodicité des concours* fut rétablie à partir de cette date ; les *centres d'examen* furent désignés à l'avance, les *camps des lettrés* reconstruits ; le premier concours triennal commença le 12e jour du 10e mois.

Les historiographes insistent à plusieurs reprises sur la part personnelle que prenait Gia-long à l'étude des questions administratives. En 1814, ils disent encore : « L'empereur se préoccupe beaucoup de ce qui touche à l'administration : il en parle souvent, depuis son lever jusqu'au milieu de la journée, et la nuit jusqu'à la deuxième veille ».

CHAPITRE XIX

Nguyên Anh, empereur et fondateur de dynastie. — II. Réformes.

56. — Réorganisation des finances. — Dès la première année de la période, Gia-long disait à ses ministres : « *Il ne faut pas trop demander au peuple. Les Tây-sơn l'avaient frappé d'impôts excessifs ; comment pouvaient-ils espérer que leur puissance serait durable ?* »

Une *intention de modération* l'inspirait donc ; en effet, au début de son règne, les *impôts* furent calculés de façon que les habitants pussent les acquitter sans peine ; mais les dernières années du règne, d'après les lettres des missionnaires et les récits des voyageurs, le peuple, dans la région de la capitale surtout, était *écrasé de corvées*, et l'*impôt* était devenu *fort lourd* dans tout le royaume.

Plusieurs mesures heureuses avaient cependant été prises dans le plan de réorganisation du pays : la reconstitution des *biens communaux* est de ce nombre. Pendant les troubles, ces biens avaient été vendus ou les habitants se les étaient attribués ; Gia-long ordonna de procéder à un nouveau partage, et le commerce des *rizières communales* fut rigoureusement interdit.

Des dispositions sévères furent édictées contre ceux qui essayaient de frauder le fisc; par contre, des *remises d'impôt*, que les historiographes énumèrent avec complaisance, furent accordées soit à cause de la sécheresse, soit à la suite d'inondation, soit parce que les insectes avaient ravagé les récoltes... Aux époques de famine, des distributions de riz et de vêtements étaient faites aux pauvres.

Les *produits des mines*, dont la surveillance ressortissait au ministère des Finances, devinrent d'année en année plus importants ; les *anciennes exploitations du Tonkin* furent reprises avec succès principalement à *Cao-bằng*, à *Thái-nguyên* et *Tuyên-quang*. Il était payé par les entrepreneurs une *redevance en minerai*, et généralement les représentants du ministère achetaient à un prix déterminé les quantités dépassant le maximum d'extraction fixé.

Dans les *ports*, des *taxes* furent établies ; c'étaient de véritables *droits de douane* qui frappaient les marchandises entrant dans le royaume ou même circulant d'un port à un autre ; au Tonkin, le droit était fixé à 2 1/2 pour cent de la valeur des marchandises transportées. Les taxes sur les *navires étrangers* qui fréquentaient les ports annamites furent déterminées à l'imitation de celles qui frappaient les navires allant commercer à Canton ; elles étaient basées sur la grandeur du navire et comportaient un *droit* supplémentaire de *mesurage* ; des *taxes spéciales* furent établies sur les navires venant de Macao et de France.

Le ministère des Finances fit fabriquer des *sapèques*, fondre des *lingots d'or et d'argent*, et la valeur proportionnelle des métaux précieux fut fixée par des édits. La monnaie légale fut, comme par le passé, la *monnaie de cuivre*, et il fut interdit d'en fondre privément.

Des règlements furent aussi établis pour la fabrication des *lingots d'argent* servant aux échanges. La fabrication de ces nouveaux taëls (valeur d'une *once*) fut soumise à des règles précises ; des vérificateurs furent nommés. En outre, sévère défense fut faite de les détruire ou d'en diminuer le poids. Il y eut aussi des *lingots d'or* de dix onces et d'une once ; la *valeur relative de l'or et de l'argent* fut ainsi fixée : un lingot d'or valut dix-sept lingots d'argent du même poids.

57. — Le Code Gia-long. — C'est un geste propre à un fondateur de dynastie que de donner à son peuple un *code nouveau* ; il faut reconnaître que les circonstances l'imposaient à Gia-long.

Les lois des Lê n'étaient plus observées ; elles n'étaient même plus connues ; les mandarins, juges et administrateurs à la fois, étaient souvent embarrassés quand ils devaient rendre la justice

« Depuis les troubles des Tây-sơn, dit Gia-long lui-même dans la préface du Code, les liens fondamentaux de la société avaient disparu comme entraînés dans un tourbillon ; les règles étaient détruites ; l'artifice, la fraude, la violence étaient devenus la loi commune, de sorte que tantôt le fait était imprévu, tantôt l'esprit des règlements était peu clair : les gens simples, plongés dans la confusion, ne savaient ce qu'ils devaient faire ou éviter ; les esprits retors et les gens malintentionnés se jouaient facilement au milieu des méandres de la législation, et dans les jugements, l'assimilation des faits nouveaux aux faits prévus, l'acquittement ou l'atténuation et l'incrimination n'étaient plus basés sur des données certaines ; l'oppression débordait partout, et l'innocence persécutée invoquait la justice vengeresse. »

Le Code des Nguyễn fut officiellement distribué le 7e mois de la 14e année de la période (**5 août-3 septembre 1815**), et ce Code, qui n'est pas une œuvre originale, n'est pas, non plus une œuvre annamite ; ses rédacteurs n'ont pas tenu assez de compte des dispositions antérieurement en vigueur dans le pays, ni des coutumes, ni des usages ; il se ressent trop visiblement de la hâte avec laquelle il a été compilé, et beaucoup de ses prescriptions sont maintenant tombées en désuétude.

Mais les fonctionnaires chargés de le rédiger, au lieu de s'inspirer des usages annamites, semblent avoir pris le Code chinois de la dynastie des Ts'ing presque exclusivement pour modèle.

58. — Les forces militaires : armée et marine. — L'un des premiers soucis de Gia-long fut de *récompenser* les soldats qui l'avaient fidèlement servi ; ceux qui avaient combattu avec lui dans le Sud, ceux qui l'avaient accompagné au Siam, ne furent pas oubliés. Après la prise de Huê, il fit aussi distribuer des sommes importantes ; en 1802, après son entrée à Hanoi, des gratifications en argent, des cadeaux de vêtements récompensèrent soldats et officiers.

Mais il ne s'en tint pas à ces mesures de circonstances : il entreprit de *réorganiser les forces militaires* du pays.

Pendant les guerres civiles, tous les habitants étaient soldats ; les travaux agricoles en souffraient grandement. Il revint aux anciennes coutumes ; pour l'armée régulière, il était recruté *un homme par sept habitants* de 19 à 25 ans ; une portion des rizières communales était attribuée aux soldats ou à leur famille. Chaque soldat restait à l'armée quatre mois ; il avait donc par an huit mois de liberté, qu'il employait à travailler dans son village ; mais il devait répondre à tout appel et était tenu de se soumettre à certaines corvées, telles que les travaux de construction ou de réparation des citadelles.

En temps de guerre, la conscription atteignait *un homme sur trois*. Au Tonkin, on ne prit qu'*un habitant sur dix* dans les territoires de Tuyên-quang, Hưng-hóa, Cao-bằng, Lạng-sơn, Thái-nguyên et Quảng-yên. En Cochinchine, le recrutement n'atteignit qu'*un habitant sur huit* dans les villages de population dense.

La *hiérarchie militaire* fut fixée ; les divers grades furent répartis, comme ceux des mandarins civils, en *9 degrés* ; il appartint au souverain et au ministre compétent seuls de nommer des officiers et de leur remettre des brevets ou commissions.

En 1800, les forces de Gia-long étaient, d'après un document européen émanant de Barisy qui n'est pas contredit par les ouvrages annamites, ainsi composées ; les *troupes de terre* auraient atteint un total de 113.000 hommes ; on y aurait compté 25 régiments de 1.200 hommes armés à l'européenne, 30 bataillons d'artillerie (15.000 hommes), 16 bataillons d'éléphants (8.000 hommes et 200 éléphants), la garde royale entraînée à l'européenne (12.000 hommes), 42.000 fantassins des anciennes formations, etc.

L'*armée de mer* paraît avoir été organisée avec le plus grand soin, du moins sur le papier, car, comme pour une partie de l'armée de terre, il n'est pas prouvé que les cadres aient été régulièrement remplis. D'après le document de Barisy, complété par des renseignements fournis par Chaigneau, voici quelles auraient été les *forces maritimes* : 200 bateaux de 16, 18, 20 et 22 canons ; 500 petites galères de 40 à 44 rames armées de pierriers et, à l'avant, d'un canon ; 100 grandes galères de 50 à 70 rames avec canons et pierriers. Ces divers bâtiments étaient montés par 17.600 hommes ; il y en avait 1.200 pour les trois navires européens et l'arsenal de Hué contenait 8.000 ouvriers, artificiers, charpentiers et calfats.

59 — LES TRAVAUX PUBLICS. — Gia-long, dès le début de la période, s'occupa de faire réparer les *routes* et les *ponts*. Des règlements furent publiés, déterminant les fonctionnaires qui seraient chargés de ce soin dans chaque province, l'emploi qui devait être fait des corvées, le salaire des ouvriers, etc. Ils étaient payés en riz et travaillaient à la tâche.

Le *réseau des communications* fut rétabli et entretenu d'un bout à l'autre de l'empire ; des *ponts* furent construits. L'entretien des *canaux* et des *digues* fut recommandé à la sollicitude des mandarins ; des travaux considérables furent entrepris, principalement au Tonkin, pour la *réfection des digues*. A maintes reprises, les gouverneurs signalèrent des dégâts provoqués par les inondations, et l'empereur eut à accorder souvent des remises d'impôts dans la région du delta du Fleuve Rouge. A la fin de son règne cependant, le système des digues était assez complet pour que l'on pût espérer éviter à l'avenir de grands désastres ; par malheur, elles ne furent pas entretenues partout avec assez de soin.

Les *ports de mer* reçurent des améliorations notables. Des *greniers publics* furent construits dans toutes les provinces ; on y conservait du riz en prévision des périodes de famine. Pour le *service des postes et des relais* réorganisé et pour les voyageurs, des maisons de relais furent établies sur les routes.

Gia-long fit réparer les *citadelles* d'un grand nombre de villes et en fit bâtir de nouvelles ; des casernes furent aussi élevées dans les villes. La citadelle de Hué était parmi toutes celles de l'Extrême-Orient, la plus remarquable au dire des voyageurs européens. Un Anglais qui la vit en 1819 la décrit ainsi : « C'est un carré de 5 à 6 milles de tour, elle est fortifiée suivant les règles de la fortification européenne, le plan imitant un des chefs-d'œuvre de

Vauban (la ville de Strasbourg, je crois). Elle a vingt-quatre bastions, chacun avec trente-six canons de 18 à 68 livres, tous fondus dans ses propres fonderies. . . ; les remparts sont d'environ 50 pieds de haut, de grande épaisseur, avec casemates à l'épreuve des bombes, magasins, etc. . . Les portes, faites de lourds blocs de pierre de taille, ont au moins 60 pieds de hauteur. Les fossés, à parements de briques, ont au moins 100 pieds de largeur et sont profonds à proportion : les glacis, chemins couverts, sont garnis sur les faces et faîte de pierres de taille et il en est de même pour l'esplanade en pente vers la rivière. Au-dessus de chaque porte est une construction à deux étages, bien couverte en tuiles. . . A distances égales sont des escaliers pour les troupes et des plans inclinés pour les canons. Bref, l'ensemble est une œuvre splendide ; le dessin, le fini, la massive solidité et la scientifique régularité en sont vraiment surprenants.

J'ai vu d'autres fortifications, à Madras et à Manille, mais elles sont loin de présenter l'apparence imposante de celles de Hué ».

Ces grands travaux coûtèrent des *sommes considérables* et nécessitèrent d'*énormes mouvements de terre*, toujours pénibles et souvent dangereux pour la santé des travailleurs. Ils se firent surtout par le moyen de *corvées* dont il est difficile de fixer exactement l'importance, mais qui furent pour le peuple d'une *lourdeur excessive*.

60. — Histoire et géographie du pays. — A un moment où les *traditions littéraires* avaient grandement perdu de leur force, Gia-long fit tout ce qui dépendait de lui, par la *réorganisation de l'enseignement et des concours,* pour les faire refleurir parmi le peuple.

Il estima aussi qu'à l'avènement d'une dynastie nouvelle, il convenait de *fixer l'histoire et la géographie du pays* ; une *géographie générale* de l'Annam compilée par ses ordres, lui fut présentée en 1806. Mais il dut renoncer à faire rédiger une histoire des Lê qu'il aurait voulu conduire jusqu'à la chute de la dynastie. Les documents, en effet, firent défaut ; pendant les troubles,

les capitales du Centre, du Nord et du Sud, les chefs-lieux de provinces avaient été plusieurs fois livrés au pillage et les bibliothèques royales dispersées et détruites.

Gia-long fit appel à ses sujets ; dans un édit de 1811, il s'exprime ainsi : « Les livres des bibliothèques royales sont tous perdus, mais les bibliothèques particulières doivent en contenir encore. *Les habitants qui possèdent des exemplaires des anciennes annales et des ouvrages traitant de l'histoire ou des lois du pays, devront les remettre aux fonctionnaires provinciaux ; je les récompenserai moi-même* ».

A la suite de cet édit, ordre fut donné dans les provinces du Tonkin de recueillir tous les ouvrages relatifs à la dynastie des Lê. Cette même année 1811, Gia-long fit venir à Huế des fonctionnaires de l'enseignement pour remplir auprès de lui les fonctions *d'historiographes*. On le voit aussi en 1818 charger *Mạc Công-Du*, descendant de Mạc Cửu, de réunir des documents sur l'histoire de Hà-tiên.

Il institua à la capitale une *commission de lettrés* dont les membres furent chargés de *préparer l'histoire* qu'il laisserait à ses descendants le soin d'établir.

Cette préoccupation se traduisit par un nouvel édit dont la promulgation suivit de près celui dont on vient de lire un fragment. Ayant résolu de rassembler les éléments d'une histoire des faits qui s'étaient écoulés de 1773 à 1802, auxquels il avait pris une si grande part, il s'adressa de nouveau à tous ceux qui pouvaient avoir quelques renseignements sur cette époque, et encouragea les témoins à parler : « *Ceux qui feront connaître des faits exacts*, disait-il, *seront récompensés, et ceux qui dévoileront des faits blessant (la majesté royale) ne seront pas punis* ».

CHAPITRE XX

Nguyên Anh, empereur et fondateur de dynastie. — III. Relations extérieures.

61. — RELATIONS AVEC LA CHINE — L'INVESTITURE IMPÉRIALE. — On a déjà vu qu'après la prise de Hanoi, Nguyễn Anh avait envoyé une *ambassade en Chine* sous la direction de Trịnh Hoài-Đức. Celui-ci était porteur d'une *supplique à l'empereur* qui débutait ainsi :

« Moi, Nguyễn Phúc-Anh, roi du royaume de Nam-Việt, je salue en me prosternant et, plein de respect, j'adresse au Trône ce rapport, dans l'intention de lui faire agréer mes humbles remerciements. Je prends irrévérencieusement la liberté d'exposer à l'Empereur le récit des événements qui se sont passés sur les frontières de son Empire et, la tête baissée vers le sol, j'attends, plein d'espérance, que l'Empereur, éclairé par sa haute sagesse, daigne abaisser sur moi son saint regard et me gratifier de quelques rayons de sa lumière spirituelle. Par mon ancêtre à la neuvième génération, Nguyễn Kim, je descends des ministres d'Etat des empereurs de la dynastie des Lê. . . ».

Gia-Long énumérait ensuite avec habileté ses titres à gouverner le pays, faisant connaître les succès de ses armes, exposant qu'il n'avait fait la guerre que pour venger la dynastie des Lê détruite par les Tây-sơn. Il concluait :

« Prosterné vers la terre, j'espère que Votre Majesté voudra bien m'accorder quelque compassion ; je ne suis qu'un petit tributaire voisin de votre empire et mon désir le plus fort est d'être arrosé de la pluie de vos générosités. Tourné vers la Porte Sublime, pendant que mes pensées volent vers vous et que la fumée de l'encens s'élève dans les airs en votre honneur, je vous adresse cette supplique ».

Gia-long n'attendit pas le retour de cette ambassade pour en envoyer une autre, avant la fin de cette même année 1802. Ayant quelques raisons de croire qu'il s'était concilié la *faveur de l'empereur* Gia-khánh (Kia-k'ing), il demanda sans détours *l'investiture royale* et un *nom pour le pays*. Lê Quang-Dinh, Ministre de la Guerre, fut chargé de porter sa requête. En 1803, Kia-k'ing donna l'ordre au grand juge du Quảng-tây (Kouang-si) d'aller conférer l'investiture royale à Gia-long. Il publia aussi deux édits : l'un donnait *au pays le nom de Việt-Nam* (1), l'autre décidait que le Việt-Nam devait envoyer le *tribut tous les deux ans* et rendre *hommage tous les quatre ans* ; il fixait en outre la *composition de ce tribut* ; défenses d'éléphant, cornes de rhinocéros, pièces de soieries et de cotonnades, bois d'aloès, noix d'arec...

Gia-long se rendit à Hanoi pour recevoir l'ambassadeur impérial.

Il délégua deux mandarins accompagnés d'officiers, de musiciens et de soldats qui se rangèrent sur la rive du Fleuve Rouge ; des nattes étaient étendues où les hauts fonctionnaires firent à l'arrivée de l'ambassadeur trois agenouillements et neuf prosternations ; l'ambassadeur pénétra ensuite dans la tribune qui lui était réservée ; après s'être reposé, il monta à cheval ainsi que les délégués annamites, précédant un palanquin où étaient placés le livre d'investiture, le sceau, les cadeaux de l'Empereur ; un nombreux cortège suivait. Gia-Long, à l'entrée du palais, échangea les saluts d'usage avec l'ambassadeur ; celui-ci passa par la porte de gauche, tandis que le roi prenait la porte de droite et que le char impérial entrait par la porte centrale. La *cérémonie d'investiture* se fit dans la salle principale du palais où l'encens fumait en l'honneur de l'Empereur : agenouillements, prosternations, lecture de l'acte d'investiture, présentation du livre et du cachet préalablemest disposés sur des tables recouvertes de soie jaune et que Gia-long porta tour à tour respectivement à la hauteur de son front, réception des cadeaux, nouveaux saluts, prosternations..., le rituel fut suivi en tous points.

---

(1) Sur la question du nom du pays, voir *Histoire moderne du pays d'Annam*, p. 377, n° 1.

Le petit-fils de Võ Vương était régulièrement investi ; la consécration suprême lui était accordée.

Il adressa l'année suivante à l'Empereur une ambassade pour le remercier de la faveur qu'il avait reçue. La 8e année (1809), son ministre des emplois civils apporta le tribut à Pékin ; la même année, une autre ambassade fut chargée d'offrir à Kia-k'ing dont c'était le cinquantième anniversaire les félicitations du souverain du Việt-Nam ; en 1813, en 1817, envois réguliers de l'hommage, en 1819, félicitations et présents à l'Empereur à l'occasion de son soixantième anniversaire. Gia-long, pendant tout son règne, agit en vassal fidèle, et les rapports du Việt-Nam et de la Chine ne furent point troublés.

62. — RELATIONS AVEC LE CAMBODGE, LE SIAM, LE LAOS, ETC. — Le *Cambodge,* diminué des provinces qui formèrent la Basse-Cochinchine, n'avait pas cessé de se reconnaître tributaire de l'Annam tant que le Gouvernement des Nguyễn s'était montré fort. Inquiété à diverses reprises par le Siam, il avait demandé à la cour de Huế une aide qui ne lui fut jamais refusée. Mais pendant la révolte des Tây-sơn, le Siam profitant des embarras de Nguyễn Anh, voulut mettre à exécution ses projets de démembrement du Cambodge. En 1779, à la suite de troubles dans la famille royale, le roi *Phya Tak* envoya trois corps d'armée au Cambodge ; mais à peine les hostilités étaient-elles commencées qu'une révolution se déclara à Bangkok. Les généraux revinrent en toute hâte et, à la tête de leurs troupes, furent les arbitres de la situation : Phya Tak ayant été tué, l'un devint premier roi et l'autre second roi.

Au moment où les Tây-sơn, maîtres de la Basse-Cochinchine, avaient envahi le Cambodge, le jeune roi *Ang Eng* avait été emmené au Siam. En 1794 — il avait une vingtaine d'années — il fut couronné par son suzerain le roi du Siam, qui le renvoya dans son royaume accompagné d'une armée à la tête de laquelle était le mandarin *Ben* nommé Gouverneur de la province de Battambang. C'est à cette époque que les provinces de *Battambang* et *d'Angkor* passèrent sous la domination siamoise.

Ang Eng mourut en 1796 ; mais il ne lui fut désigné de successeur qu'en 1802 ; ce fut son fils *Ang Chan*. Malgré qu'il eût *l'investiture du Siam*, Ang Chan envoya une *ambassade* à *Gia-long* qui la reçut à Hanoi ; en 1805, il demanda à rendre hommage au souverain du Việt-Nam, et l'année suivante il alla à Bangkok se faire couronner par le roi du Siam. Mais en 1807, il demanda l'investiture à Gia-long. On voit qu'il tenait à être en bons termes avec ses deux voisins et à tenir la balance égale entre eux.

Le Siam cependant s'accommodait mal de cette situation, et il encourageait par dessous main les dissensions qui s'élevaient dans la famille royale. En 1812, il soutint par les armes un frère d'Ang Chan nommé *Ang Snguon*. Ang Chan s'enfuit chez les Annamites et les Siamois s'installèrent à Ou-dông. Le roi du Siam adressa à Gia-long une lettre où il exposait que s'il avait dirigé des troupes contre le Cambodge, c'était uniquement pour réconcilier Ang Chan avec ses frères. Feignant de croire à la sincérité de cette lettre, Gia-long ordonna à Lê-văn-Duyệt, Gouverneur de Gia-định, d'escorter Ang Chan jusque dans ses états avec une armée de 10.000 hommes. Les Siamois se retirèrent et Ang Snguon partit avec eux. Pour prévenir de nouveaux troubles, Lê-văn-Duyệt laissa à Phnom-penh une garnison dont le chef fut chargé de la *direction du protectorat du Cambodge*. Ang Chan continua à se montrer tributaire fidèle.

Les *rapports de Gia-long avec le Siam*, bien que manquant de cordialité, ne furent pas troublés; la puissance du souverain de Huế était respectée à Bangkok. En 1802 et en 1804, des ambassades furent échangées et, à partir de 1807, des relations presque annuelles s'établirent : félicitations, condoléances, échanges de présents. Cependant, Gia-long n'admettait pas que le fait de sa suzeraineté sur le Cambodge fut mis en discussion; ainsi il s'opposa, en 1811, à ce que Ang Chan obéit aux exigences du Siam qui le réclamait à Bangkok pour les funérailles du roi.

Au *Laos*, les deux *influences, annamite et siamoise*, se trouvaient encore en présence, mais elles s'équilibrèrent sans donner lieu à aucun conflit; les rois du pays s'acquittèrent de leurs devoirs *de tributaires vis-à-vis de Gia-long*, tout en recevant du Siam leur *désignation au trône*.

Les tribus de *Cam-lô*, de l'arrière-pays du Nghệ-an et du Thanh-hóa, les tribus Moï de l'Annam, les *Sadètes de l'Eau et du Feu*, firent aussi parvenir des *présents* à la capitale et envoyèrent leur *hommage* au souverain. Ces relations ne furent marquées par aucun événement notable ; mais il faut voir, dans le fait même de leur reprise après de longues périodes de relâchement, une preuve nouvelle du *rayonnement de la puissance annamite* sous Gia-long.

CHAPITRE XXI

Nguyên Anh, empereur et fondateur de dynastie. — IV. Rapports avec les Français.

63. — LES DERNIERS COLLABORATEURS DE L'ÉVÊQUE D'ADRAN. — A la mort de l'évêque d'Adran (9 octobre 1799), il ne restait plus auprès de Gia-Long que *quelques officiers français.* Olivier était mort au mois de mars précédent ; Dayot, Lebrun, Magon de Médine, Girard de l'Isle-Sellé, Guillon, Guilloux et d'autres encore avaient quitté le pays.

Après 1802, on ne comptait plus à la cour que *Philippe Vannier, Jean-Baptiste Chaigneau, de Forsans* et le médecin *Despiau.* Celui-ci paraît n'avoir occupé qu'une situation très effacée ; mais les premiers avaient reçu le titre de *trường-cơ* qui les plaçait assez haut dans la hiérarchie, puisqu'il était de la seconde classe du second degré des mandarins militaires (1).

« Après son installation à Hué, conte le fils de Chaigneau dans ses *Souvenirs,* Gia-Long régularisa la position des Français qui étaient encore à son service, en leur faisant délivrer des *titres défi-*

(1) Voici, à titre d'information, le brevet de Chaigneau (trad. du *Bulletin des Amis du Vieux Huê,* 1915) :

Nomination du *Khâm sai, Thuộc-nội Cai-cơ* NGUYỄN VAN-THANG, *Chánh-quản* du navire de cuivre *Long-phi,* du corps d'armée du Centre.

Vous dont la bravoure se joue des tempêtes furieuses et dont la magnifique ténacité brave le courroux des flots ; de même que les nuages balancés par le vent sont attirés là où apparaît un dragon, telle cette heureuse rencontre au coin du chemin du village, telle cette forte rame adaptée à une barque (dépourvue d'aviron) pour la faire manœuvrer et avancer comme (si c'était) par la force d'un cheval et la conduire à bon port, de même vous avez rendu (à ma cause) des services éminents et inestimables que je dois reconnaître et récompenser.

Par mesure spéciale, je vous fais *Khâm-sai Thuộc-nội Trường-cơ, Marquis de Thăng-Toán,* avec maintien au poste de Commandant du *nitifs* de grands mandarins, en échange des brevets provisoires qu'il leur avait remis pendant le cours de la guerre. Il régla *l'étiquette* qui devait être observée à la cour lors des réceptions, et par considération toute spéciale, dispensa les Français de l'humiliante formalité des salutations qui consiste à se prosterner cinq fois devant le souverain à chaque cérémonie, se contentant, de leur part, de cinq inclinaisons de tête. Il attribua à chacun une *garde personnelle* composée de cinquante soldats. Ces soldats, inscrits sur un contrôle particulier, étaient entièrement à leur disposition. »

De Forsans mourut quelque dix ans après la victoire définitive de Gia-long ; ses trois compatriotes restés seuls, vivaient naturellement dans la plus grande intimité ; ils n'avaient pas perdu l'espoir de revoir leur patrie et s'entretenaient souvent de la France où tant d'événements s'étaient passés depuis plus de trente ans qu'ils en étaient partis. Suivant une lettre de Vannier, il est permis de supposer qu'ils auraient essayé de retourner en Europe s'ils avaient eu quelque occasion favorable, et si l'état de guerre entre la France et l'Angleterre n'avait pas mis obstacle à la réalisation de leurs désirs. Aussi, quelle fut leur joie lorsqu'ils apprirent, vers le mois de septembre de l'année 1817, qu'un navire français était arrivé à Tourane ; c'était la *Paix,* de Bordeaux, capitaine David Chevelaure, subrécargue Borel.

Ce dernier, dans son journal, raconte que Gia-long « avait fait donner des ordres au gouverneur pour qu'il procurât au capitaine et autres personnes de l'équipage tous les moyens de se rendre commodément à Huê ».

Long-phi. Vous commanderez les deux *đội* de Kiên-thủy du navire et veillerez à leur participation à la guerre dans l'armée du Centre. Vous apporterez sévérité et vigilance pour maintenir (à bord de votre navire) l'honneur et la discipline militaire, et vous ferez régner l'ardeur guerrière aussi enthousiaste et aussi prompte qu'une aile volante, afin de coopérer aux opérations de guerre.

Vous serez à la hauteur de la situation à laquelle ma confiance vous appelle et vous ne négligerez rien pour faire bonneur à votre glorieux passé.

Ainsi est rédigé et doit être respecté mon décret.

Fait en la 1re année de Gia-long ; 11e mois, 25e jour (19 décembre 1802).

Arrivé dans la capitale, il s'empressa d'aller dans la maison de Chaigneau où il trouva aussi Vannier; « il est facile de comprendre les émotions délicieuses que leur occasionna la présence d'un compatriote, émotions qu'ils n'avaient point ressenties vingt-cinq années consécutives; ils me comblèrent de soins et de bontés. Ils devinaient tout ce qui pouvait nous être agréable. Leurs attentions généreuses m'ont mis à même de vérifier jusqu'où va la force du sentiment qui nous attache au sol qui nous a vu naître... Le zèle officieux avec lequel ils nous ont servis, l'intérêt que nous leur avons inspiré, la chaleur patriotique qu'ils ont montrées dans toutes les circonstances, les précautions qu'ils ont prises pour renouer nos relations, pour alimenter de nouveau un commerce étroit entre la Cochinchine et la France, méritent la reconnaissance de leur roi et de tous les Français chez lesquels rien de ce qui peut contribuer à la prospérité de leur pays n'est indifférent ».

64. — Relations commerciales. — Sous la restauration, on se préoccupa vivement en France, et dans les milieux officiels, et dans les milieux commerciaux, de nouer des relations avec la Cochinchine. Des maisons de Bordeaux préparaient des expéditions, envoyaient des navires, cherchaient des informations sur les produits du pays, sur la possibilité de les échanger contre les produits français. Le duc de Richelieu, président du Conseil et ministre des Affaires étrangères, se renseigna auprès des missionnaires sur les conditions du commerce en Chine et en Cochinchine. Le 17 septembre 1817, il écrivit à Chaigneau. Sa lettre parlait des vues bienveillantes du gouvernement, de son désir de fonder en Cochinchine un commerce durable; il demandait à Chaigneau de favoriser les entreprises des armateurs français et le chargeait de lui fournir des renseignements.

Gia-long, de son côté, fit ce qui était en son pouvoir pour encourager ces tentatives. Les subrécargues de la *Paix* et du *Henry*, — qui avait suivi la *Paix*, — mal renseignés, avaient formé une cargaison dont ils n'avaient pu se défaire complètement, et d'autre part, ils s'étaient trouvés dans l'impossibilité de se procurer une cargaison de retour suffisante. Gia-long, tenant compte de ces difficultés, leur accorda *remise entière des droits* et leur donna l'occasion de revenir par un *contrat* désignant les objets à importer. Le mandarin délégué aux rapports avec les étrangers complimenta les capitaines et les subrécargues sur leur exactitude à se conformer aux lois et usages du pays, et leur confirma les bonnes intentions du souverain. « En continuant de même, disait-il, les Français pourront voir durer bien des années la bonne intelligence entre les deux nations ».

En 1819, le *Henry* fut expédié de nouveau en Cochinchine, ainsi qu'un autre navire, le *Larose ;* l'entreprise fut cette fois couronnée de *succès*. La bienveillance de Gia-long à l'égard des négociants ne se démentit pas. « La promesse d'un bon accueil qu'on avait faite, dit l'un d'eux, a été fidèlement et ponctuellement exécutée. Les marchandises ont été prises et payées avec la plus loyale et scrupuleuse exactitude. Ces deux bâtiments s'y sont chargés, *en retour, de sucre, thé et soie écrue*, et ont, en outre, rapporté de l'*argent* du pays. Cette deuxième expédition a donc eu, sous tous les rapports, un succès complet ».

Dans l'intervalle des voyages des navires de commerce, une frégate, la *Cybèle*, commandant de Kergariou, avait relâché à Tourane ; sa mission était de faire connaître dans les mers des Indes que « le vrai roi de France était rétabli sur le trône de ses pères ». Kergariou sollicita donc une *audience* de Gia-long ; il avait d'ailleurs des *présents* à lui remettre de la part de Louis XVIII. Mais comme il n'avait aucune lettre, ni du roi, ni d'un ministre, l'accréditant *spécialement* auprès de la cour de Cochinchine, le *conseil des mandarins* décida qu'il était impossible de le recevoir. Gia-long ne put qu'approuver cette manière de voir, conforme aux usages diplomatiques ; il fit dire à Kergariou, d'après une lettre de Vannier, « qu'il était bien mortifié de ne pouvoir le recevoir, mais qu'il était obligé de se conformer aux lois ».

Depuis l'apparition des navires français en Cochinchine, *Chaigneau*, dit son fils, « ne cessait de porter ses regards vers la France ». Non seulement il souhaitait, après trente années d'absence, revoir *son pays* et sa famille, mais il désirait aussi *porter au gouvernement français les renseignements* que le duc de Richelieu lui avait demandés. L'occasion qu'offrait la présence à Tourane de deux navires français le décida à s'ouvrir de ses intentions. Gia-long fut étonné de sa demande.

— « Comment, dit-il, vous voulez nous quitter ? Mais pourquoi nous abandonnez-vous ? Est-ce que vous êtes mécontent de nous ? Avons-nous fait quelque chose qui vous soit désagréable ? Quelqu'un de notre cour vous a-t-il offensé ? Dites-le moi franchement et à l'instant j'en ferai une éclatante justice. »

— « Non, Sire, répondit mon père, je n'ai jusqu'à présent, qu'à me louer des bontés du roi, et son amitié ainsi que sa bienveillance habituelle m'ont suffisamment préservé des mauvais procédés qu'auraient pu avoir à mon égard ceux qui n'ont pas pour moi les mêmes sentiments que Votre Majesté. Mais, éloigné de ma patrie depuis trente ans, dont vingt-cinq ont été consacrés à votre service, j'éprouve le besoin de revoir mon pays natal et de visiter ma famille. Votre Majesté est trop juste pour ne pas comprendre le désir que j'ai de profiter de l'occasion qui se présente pour réaliser mes vœux. »

« Votre désir, reprit le roi, est trop légitime et je ne puis vous en vouloir. Allez, noble ami, serviteur dévoué ; que le Ciel vous protège partout, que votre voyage s'accomplisse de la manière la plus heureuse, et revenez au plus tôt ». (*Souvenirs* de Michel Đức CHAIGNEAU).

Gia-long lui accorda un *congé de trois ans* et lui fit verser, en guise de *gratification*, deux années de solde. Il s'embarqua sur le *Henry* et arriva en France au mois d'avril 1820.

Chaigneau fut reçu avec faveur ; le roi lui donna audience, et moins d'un an après son arrivée, il quitta la France investi de la qualité de *consul*, et muni de pleins pouvoirs pour conclure un *traité de commerce* avec la Cochinchine.

Mais il ne devait pas trouver Gia-long vivant.

TROISIÈME PARTIE

La dynastie des Nguyên et l'intervention française.

TABLEAU CHRONOLOGIQUE

III — DYNASTIE DES NGUYỄN : GIA-LONG A BẢO-ĐẠI.

1. Gia-Long
(1802-1820)

2. Minh-Mạng
4e fils du précédent
(1820-1840)

3. Thiệu-Trị
fils du précédent
(1841-1847)

- 4. Tự-Đức
  (1848-1883)
- *Thoại-thái Vương*
  4e fils de Thiệu-Trị
  - 5. Dục-Đức
    neveu et fils adoptif
    de Tự-Đức
    (1883)
    - 10. Thành-Thái
      (1889-1907)
      - 11. Duy-Tân
        5e fils du précédent
        (1907-1916)
- 6. Hiệp-Hòa
  (1883)
- *Kiên-thái Vương*
  26e fils de Thiệu-Trị
  - 7. Kiến-Phúc
    fils adoptif de Tự-Đức
    (1883-1884)
  - 8. Hàm-Nghi
    (1884-1885)
  - 9. Đồng-Khánh
    frère aîné de Hàm-Nghi
    (1885-1889)
    - 12. Khải-Định
      (1916-1925)
      - 13. Bảo-Đại
        intronisé le 8 janv. 1926

CHAPITRE XXII

Les successeurs de Gia-long — I. Minh-mang.

65. — MORT DE GIA-LONG (3 février 1820). — Dans le courant de la 11e lune de la 18e année de son règne (17 décembre 1819-15 janvier 1820), Gia-long se sentit malade. Le 1er jour de la 12e lune (16 janvier 1820), il ne donna pas audience. Le 27 janvier, il convoqua le prince héritier, les membres de la famille impériale, le maréchal Lê Văn-Duyệt et Phan Đăng-Hưng, haut fonctionnaire du ministère des Rites. Il remit au prince son cachet et son épée, et lui fit ses recommandations dernières ; puis il dit aux personnes présentes qu'il ne lui restait que peu de jours à vivre. La maladie s'aggrava rapidement en effet ; le *3 février*, il fit venir de nouveau le prince héritier, les membres de sa famille et les hauts fonctionnaires de la cour, et, le même jour, il rendit le dernier soupir (1).

Le *Thật-lục* a fait du règne de Gia-long un résumé qui, malgré le ton de panégyrique du morceau, contient assez de vérité pour qu'on puisse en citer une partie :

Lorsque le pays fut pacifié, il se proclama empereur. Il garda le pouvoir dix-huit ans; son mérite et sa vertu furent grands. Depuis la dynastie de Hồng-bàng, nul souverain ne déploya autant d'habileté. Il a fait réparer les citadelles et les tombeaux des rois; il a ouvert les temples. Il a organisé la hiérarchie des fonctionnaires ; il a réglementé les examens. Il s'est occupé des rites, de l'enseignement et des lois. Il a perpétué le culte des Lê et celui des Trịnh. Il a refusé les offrandes des petits royaumes, il s'est défendu contre les entreprises du Siam, il a protégé le Cambodge,

(1) Les auteurs français indiquent généralement le 25 janvier pour la date de la mort de Gia-long, mais le *Thật-lục* donne le 19e jour de la 12e lune, *ce qui correspond bien au 3 février ;* il n'y a pas de raison de discuter cette date : on n'a qu'à l'admettre.

il a nourri le Laos. Le monde entier a connu son pouvoir ; sa bienveillance s'est étendue sur les Etats tributaires. Il a été un bon souverain.

66. — L'HÉRITIER DE L'EMPEREUR GIA-LONG. — LE PRINCE ĐÉM. — MINH-MẠNG. — Le *premier jour de l'année nouvelle* (14 février 1820), onze jours après la mort de son père, le successeur de Gia-long monta sur le trône ; il prit le titre de période *Minh-mạng*.

Gia-long l'aurait désigné pour lui succéder depuis le 5 juillet 1816. Le premier héritier présomptif, le prince Cảnh, était mort en 1801 ; il avait laissé plusieurs enfants, mais Gia-long préféra à l'un d'eux, pour être son successeur, son quatrième fils, nommé *Đém*, né le 25 mai 1791.

Minh-mạng avait donc, au moment de son avènement, vingt-huit ans et demi. Ce prince se montrait ami des idées et de la civilisation chinoises ; il s'était entouré de fonctionnaires lettrés et il était un excellent lettré lui-même. Il a encouragé l'histoire et la littérature ; c'est sur ses ordres que la grande série des *Historiographies* (*Thật-lục*) a été entreprise (1) ; il a lui-même composé des poésies dont une partie, relative aux troubles de 1833-1835 en Cochinchine, a été publiée (*Ngự chế tiểu bình nam kí tặc khấu thi tập*). Si l'on voit en Minh-mạng le souverain lettré qu'il a

(1) Dès la seconde année de son règne, il donna l'ordre de compiler l'*histoire des Nguyễn* qui régnèrent en Cochinchine avant l'avènement de Gia-long. Elle ne fut terminée qu'en 1841 ; on lui donna le nom de *Liệt thánh thật lục tiền biên* « Historiographies des Saints Empereurs, section préliminaire ».

Ces *Thật-lục* ont été continués ; l'histoire du *règne de Gia-long* porte le titre de « *Première série* de la section principale des Thật-lục » *Thật-lục chính biên đệ nhứt kỷ*. Elle comprend 60 volumes.

La *deuxième série*, consacrée à Minh-mạng, est en 220 volumes.

La *troisième série*, consacrée à Thiệu-trị, comprend 74 volumes.

La *quatrième série*, consacrée à Tự-đức, en comprend 71.

En 1836, fut présenté à Minh-mạng un ouvrage intitulé *Khâm định tiễu bình lưỡng kì phỉ khấu phương lược*, qui fait l'histoire des troubles de 1833-1835 : rebellions du Tonkin, de la Basse-Cochinchine, lutte contre le Siam.

été, imbu de culture chinoise, pénétré de l'excellence et de la supériorité de cette culture sur la culture européenne, sa politique étrangère sera mieux comprise.

Minh-mạng fit sans délai savoir à l'Empereur la mort de Gia-long et lui demanda l'investiture. Cette même année 1820, K'ia-k'ing lui-même mourut et son successeur Tao-kouang dispensa Minh-mạng de faire ses condoléances et d'envoyer le tribut.

En 1821, le grand juge du Kouang-si fut désigné pour conférer l'investiture à Minh-mạng ; celui-ci se rendit à Hanoi et le même rituel que l'investiture de Gia-long fut suivi, à quelques détails près. Mais une cérémonie eut lieu préalablement devant la tablette funéraire de Gia-long, l'envoyé impérial déposa les offrandes mortuaires et fit la lecture d'une oraison funèbre qui fut ensuite incinérée. Le cérémonial inauguré en cette occasion par la famille des Nguyễn fut exactement répété dans la suite.

Minh-mạng, comme son père, remplit fidèlement ses devoirs de tributaire et rendit hommage à l'Empereur en 1825, 1829, 1833 et 1837 ; en 1831, il fit partir une ambassade de félicitations à l'occasion du cinquantième anniversaire de l'Empereur.

67. — ŒUVRE ADMINISTRATIVE DE MINH-MẠNG. — Minh-mạng poursuivit et perfectionna pendant les vingt années de son règne, l'œuvre administrative de Gia-long. Il fit en 1834 une intéressante création, celle du *Cơ-mật*. Ce *Conseil secret* devait avoir dans ses attributions l'étude de toutes les *questions* importantes, soit *politiques*, soit *militaires* ; il devait aussi examiner les *affaires* offrant un caractère *confidentiel*. Il avait la *garde du sceau royal* ; il conservait dans ses archives les rapports des hautes autorités provinciales contenant des propositions spéciales approuvées par le souverain. Il était composé de *quatre directeurs*, mandarins civils ou militaires du 3e degré au moins, et de *fonctionnaires* « travailleurs et discrets » choisis dans les *six ministères* et dans l'*académie* ; ce personnel était réparti en deux bureaux : *bureau du Sud*, connaissant des affaires relatives aux provinces de la Basse-Cochinchine et de l'Annam jusqu'au Quảng-bình exclusivement et

chargé des relations diplomatiques avec les Etats du Sud ; *bureau du Nord*, chargé des relations diplomatiques avec les Etats du Nord et des affaires intéressant les provinces du Tonkin et de l'Annam à partir du Hà-tĩnh.

Des réformes furent apportées à certaines dispositions prises par Gia-long ; les mesures de transition appliquées au Tonkin et en Basse-Cochinchine sous le règne précédent furent abolies, la volonté se fit sentir d'introduire de l'*unité dans les institutions* de toutes les parties du royaume : une suite d'édits établit dans toutes les provinces, sans distinction entre les provinces du Nord, du Centre et du Sud, des gouverneurs de première et de deuxième classe, *tổng-đốc* et *tuần-phủ* ; les fonctions spéciales furent supprimées.

Minh-mạng porta son attention sur les questions relatives à l'*enseignement :* il compléta les mesures prises par son père à un moment où il était difficile de réglementer d'une manière ferme et uniforme : l'*organisation scolaire provinciale* fut surtout l'objet de ses soins ; des fonctionnaires de l'enseignement furent placés dans les préfectures et dans les sous-préfectures de quelque importance afin d'assurer le développement de l'instruction par la base. Les *sessions d'examens* furent régulièrement tenues ; certaines révélèrent des lettrés de valeur.

On peut caractériser l'œuvre administrative de Minh-mạng, en disant qu'elle affirme une *tendance très nette à la centralisation* qui ne fera que s'accuser plus tard.

68 — MINH-MẠNG ET LES FRANÇAIS. — Nous avons vu (1) *Jean-Baptiste Chaigneau* quitter la France avec le titre de *consul ;* il arriva à Tourane le 17 mai 1821.

Minh-mạng, dit Michel Đức Chaigneau, « le reçut avec des égards mêlés d'un peu de froideur ; pourtant, il paraissait satisfait de son retour en Cochinchine, et il lui donna l'assurance qu'il le considérerait toujours comme le mandarin pour lequel le roi son prédécesseur avait eu le plus d'estime et d'affection ».

(1) Voir ci-dessus, lecture 64.

Chaigneau avait apporté une lettre de Louis XVIII proposant de favoriser les *relations commerciales* entre les deux pays. Minh-mạng chargea le mandarin « commandant les éléphants de guerre et administrateur de la marine marchande » de répondre au ministre des Affaires étrangères français Pasquier. Il ne communiqua point cette réponse à Chaigneau pour qu'il la traduisit en français, mais en envoya l'original en caractères, disant : « Le roi de France a auprès de lui des hommes assez éclairés pour lui interpréter fidèlement mes écrits ; et d'ailleurs il m'a écrit seulement dans sa langue ; n'est-il pas naturel que j'en use de même avec lui et que je n'aie recours qu'à la mienne ? »

Cette lettre fut traduite à Paris par Abel Rémusat ; elle opposait une fin de non-recevoir aux offres de Louis XVIII :

Les frontières de notre royaume, disait-elle, sont situées aux extrémités du Midi, et celles du vôtre sont aux extrémités de l'Occident. Les deux Etats sont séparés par plusieurs mers et par une distance de plusieurs milliers de lieues. Les gens de notre pays peuvent rarement arriver jusqu'au vôtre. C'est ce qui fait que, quand il vient des lettres, les interprètes de notre pays ne sont pas très habiles, et nous n'avons pu savoir qu'imparfaitement ce qui était dit (dans votre lettre) du désir que vous aviez d'établir, pour les gens de votre pays, des règles et un arrangement relatifs au commerce. La liste des objets envoyés en présent n'était pas non plus relatée dans la lettre.

En réfléchissant à cette affaire, tout ce qui tient au commerce et à la vente (des productions) est soumis chez nous à des règles déterminées. Tous les marchands qui viennent de divers royaumes ont soin de s'y conformer. Si les gens de votre pays désirent venir commercer dans notre royaume, ils se conformeront à ces règlements, comme cela est raisonnable.

Le 28 février 1822, la frégate la *Cléopâtre* mouilla devant Tourane ; Chaigneau demanda une audience pour le commandant, mais elle ne fut pas accordée.

Les *mauvaises dispositions de Minh-mạng* ne faisant qu'augmenter, et les mandarins se modelant sur leur maître, Chaigneau se trouvait, comme il le dit lui-même, « l'objet d'une méfiance qui, tous les jours, devient plus marquée et finirait par devenir humiliante ». Il en vint à estimer, avec Vannier, qu'il n'était pas « convenable à la dignité européenne » de prolonger son séjour dans un pays où il avait perdu l'espoir de se rendre utile. Le 11 décembre 1824, ayant obtenu leur congé, *les deux amis quittèrent Tourane* ; à Saigon, ils se rendirent auprès du gouverneur de la Basse-Cochinchine. Lê Văn-Duyệt, l'ancien compagnon de luttes de Gia-long, qui les reçut fort bien et leur envoya une garde d'honneur.

Peu de temps après leur départ de Huế, la frégate *la Thétis* et la corvette *l'Espérance*, sous le commandement de Bougainville, arrivèrent à Tourane. Bougainville était porteur d'une nouvelle lettre de Louis XVIII ainsi que de présents. Il fit demander audience à Minh-mạng. La réponse ne se fit pas attendre ; personne ne pouvant interpréter ni lire la lettre du roi de France, il n'était pas possible de le recevoir. Mais l'empereur, pour remercier Bougainville d'être venu de si loin, lui envoyait des vivres et des présents.

Il était de plus en plus évident que Minh-mạng ne voulait pas avoir de relations régulières avec les Français, pas plus d'ailleurs qu'avec tout autre peuple étranger. Il ne réserva pas un autre accueil en effet aux Anglais venus pour nouer des rapports commerciaux ; leur chef, *John Crawfurd*, ne fut pas reçu et dut se contenter de la réponse suivante : les navires anglais sont autorisés, au même titre que tous les navires européens, à venir trafiquer dans les ports cochinchinois à condition de se conformer aux lois et usages du pays.

A l'imitation de l'Empereur de Chine son modèle, Minh-mạng voulait montrer vis-à-vis de tous les Etats une égale bienveillance sans préférence pour aucun d'eux à son jugement, il ne pouvait, sans déchoir, que jeter sur eux un regard de condescendance.

Jean-Baptiste Chaigneau restant en France, son neveu Eugène, qui avait été son chancelier à Huế, fut nommé à sa place *agent consulaire* de France. Mais lorsqu'il arriva, en 1826, il se vit refuser son admission en Cochinchine en cette qualité. Plus tard, le gouvernement de Charles X l'envoya de nouveau ; il débarqua le

30 décembre 1830 à Tourane, espérant le moment plus favorable pour se faire admettre ; malgré les démarches multiples, — qu'appuya le capitaine Laplace, commandant de la corvette *la Favorite*, alors dans la baie, — il ne parvint pas à ses fins. Minh-mạng refusa catégoriquement de recevoir la lettre d'introduction du vice-consul qui n'eut d'autre parti à prendre que de partir pour la France.

Ce fut la *fin* des tentatives faites pour établir *des relations officielles* entre la France et l'Annam. Quant aux *relations commerciales*, elles allaient en périclitant depuis 1826. Les navires qui venaient à Tourane étaient l'objet de mesures vexatoires. Minh-mạng lui-même ayant acheté des marchandises européennes pour une valeur d'environ six à sept mille francs, voulut les payer en sapèques, c'est-à-dire en une monnaie qui n'avait pas cours hors de l'Annam.

Les navires français ne firent plus de voyages qu'à Saigon, dont le gouverneur Lê Văn-Duyệt était resté l'ami des Français, car il reconnaissait les services éclatants qu'ils avaient rendus à Gia-long (d'ap. J. Silvestre).

69. — Lê Văn-Duyệt. — Conduite de Minh-mạng à son égard. — Lê Văn-Duyệt possédait une énergie peu commune et des capacités exceptionnelles comme guerrier et comme administrateur. Partout on le redoutait, et cependant il avait la sympathie du peuple, à cause de la droiture de ses sentiments. Il était l'un des cinq grands dignitaires du royaume, et Gia-long mettait en lui toute sa confiance.

Sur le point de mourir, le grand souverain avait fait venir auprès de lui ce serviteur fidèle, cet ami de tous les instants. Il lui avait demandé de conseiller dans son inexpérience le jeune prince appelé à lui succéder et d'être pour lui un défenseur vigilant s'il avait des ennemis ; il avait aussi recommandé à son héritier de suivre les avis de ce fonctionnaire éclairé et habile dont le dévoûment ne connaissait pas de bornes.

D'après un renseignement fourni par le fils de Chaigneau, Lê Văn-Duyệt qui déplorait la conduite tenue vis-à-vis des Français, osa « tenir tête » à Minh-mạng et à son entourage. Il reprocha ouvertement à ce prince d'avoir foulé aux pieds la politique sage et honorable de son père, et de manquer aux devoirs de la reconnaissance envers des hommes dévoués, auxquels il devait la couronne qu'il portait. »

Mais Minh-mạng, loin d'écouter les avis de Lê Văn-Duyệt, fit tout le contraire de ce qu'il conseillait, et, au lieu de reconnaître sa loyauté et son dévouement, il lui voua une haine implacable.

Cependant, il n'osa pas lui retirer son gouvernement de Saigon, ni même le persécuter, tant il redoutait et la popularité et l'ascendant de ce vétéran glorieux, mandataire de son père, son propre tuteur et son précepteur, que la grandeur de ses services avait rendu à peu près inviolable. Mais dès que Lê Văn-Duyệt fut mort (1832), il ordonna qu'un procès posthume fût fait contre lui ; Lê Văn-Duyệt fut condamné. Son tombeau fut détruit, et à la place, on éleva un poteau chargé de chaînes avec cette inscription : « Ici est enchaîné l'eunuque, conformément à la loi (1). »

70. — LES RÉVOLTES AU NORD ET AU SUD. — Le Pays d'Annam ne jouit pas d'une grande tranquillité pendant tout le règne de Minh-mạng, non point que les ennemis du dehors fissent aucune tentative contre l'œuvre que le grand nom de Gia-long protégeait encore, mais parce que, à l'intérieur, de *graves soulèvements* eurent lieu qui prirent le caractère de *mouvements politiques* et mirent en péril l'autorité souveraine. Au Tônkin et surtout dans le pays de Gia-định, ces révoltes ne furent maîtrisées qu'après beaucoup de temps et de peines.

En 1833, un soi-disant rejeton de la dynastie des Lê, qui se faisait nommer *Lê Duy-Lương* leva l'étendard de la révolte contre la dynastie des Nguyễn ; il trouva maints partisans parmi les mécontents du nouveau régime, surtout à Ninh-bình et à Hưng-hóa. Mais avant qu'il eût réussi à se créer de grandes ressources, il fut cerné par les troupes régulières ; défait et capturé, il fut envoyé dans la capitale et torturé.

---

(1) Le tombeau de Lê Văn-Duyệt a été reconstruit sous Thiệu-trị ; il a été déclaré propriété nationale par le Gouvernement français.

Des agitateurs se levèrent aussi, tels que *Nông Văn-Mân* qui, pendant quelque temps, put promener librement ses partisans à travers la région de Tuyên-quang, Cao-bằng, Thái-nguyên et Lạng-sơn ; mais son succès ne dura pas : au bout de peu de mois, ses bandes furent anéanties, il fut pris lui-même et exécuté.

En Cochinchine : les faits revêtirent une tout autre gravité. Pendant que Lê Văn-Duyệt vivait, son autorité personnelle suffit à éviter tout mouvement ; mais dès qu'il fut mort, des troubles se produisirent. Après le traitement ignominieux infligé à sa mémoire, les hommes qui l'avaient servi se sentirent menacés et furent prêts à se joindre aux rebelles. C'est sous les ordres d'un de ses anciens officiers, nommé *Lê Văn-Khôi* que le mouvement prit toute son ampleur. La *population de Gia-định* se souleva rapidement ; le gouverneur et le grand trésorier de Saigon furent attaqués dans la citadelle et massacrés. Lê Văn-Khôi rassembla ses fidèles, rappela les mérites de Lê Văn-Duyệt, l'injustice qu'il avait subie ; il accusa Minh-mạng de tyrannie et proposa de mettre à sa place sur le trône un des fils du prince Cảnh, le fils aîné de Gia-long mort en 1801.

Malheureusement, ce fils de l'ancien pupille de l'évêque d'Adran n'était pas à Saigon ; il était à Huế, au pouvoir de son oncle, qui le fit aussitôt mettre à mort.

Cependant Lê Văn-Khôi, maître de la Basse-Cochinchine, y organisa un *gouvernement* au nom de ce prince. Minh-mạng inquiet de voir l'insurrection se développer, envoya pour la réduire de grandes forces de terre et de mer sous les ordres de *Trương Minh-Giảng*. Des défections se produisirent parmi les rebelles à l'annonce de l'arrivée des troupes impériales ; Lê Văn-Khôi dut battre en retraite et s'enfermer avec deux mille hommes environ dans la *Citadelle de Saigon*.

Trương Minh-Giảng commença aussitôt le *siège* de la place. En 1834, *les Siamois*, appelés par Lê Văn-Khôi, envahirent les provinces de Hà-tiên et de Châu-đốc, mais se débandèrent bientôt et commencèrent à piller le pays ; les soldats de Trương Minh-Giảng n'eurent pas de peine à les battre. En toute hâte, emportant tout ce qu'ils purent conserver de leur butin, ils repassèrent la frontière.

Le siège de Saigon fut mené avec une vigueur nouvelle ; cependant, il dura plusieurs mois encore ; le 9 septembre 1835 seulement, après un bombardement ininterrompu de trois jours et trois nuits, l'assaut fut donné et la place enlevée.

Khôi était mort pendant le siège ; mais Trương Minh-Giảng s'empara de son fils, âgé de sept ans à peine, et l'envoya à Minh-mạng avec quatre chefs des révoltés et un missionnaire, M. Marchand, trouvé avec eux dans la citadelle et accusé d'avoir favorisé la rébellion. Transportés tous à Hué, enfermés dans des cages, ils furent condamnés à la mort lente ; ils subirent ce terrible supplice le 30 novembre 1835.

71. — Minh-mạng et les chrétiens. — Aux raisons que lui inspirait sa formation intellectuelle et qui dictaient sa conduite vis-à-vis des étrangers, il s'en était venu joindre une autre qui n'était pas pour le rendre plus bienveillant. Depuis quelque temps, le souverain s'inquiétait en effet des *progrès du catholicisme* dans son royaume ; il estimait que ses sujets, en devenant catholiques, se mettaient en révolte contre les institutions de l'Etat et considérait par suite les missionnaires comme des fauteurs de désordres (d'ap. J. Silvestre)

Il voyait avec un mécontentement croissant les navires qui mouillaient à Tourane amener comme passagers des membres de la *Société des Missions étrangères* ; son irritation fut à son comble lorsqu'il apprit que la *Thétis* elle-même avait débarqué subrepticement un missionnaire. Et il n'attendit pas que Bougainville se fût retiré pour faire publier, le 18 février 1825, l'édit suivant :

« La religion perverse des Européens corrompt le cœur des hommes. Depuis longtemps, plusieurs navires étrangers, venus ici pour faire le commerce, ont laissé des prêtres européens dans ce royaume. Ils ont séduit et perverti le cœur des peuples, ils ont altéré et corrompu les bonnes coutumes. N'est-ce pas là véritablement une grande calamité pour notre royaume ? C'est pourquoi il convient que nous nous opposions à ces abus, afin de ramener notre peuple dans le droit chemin. Respect à ceci.

Pénétré de respect pour l'ordre royal, nous transmettons l'édit ci-dessus au gouverneur de la province du Quảng-nam, afin que, lorsque les navires français viennent dans le royaume, il ait soin de les faire surveiller et examiner avec la plus scrupuleuse attention. En outre, il faut veiller avec le même soin et la même exactitude dans les ports, sur les montagnes, à toutes les issues de terre et de mer, pour empêcher que les prêtres européens ne s'introduisent furtivement, ne se mêlent au peuple et ne répandent ainsi les ténèbres dans le royaume. Tous ces prêtres se succèdent les uns aux autres, sans interruption, et regardent cela comme une chose naturelle ».

En 1833, un nouvel édit, plus sévère encore que le précédent, fut promulgué et bientôt suivi de cruelles mesures de répression. Un missionnaire fut condamné à être étranglé et exécuté à Huê ; un Annamite catholique, capitaine de la garde impériale, fut décapité sur l'emplacement d'une église détruite ; d'autres furent suppliciés en divers points du royaume. La persécution s'étendit dans les provinces du Sud, où les mandarins reçurent l'ordre d'appliquer les édits et de fermer les églises.

Après la révolte de Lê Văn-Khôi, *Minh-mạng accusa les missionnaires* d'avoir contribué à développer le mouvement et les catholiques indigènes d'y avoir pris part. Les *persécutions* reprirent avec plus de rigueur.

Un nouvel édit parut le 25 janvier 1836, menaçant de la peine de mort tout prêtre européen saisi dans le pays, ainsi que les personnes qui l'auraient caché. Au Tonkin, deux évêques espagnols, Ignace Delgado et Dominique Hénarès et le P. Joseph Hernandez furent tués en 1838 ; la même année, le 24 novembre, Mgr. Borel fut décapité à Quảng-bình. En Cochinchine, M. Jaccard est exécuté le 21 septembre ; au cours de cette année 1838, la persécution atteignit son plus haut degré.

C'est le moment que choisit Minh-mạng pour envoyer en France une ambassade composée de trois mandarins de rang inférieur ; peut-être était-il inquiet des conséquences de sa politique et voulait-il sonder l'opinion du gouvernement de Louis-Philippe. Ses ambassadeurs furent renvoyés sans avoir obtenu d'audience du roi.

Minh-mạng mourut avant leur retour, le 11 janvier 1841 ; il était âgé de 50 ans et avait régné 20 ans.

CHAPITRE XXIII

Les successeurs de Gia-long. — II. Thiêu-tri et Tu-duc.

72. — L'HÉRITIER DE MINH-MẠNG, LE PRINCE MIÊN-TÔN : THIỆU-TRỊ. — Le prince *Miên-tôn*, né le 16 juin 1807, succéda à son père le 12 février 1841 (21e jour de la 1re lune) ; il avait donc, à son avènement, 33 ans et demi. Le titre de période qu'il choisit fut : *Thiệu-trị*.

Comme son père, *le nouveau souverain était un lettré* ; il cultivait la *poésie* et s'intéressait à l'*histoire*. C'est ainsi qu'il a fait réunir en un recueil, dont le premier volume fut publié, en 1852, sous le titre *Đại-nam liệt truyện tiền biên*, toutes sortes de renseignements concernant les *principaux personnages* de l'Annam.

Il a écrit égalcment des poésies sur des *sites célèbres, Ngự đề danh thắng đồ hội thi tập*, et en a composé aussi, à l'occasion d'un *voyage au Tonkin*, *Ngự chế bắc tuần thi tập*. Il a enfin célébré les *hauts faits de ses armées* dans un recueil intitulé : *Ngự chế võ công thi tập*.

La dernière ambassade en Chine ayant eu lieu en 1837, l'hommage devait être rendu en 1841. Mais, à cause du deuil de la cour d'Annam, l'Empereur Tao-kouang en dispensa Thiệu-trị ; seule l'ambassade chargée de demander l'investiture partit. L'année suivante (1842), le grand-juge du Kouang-si fut désigné, suivant la coutume, pour aller conférer l'investiture au nouveau souverain qui se rendit à Hanoi ; il remit, selon les rites, le livre d'investiture et le sceau doré du tributaire (1).

---

(1) Le grand-juge a écrit une relation de son voyage traduite en français par M. Fontanier et publiée en 1903 par M. Henri Cordier.

En 1845 (5e année de la période), deux ambassades furent envoyées en Chine : l'une de remerciements, l'autre pour porter le tribut. Ce furent les dernières ambassades de Thiệu-trị.

73. — Premières interventions françaises ; destruction de la flotte annamite. — Au début de son règne, Thiệu-trị témoigna d'un *esprit conciliant* vis-à-vis des étrangers ; il semblait n'avoir pas hérité de la haine de son père contre la religion catholique. Cependant, il ne rapporta pas les édits de proscription et ne fit pas relâcher les chrétiens emprisonnés.

L'*opinion, en France*, avait commencé de s'émouvoir au récit des persécutions qui avaient eu lieu dans le pays d'Annam ; une revue, les *Annales de la propagation de la Foi*, avait répandu partout les nouvelles des missions et raconté les souffrances des martyrs de la religion chrétienne. Une certaine portion du public français demandait que l'on punit ces souverains cruels qui emprisonnaient et massacraient les missionnaires,

Le 25 février 1843, une corvette française, l'*Héroïne*, entra dans le port de Tourane et son commandant, *Favin-Lévêque*, réclama *la mise en liberté de cinq missionnaires* condamnés à mort, qu'il savait enfermés dans les prisons de Hué, parmi lesquels un évêque, Mgr. Miche. Les mandarins annamites essayèrent de tous les moyens pour se dérober à l'obligation de rendre les prisonniers. Mais Favin-Lévêque fit preuve d'une attitude si résolue, menaçant d'aller en personne à Hué exiger leur élargissement, que satisfaction lui fut donnée au bout de trois semaines de négociations et de faux-fuyants.

Le 31 octobre 1841, le vicaire apostolique de la Cochinchine orientale, *Mgr. Lefebvre*, avait été arrêté à Vĩnh-long et finalement conduit à Huế où il avait été *condamné à mort*. A la nouvelle qu'il était encore détenu, le contre-amiral *Cécille*, commandant la division française des mers de Chine, avait envoyé la corvette *Alcmène* exiger sa liberté. L'évêque fut relaché et conduit à Singapour. Mais entré de nouveau en Cochinchine avec un autre missionnaire, M. Duclos, il fut pris ainsi que son compagnon ; tous deux furent conduits à Saigon où M. Duclos mourut le 17 juillet 1846. Quant à l'évêque, il fut encore ramené à Singapour.

Cependant, le *Gouvernement français* se décidait à *intervenir officiellement*. Le contre-amiral Cécille avait été remplacé, au commencement de l'année 1847, par le capitaine de vaisseau *Lapierre* qui fit partir un navire pour Tourane, la frégate *la Victorieuse*.

Rigault de Genouilly, qui la commandait, était chargé de transmettre à Thiệu-trị une *lettre de protestation*, et de demander qu'à l'exemple de la Chine, l'Annam permit le *libre exercice du culte catholique* (1). Lapierre, avec la frégate *la Gloire*, suivit de près le Commandant Rigault de Genouilly. Le mandarin de Tourane fit des difficultés pour recevoir la lettre adressée à Thiệu-trị, demanda un délai, fit des réponses insolentes. Bref, au bout d'un mois, les affaires n'étaient pas plus avancées qu'au premier jour.

Mais les officiers français s'aperçurent que *cinq corvettes annamites* mouillés dans le port faisaient des *préparatifs de combat*, que les forts se garnissaient de troupes ; ils reçurent avis que Thiệu-trị *avait donné l'ordre* de les anéantir avec leurs marins. Dans la matinée du 14 avril, on vit en effet des jonques de guerre se mettre en mouvement après avoir embarqué des troupes. Lapierre envoya un officier au mandarin, l'avertissant que si ces jonques ne s'arrêtaient pas, il ouvrirait le feu. Aucun compte ne fut tenu de cet *ultimatum*. Alors les navires français commencèrent le feu ; les corvettes annamites et les forts ripostèrent aussitôt. Mais leur tir était mal réglé ; au bout d'une heure, *la flotte annamite était détruite*. Lapierre ne débarqua point de troupes, ne prit possession d'aucun point du territoire ; le lendemain, il mit à la voile et quitta les eaux de Tourane.

---

(1) A la suite du *traité de commerce et d'amitié* conclu à Whampoa, le 24 octobre 1844, entre la France et la Chine, un *édit impérial* fut promulgué à Pékin le 20 février 1846, autorisant la construction des églises et l'exercice de la religion du « Seigneur du Ciel ».

Thiệu-trị, en apprenant ces faits, entra dans une violente colère, il envoya dans les provinces un édit par lequel il mettait à prix la tête des missionnaires et ordonnait de tuer tous les Européens qu'on trouverait. D'autre part, craignant que les Français ne s'en tinssent pas à la démonstration de Tourane, il fit exercer des troupes, fabriquer des armes, amasser des munitions.

74. — Mort de Thiệu-trị; ses funérailles. — Mais, au milieu de ces préparatifs, âgé de 40 ans, il mourut, quelques mois après la destruction de sa flotte, le 4 novembre 1847.

Mgr. Pellerin, qui se trouvait dans les environs de Hué à ce moment, assista aux funérailles, qu'il raconte ainsi :

Lorsque Thiệu-trị mourut, on chercha des sorciers pour indiquer le jour et l'heure propices à la sépulture royale ; et lorsque cette heure fut venue, on déposa dans la bière, avec le cadavre, une multitude d'objets à l'usage du mort dans l'autre monde, tels que sa couronne, des turbans, des habits de toutes sortes, de l'or, de l'argent, et tout un ameublement de matière précieuse.

Quand Thiệu-trị eut été déposé dans la bière, on le porta dans une maison mortuaire faite exprès, et là, chaque jour on immolait des buffles, des porcs et des poulets, on préparait des mets sur une table placée près du cercueil, et le nouveau roi, fils du défunt, revêtu d'habits de deuil, venait adorer son père et lui offrir des aliments. Chaque jour aussi, on allumait des cierges, on brûlait de l'encens, on préparait du bétel, de l'arec, du tabac, et toutes autres choses dont le défunt avait coutume de se servir pendant sa vie. Le corps resta ainsi dans sa chambre ardente jusqu'au 21e jour de la 5e lune (21 juin 1848), jour indiqué par les devins comme propice pour commencer les funérailles. Ce jour-là, le cercueil fut porté dans une maison bâtie à l'une des portes de la ville, non loin du fleuve. Il y resta une journée, pendant laquelle on sacrifia trente-cinq gros animaux. Sur le soir, on se mit en marche. Le corps était porté par des soldats. Le nouveau roi marchait à la suite ; comme chef de la famille, il conduisait le deuil ; il allait à pied, vêtu d'un habit de coton blanc, long et à grandes manches ; sur la tête, il avait une espèce de bonnet de paille; à la main, il tenait un morceau de bambou sec, et après lui, venaient les autres enfants de Thiệu-trị, puis les parents du roi défunt, tous en habits blancs et en turbans blancs.

Lorsqu'on fut arrivé au fleuve, on déposa le cercueil dans une magnifique barque faite exprès ; personne ne descendit dans cette embarcation ; le corps y fut laissé seul, et le cercueil caché de manière à ce qu'il ne pût être vu de personne.

Sur le fleuve, étaient réunies toutes les barques qui devaient servir au convoi ; la route qu'on allait parcourir était couverte de tapis, de belles nattes, de pièces de soie et d'indienne ; les deux côtés du fleuve étaient également préparés et embellis avec soin. Un édit avait ordonné aux maires et aux anciens de chaque village de la province, de venir dresser chacun un autel tout le long du rivage, d'apporter de l'encens et des cierges ; et lorsque le corps passait, il fallait se prosterner à terre et pousser trois grands cris. Chaque côté du fleuve était aussi bordé d'une haie de soldats.

Voici l'ordre que suivit le convoi sur le fleuve. D'abord s'avançait la barque des bonzes montés sur une estrade, déclamant l'éloge du défunt. Ensuite, venait une barque avec son estrade où l'on voyait étalée une pièce de damas soutenue par un chassis de bois; là se trouvait, d'après les croyances annamites, une des âmes du défunt. La troisième barque avait aussi son estrade, sur laquelle était du riz, des fruits, des pains et d'autres aliments.

Enfin, une quatrième barque, plus curieuse que les autres, supportait également une plateforme, où s'agitaient un grand nombre de jongleurs, dont la fonction était de chasser les démons qui auraient pu inquiéter le mort. Leurs figures étaient peintes en rouge, en blanc, en noir, en jaune, en bleu, en violet, etc. ; ils avaient des habits grotesques, et tenaient à la main des sabres ou des lances de bois ; quelques-uns avaient des tisons enflammés ; ils hurlaient, pleuraient, riaient, s'épuisaient en contorsions, brandissaient leurs armes de bois ou leurs tisons de feu, et tout cela pour épouvanter les démons.

Après cette avant-garde, venait la barque du défunt, remorquée par divers canots, puis la barque du nouveau roi, et à la suite une infinité d'autres nacelles, dont les unes étaient montées par des individus portant des armes, les autres par des hommes munis de torches allumées et de fanaux.

On mit trois jours pour arriver au lieu de la sépulture qui n'est cependant, par la voie du fleuve, qu'à une quinzaine de kilomètres de la ville. Mais on allait très lentement. Enfin, on arriva près du tombeau, construit dans l'intérieur d'une montagne, assez près du fleuve. Depuis le fleuve jusqu'au tombeau régnait un plancher recouvert de belles nattes, sur lequel passa le cercueil et défila tout le convoi. Le corps fut placé, à l'heure indiquée par les astrologues, dans une caverne profonde creusée dans la montagne, mais en un lieu que ne connaissent qu'un petit nombre d'initiés. Avec lui fut enfoui de l'or, de l'argent, des pierres précieuses. Puis on construisit de grands bûchers avec les barques, les estrades, tout ce qui avait servi aux funérailles ; on y plaça tout ce qui avait été à l'usage du souverain pendant sa vie (instruments de musique, éventails, parasols, lits, etc.), un cheval de bois et un éléphant en carton ; le nouveau roi mit le feu à ces bûchers. Lorsque tout fut consumé le nouveau roi et les mandarins s'en retournèrent à la ville ; il ne resta que les femmes du défunt avec quelques soldats pour garder le sépulcre (1).

75. — Relations avec le Cambodge. — Le Siam n'abandonnait pas ses projets de démembrement du Cambodge et se trouvait toujours prêt à profiter des moindres troubles.

En 1830, le gouverneur d'une province s'étant révolté contre l'autorité royale, les Siamois s'étaient empressés d'intervenir. Le général *Bodin* vainqueur, deux ans auparavant, d'une insurrection laotienne, avait envahi le pays et défait les troupes royales. *Ang-Chan* s'était réfugié en Cochinchine et avait fait appel aux Annamites. Ceux-ci s'étaient aussitôt portés à la rencontre de l'armée siamoise qui descendait le Mékong pour compléter sa conquête, et lui avaient infligé de telles pertes qu'elle avait dû battre en retraite.

(1) Extrait du *Bulletin des Amis du Vieux Hué*, 1916, avec l'autorisation du Rédacteur.

Mais, peu de temps après, au moment de la révolte de *Lê Văn-Khôi*, les Siamois étaient revenus (1); vaincus de nouveau par les armées de Minh-mạng, ils avaient été chassés du Cambodge et *Trương Minh-Giảng*, chef des forces annamites, avait placé une forte garnison à Phnôm-pénh.

En 1834, à la mort de Ang-Chan, le général annamite plaça sur le trône une fille du roi défunt, nommée *Ang-Mey*. Alors deux oncles de la princesse, se trouvant lésés, excitèrent une révolte. L'un d'eux fut saisi et envoyé à Huế où il vécut prisonnier jusqu'en 1845; l'autre put s'enfuir.

L'ordre ne fut pas rétabli cependant et le pays tout entier tendait à se soulever contre les administrateurs annamites. Le Siam envoya de nouveau le général Bodin qui chassa les troupes d'occupation jusqu'aux confins de la Cochinchine. Là, combattant sur leur propre territoire, les Annamites remportèrent d'éclatants succès. Ils reprirent l'offensive, poussèrent de l'avant et réoccupèrent Phnom-penh (1845); mais ils subirent un sérieux échec dans les environs d'Ou-dông.

Cette guerre menaçait de ne pas finir. Les chefs des armées ennemies prirent l'initiative de la paix. Un *traité* fut conclu (juin 1846) aux termes duquel un frère du roi Ang-Chan monterait sur le trône.

Le couronnement du nouveau roi eut lieu à la fin de 1847, les *deux suzerains, Annamite et Siamois,* étaient représentés par de hauts mandarins qui furent, au cours de la cérémonie, qualifiés de *père et mère* du Cambodge (d'ap. AYMONIER) (2).

76. — L'HÉRITIER DE THIỆU-TRỊ, LE PRINCE HỒNG-NHẬM : TỰ-ĐỨC. — Au cours de son règne, long de sept années seulement, Thiệu-trị n'avait revêtu aucun de ses fils, par un acte officiel selon la coutume, du titre d'*héritier présomptif*.

---

(1) Voir ci-dessus, lecture 70.

(2) Nous terminerons là les narrations relatives à l'histoire du Cambodge pendant la période contemporaine; les événements qui suivirent et qui se rattachent à l'occupation française de la Cochinchine se trouveront décrits dans le livre III de notre *Histoire des Pays de l'Union Indochinoise*.

Hồng-bảo, le plus âgé, paraissait donc destiné à monter sur le trône et beaucoup de hauts dignitaires de la cour voyaient en lui le futur souverain. Mais Thiệu-trị, sur le point de mourir, désigna expressément pour son successeur *Hồng-nhậm*, né d'un autre lit, le 22 septembre 1829.

Hồng-nhậm était l'objet des préférences de son père et de sa mère. Bien qu'il vécut longtemps, sa santé fut toujours délicate ; dès sa tendre enfance, il fut entouré des soins maternels. « La reine, ma mère, a-t-il dit, était pleine de sollicitude pour moi ; elle savait aussi être sévère : chaque jour, elle me donnait des leçons pour m'initier aux rites et elle ne me permettait pas de gamineries ». Sérieux de bonne heure, le jeune prince montra de grandes facilités pour les études littéraires : « Grâce à un heureux atavisme, dit-il encore, j'étais bien doué ».

Thiệu-trị aima chez son fils ces dispositions naturelles et s'efforça de les cultiver ; il lui donna d'habiles précepteurs, il l'appelait souvent près de lui pour l'occuper avec lui à des divertissements littéraires, il le faisait composer, il lui faisait chercher des rimes pour des poésies qu'ils écrivaient ensemble. Ainsi formé, doué d'une intelligence vive et d'un esprit cultivé, Hồng-nhậm devint l'un des meilleurs lettrés du royaume, le meilleur même, dit-on plus tard, non sans quelque flatterie sans doute. Mais il a laissé des preuves de son talent ; il a composé un *recueil de poésies* sur l'*histoire du pays de Việt*, qui fait encore l'admiration des lettrés ; il a aussi rédigé par piété filiale, un *recueil des sages préceptes* que sa mère lui dictait chaque jour. Il a fait établir enfin le *Khâm định việt sử thông giám cang mục*, importante compilation pour laquelle il écrivit des annotations, souvent très judicieuses.

A son avènement, le 21 octobre 1848, il prit le titre de période *Tự-đức*. Il envoya une ambassade en Chine sous la direction d'un assesseur du ministère de la Justice pour *demander l'investiture*. Il pria l'Empereur que le fonctionnaire chargé de la lui conférer vint à *Huê*, contre la coutume établie ; il faisait valoir, dans sa lettre au vice-roi des Deux-Kouang, que les dépenses et les corvées imposées au peuple pour le déplacement de la Cour à Hanoi étaient considérables. Il est peu probable que telle ait été la véritable raison de sa démarche. Craignait-il que les partisans de son frère Hồng-báo ne profitassent de son absence de la capitale pour fomenter des troubles ? ou trouva-t-il l'occasion favorable d'obtenir une reconnaissance plus éclatante du pouvoir de la dynastie en se faisant couronner dans la capitale des Nguyễn et non dans la capitale de la dynastie des Lê ? On ne sait, mais l'Empereur jugea sans inconvénient d'accorder au nouveau souverain sa requête et, en 1849, le grand-juge du Kouang-si vint à Hué, et procéda suivant la liturgie à la cérémonie funèbre en l'honneur du roi défunt, à la remise du livre et du sceau d'investiture.

Cette même année, l'ambassade ordinaire (la dernière avait eu lieu en 1845), était partie pour rendre hommage et Tự-đức en faisait préparer une autre afin d'envoyer à l'Empereur ses remerciments après l'investiture ; mais il fut autorisé à charger de ce soin l'ambassade régulière qui devait être expédiée en 1853.

Le souverain remplit avec exactitude, comme tous ses prédécesseurs, le devoir du tribut et, même après que « l'indépendance de l'Annam vis-à-vis de toute puissance étrangère » eût été proclamée dans son traité avec la France (1874), il continua à se conduire en *tributaire de l'Empire*.

77. — Débuts du règne de Tự-Đức ; les chrétiens. — Dès qu'il prit la charge du pouvoir, le fils de Thiệu-trị se trouva obligé de faire face à de grandes difficultés. A l'intérieur, il eut à réduire une *rébellion de son frère aîné* qu'il fit condamner à la prison perpétuelle par ses grands dignitaires et dont il ordonna que la descendance fût détruite. « Comment aurais-je pu, a-t-il écrit, si les circonstances politiques ne l'avaient pas ordonné, me décider à cette amputation d'une partie de ma propre chair ? »

A l'extérieur, *l'attitude énergique* prise enfin par la *France* pour protester contre les massacres commençait à créer des complications que le nouveau souverain devait s'attacher à prévoir et à éviter. Fût-ce sous l'influence de l'émoi produit par la canonnade de Tourane, fût-ce plutôt par tendance naturelle, Tự-đức se montra durant les premières années de son règne assez bien disposé à l'égard des étrangers. Les missionnaires ne furent pas inquiétés ; ils conçurent même l'espoir de voir publier un édit qui leur permettrait d'exercer librement leur ministère. Ils furent déçus dans leur attente ; mais, encore que, en 1848, Tự-đức interdit sous les peines les plus rigoureuses la propagation du catholicisme, les persécutions ne reprirent pas ; l'ère en semblait close.

C'est à ce moment que se produisit la révolte du frère aîné de Tự-đức ; ses partisans firent faire des *ouvertures auprès des missionnaires* qui les repoussèrent, voulant rester partout et toujours des sujets fidèles (A. Launay). Néanmoins, après la répression du mouvement, les *chrétiens* furent *accusés* d'avoir agi de *complicité* avec les rebelles et un *édit* parut le 21 mars 1851, ordonnant de mettre à *mort* dans toute l'étendue du royaume les prêtres européens ou indigènes. La première victime fut un jeune prêtre de vingt-neuf ans, *Augustin Schoeffler*, décapité à Sơn-tây le 1er mai 1851 ; des catholiques indigènes en grand nombre furent exécutés ; l'année suivante Jean-Louis Bonnard fut décapité au Tonkin.

En 1855, Tự-đức promulgua un nouvel édit, portant la date de l'année précédente, qui aggravait les prohibitions et les pénalités des édits antérieurs ; il est superflu d'en reproduire les dispositions, mais son préambule est intéressant :

« La religion de Jésus a été apportée par les barbares d'Europe ; elle se sert pour pervertir le peuple de l'image de Jésus mis en croix ; ses moyens de séduction sont l'eau bénite et la doctrine mensongère d'un bonheur céleste ; parmi toutes les religions, il n'en est pas qui soit à un plus haut degré destructive des lois morales... »

On voit par là que l'un des reproches adressé à la *religion occidentale* était de porter atteinte aux idées qui forment le fondement de la *morale traditionnelle chinoise*.

Cet édit jeta l'*effroi dans les chrétientés* ; les esprits cupides étaient tentés par l'appât des récompenses promises aux dénonciateurs ; les timides s'épouvantaient des châtiments dont ils étaient menacés les recéleurs. Les missionnaires vivaient d'une vie de proscrits, achetant à prix d'argent une tranquillité qui n'était jamais durable ; dans bien des conflits, les chrétiens indigènes, par peur des vexations, abattaient eux-mêmes les églises (A. Launay).

Les récits de cette époque sont pleins de détails significatifs sur l'ingéniosité et la rapacité des persécuteurs, sur les craintes et la faiblesse des persécutés. Il n'est pas douteux que les mesures d'interdiction prises par Tự-đức et ses conseillers atteignirent la rigueur de celles qui, au dix-septième siècle, réussirent à extirper le christianisme du sol japonais. Le même résultat sans doute eût été obtenu en pays d'Annam si la situation des puissances européennes en Extrême-Orient n'avait pas changé depuis deux siècles.

CHAPITRE XXIV

Intervention française en pays d'Annam.

I. Hostilités ouvertes.

78. — LA MISSION MONTIGNY ; SON ÉCHEC. — *M. de Montigny*, consul de Changhai, fut chargé au mois de novembre 1855, alors qu'il se trouvait en France, de remplir une mission au Siam et reçut des instructions à l'effet de se rendre en Cochinchine après avoir signé, au nom de l'Empereur Napoléon III, un traité de commerce et d'amitié avec les souverains siamois.

Il devait faire au *gouvernement annamite* de sérieuses *représentations* au sujet de son attitude dans le passé et demander des *garanties* pour l'établissement à l'avenir d'un régime de tolérance à l'égard du *culte catholique* ; il était muni de pleins pouvoirs pour *signer un traité* avec le souverain du pays.

Retenu au Siam plus longtemps qu'il n'avait pensé, désireux d'autre part d'entrer en relations avec le roi du Cambodge, il fut obligé d'ajourner son voyage à Tourane. En attendant de pouvoir le faire, il envoya un des bâtiments mis à sa disposition, la corvette *le Catinat*, commandant *Le Lieur*, avec une lettre adressée à « S. E. le premier ministre de S. M. le Roi de la Cochinchine ».

Le 16 septembre 1856, le *Catinat* mouille à Tourane. Des mandarins subalternes s'étant rendus à bord, le commandant Le Lieur leur fait connaître qu'il est porteur d'une lettre de l'envoyé extraordinaire de France qu'il précède seulement de quelques jours. Un courrier est alors expédié à Hué et les mandarins engagent Le Lieur à attendre la réponse. Mais la lettre de Montigny est retournée sans avoir été ouverte et déposée sur la plage. Le Lieur proclame alors qu'en présence d'une telle insulte au représentant de l'Empereur, il se considère comme en état de guerre. Les jours suivants, le commandant qui avait pris part à l'affaire de 1847 et avait noté dès son arrivée l'extension donnée aux ouvrages de fortification depuis cette époque remarque des mouvements suspects dans les forts et les batteries. Le 26, il met à terre cinquante hommes chargés d'enclouer les pièces d'une des batteries de côte et tire quelques coups de canon sur le fort principal ; la compagnie de débarquement en font sauter la porte ; la garnison fuit, laissant une quarantaine de prisonniers : les pièces sont enclouées, la provision de poudre noyée... Puis, après avoir rendu inutilisables les canons d'une troisième batterie, la compagnie de débarquement prend possession de la citadelle où elle trouve 34 pièces et une énorme quantité de poudre.

Dès le lendemain, retour des mandarins, ils offrent de traiter. Le commandant répond qu'il faut attendre l'envoyé extraordinaire qui en a seul les pouvoirs. Le 24 octobre, entre dans la baie de Tourane la *Capricieuse*, commandant *Collier* qui a laissé Montigny, avec le *Marceau*, à Kampôt. A une lettre qu'il reçoit du *Gouverneur du Quảng-nam* au sujet des actes de Le Lieur, le commandant Collier fait observer que le *Catinat* avait été reçu avec une méfiance insultante ; qu'il avait seulement devancé une attaque imminente et « rendu inoffensifs, sans les détruire, les instruments qui allaient rendre impossible un traité d'amitié ».

Enfin, le ministre plénipotentiaire arrive le 23 janvier 1857, après avoir éprouvé toute sorte de contre temps et de retards. Les conférences commencent aussitôt ; quinze jours se passent en négociations ; mais le mandarin envoyé de Hué fait preuve d'une telle insolence qu'elles doivent, au bout de ce temps, être interrompues.

Montigny attribue cet *échec* à ce qu'il aurait fallu intimider, exiger et qu'il n'était pas en état de le faire : ses instructions, ses moyens d'action le lui interdisaient. Il se retira en laissant une notification, aux termes de laquelle il allait faire connaître à son souverain le refus de Tự-đức de contracter un traité « sur les bases et suivant les formes officielles observées parmi toutes les nations du monde civilisé » ; et il indiquait en outre que si la persécution religieuse ne cessait pas et si les Français se présentant en Cochinchine n'y recevaient pas les bons traitements dus à des citoyens d'une grande nation, le gouvernement annamite ne devrait s'en prendre qu'à lui seul des *représailles* qui seraient tirées de ces nouvelles insultes.

79. — RECRUDESCENCE DE LA PERSÉCUTION: HOSTILITÉS OUVERTES. — Le résultat le plus apparent de la mission de Montigny fut une *recrudescence des mesures* prises *contre les chrétiens*. Le 25 mai 1857, un *édit* fut promulgué: les *peines* prévues ne pouvaient être renforcées, mais des dispositions étaient prises pour qu'elles fussent appliquées avec la plus grande rigueur; la *délation* était encouragée par l'appât non seulement de *primes en argent*, mais encore de *titres de mandarinat* car « ceux qui font des actions méritoires sont, en grande nombre, mus par le désir de la gloire ».

Des arrestations en masse furent faites; les prisons regorgeaient; les missionnaires se cachaient à grand'peine; les collèges étaient dispersées, les maisons des missionnaires et des chrétiens détruites, des églises rasées; des exécutions de chrétiens indigènes eurent lieu partout; au Tonkin, un dominicain espagnol, Monseigneur Diaz, fut saisi et décapité le 20 juillet. . .

A Paris, la question d'une *intervention armée* était agitée dans les milieux officiels; des missionnaires, M. Huc, lazariste, puis Mgr. Pellerin qui avait fait le voyage de Cochinchine pour exposer à l'Empereur les malheurs des chrétiens, furent entendus; une commission fut nommée au Ministère des Affaires étrangères Enfin, le 25 novembre 1857, l'*amiral Rigault de Genouilly*, commandant de la station navale d'Extrême-Orient, reçut l'ordre d'opérer une *démonstration énergique* sur les côtes de Cochinchine. La guerre avec la Chine l'empêcha d'agir immédiatement, mais, aussitôt après la signature du traité de Tiên-tsin (27 juin 1858), il rassembla ses forces et le 31 août, il apparut devant Tourane avec quatorze bâtiments français et un aviso espagnol.

Le lendemain 1er septembre, il envoie un ultimatum demandant la remise des forts. Le délai écoulé, le feu est ouvert sur les ouvrages annamites qui ripostent; au bout d'une demi-heure, ils sont réduits au silence et le fort de l'Est a sauté. Des troupes sont débarquées et occupent les ouvrages qu'elles trouvent abandonnés; le lendemain, le fort de l'Ouest est détruit.

L'amiral prend alors des dispositions pour l'occupation permanente de Tourane, puis des *négociations* commencent, que le gouvernement annamite, suivant son habituelle tactique, fait traîner en longueur, escomptant la lassitude des Français et les effets du climat sur les troupes.

Rigault de Genouilly décide une diversion en *Basse-Cochinchine*; laissant une garnison à Tourane, il part le 2 février 1859 avec environ 2.000 hommes. Le 11 février, il force l'entrée du Cap Saint-Jacques défendue par plusieurs batteries; les jours suivants il détruit les forts établis le long de la rivière; le 16 il est devant *Saigon*. Il bombarde les défenses extérieures (fort du Sud et fort du Nord); le 17 il met à terre un corps de débarquement qu'il installe dans ces ouvrages; le 18 février 1859, la *citadelle est enlevée*.

N'ayant pas assez de troupes pour défendre la citadelle, l'amiral la fait démanteler; il confie au capitaine de frégate Jauréguiberry la défense du fort du Sud et repart pour Tourane.

Nouvelles négociations, mais le but évident des Annamites n'est toujours que de gagner du temps; et cependant des travaux d'approche d'un relief considérable sont construits à l'embouchure de la rivière de Tourane; ceux de la rive gauche se développent sur trois kilomètres. Sur les ordres de l'amiral, ils sont enlevés et détruits, mais la lutte a été meurtrière.

Au mois d'octobre 1859, arriva *l'amiral Page* désigné pour remplacer Rigault de Genouilly qui avait demandé à rentrer en France. L'amiral Page était autorisé à traiter avec le gouvernement annamite sur les bases suivantes:

Ni *contribution* de guerre, ni *cession* de *territoire*;

Garantie de la *liberté du culte catholique*;

Installation d'un *chargé d'affaires* français à Hué et de trois *consuls* dans le royaume.

Tự-đức laissa entamer les négociations ; mais pendant que ses représentants discutaient avec ceux du gouvernement français, il faisait attaquer la garnison franco-espagnole laissée à Saigon (800 hommes dont 200 Tagals) sous le commandement du capitaine d'Ariès. Un des plus habiles généraux annamites, Nguyễn Tri-Phương, fut mis à la tête des troupes et fit élever devant Saigon une ligne continue de forts retranchements. Malgré leur nombre et la multiplicité de leurs attaques, les Annamites échouèrent et ne purent venir à bout de la petite garnison alliée.

Après la seconde campagne de Chine, terminée par la prise de Pékin (13 octobre 1860), l'amiral Charner fut chargé de la direction des opérations en Basse-Cochinchine.

Du 24 au 28 février, après des engagements très violents où les Annamites bien retranchés se montrèrent des adversaires solides, les lignes établies par Nguyên Tri-Phương (lignes de Chi-hoa) furent enlevées et les ouvrages auxiliaires furent pris, un butin immense (armes, poudre. riz...) fut trouvé. L'amiral ne s'en tint pas à ces actions défensives ; il fit commencer le siège de Mỹ-tho dont il s'empara le 12 avril.

L'amiral créa un système d'*administration provisoire* dans les deux provinces de Gia-định et de Mỹ-tho ; il assura d'autre part une *organisation militaire* qui permit de maintenir dans le pays l'ordre que les agents de Huế avaient pour mission de troubler. En effet, bien que Tự-đức eût envoyé depuis le mois de mars à Saigon un nouvel ambassadeur chargé de traiter, il ne cessait d'encourager la révolte. Au mois d'août, on en eut la preuve certaine : un édit (date du mois de mars) fut saisi par lequel le souverain annamite promettait des titres à ceux qui formeraient des bandes et fixait des récompenses pour ceux qui prendraient ou tueraient des Français. Outré de cette duplicité, l'amiral rompit les négociations et déclara l'*état de siège* dans les deux provinces.

80. — L'AMIRAL BONARD, PREMIER GOUVERNEUR DE LA COCHINCHINE. — *L'amiral Bonard* succéda à l'amiral Charner comme *commandant en chef* des troupes ; mais il était en même temps investi des fonctions de *gouverneur de la Basse-Cochinchine*

Il arriva à Saigon le 21 novembre 1861. *L'autorité de la France* à Gia-định et à Mỹ-tho était définitivement assise ; *l'administration française* y fonctionnait régulièrement, les populations étaient soumises et les travaux agricoles étaient partout repris. Tel était le résultat de huit mois d'efforts soutenus, d'énergie dépensée tant dans les combats que dans l'organisation du pays occupé.

Mais les *troubles* ne cessaient pas dans les territoires avoisinants. L'amiral fut amené, pendant le mois de décembre 1861, à *occuper Biên-hòa* et *Baria* et trois mois après, à envoyer une expédition à *Vĩnh-long* où l'agitation était continuelle et où la résistance s'organisait par les soins des envoyés de Huế. Le 22 mars 1862, *la citadelle de Vĩnh-long fut prise.*

Dans le courant du mois de *mai*, l'amiral fut avisé qu'il s'était formé à la cour un parti contre la guerre. En réalité, une *révolte*, dirigée par un prétendant au trône — encore un soi-disant descendant des Lê ! — nommé *Lê-Phụng* se propageait de plus en plus au *Tonkin* et donnait à Tự-đức de sérieux motifs d'inquiétude. L'amiral, sans connaître ces faits, résolut de profiter des *dispositions pacifiques* du gouvernement de Huế et envoya le commandant Simon avec une corvette, le *Forbin*, à l'embouchure de la rivière de Huế. Les mandarins, voulant considérer cette démarche comme une avance, proposèrent alors d'ouvrir des négociations dans une province d'Annam; c'était inviter les Français à reconnaître devant le peuple qu'ils sollicitaient la paix. A cette nouvelle, l'amiral chargea le commandant Simon d'exiger : 1° le versement préalable dans le délai de trois jours d'une somme de 100.000 ligatures à valoir sur le montant de l'indemnité de guerre à fixer par traité ; 2° l'envoi à Saigon, dans le délai de huit jours, de *négociateurs annamites.*

A ce langage énergique, les conseillers pacifiques reprirent l'avantage à la cour. Trois jours après l'arrivée du *Forbin* à Tourane, une corvette annamite l'*Aigle-des-Mers*, sortit pavoisée de la rivière de Huế ; elle portait à son bord deux hauts mandarins, dont *Phan Thanh-Giảng*, munis de pleins pouvoirs pour traiter. Le *Forbin* lui donna la remorque jusqu'à Saigon. Les négociations furent reprises le 26 mai et, *le 5 juin, le traité était signé.*

81. — Traité du 5 juin 1862 ; acquisition des trois provinces orientales. — L'amiral Bonard avait d'abord pensé exiger la cession de toute la Basse-Cochinchine et le versement d'une indemnité proportionnée aux frais occasionnés par une campagne de quatre ans menée si loin de France. Mais les ambassadeurs et principalement Phan Thanh-Giảng, « surent éveiller la sympathie et la condescendance de l'amiral Bonard » (J. Silvestre), d'un autre côté, on n'avait pas d'instructions précises de la métropole et l'on savait que l'occupation de la Cochinchine avait des adversaires à Paris. Pour ces raisons, l'amiral se contenta de la *cession des trois provinces orientales* et de l'île de *Poulo-Condore* ; il devait en outre continuer à *occuper Vĩnh-long* jusqu'au moment où la *pacification* serait complète dans les provinces de Saigon, Mỹ-tho et Biên-hoà. D'autre part, la France et l'Espagne devaient recevoir conjointement une *indemnité de quatre millions de dollars* (vingt millions de francs) payables en dix annuités et les *ports de Tourane*, de *Ba-lat* et de *Quảng-yên* devaient être ouverts au commerce des sujets français et espagnols.

L'article VI du traité autorisait les ministres annamites à envoyer des *ambassadeurs à Paris* pour présenter leurs félicitations à l'Empereur Napoléon III. Enfin, *point à mettre en évidence*, l'article IV disposait que le *souverain annamite ne pourrait céder à une puissance étrangère aucune partie de son territoire sans l'assentiment de la France ; le système du protectorat était en germe dans cette clause.*

L'amiral dépêcha son chef d'état-major en France pour soumettre le traité à la *ratification de l'Empereur*. Il donna aussi des instructions pour que l'*annonce de la paix* fût portée partout dans le territoire de trois provinces. Mais les chefs des insurgés refusèrent de se soumettre ; ils continuèrent à lever des contributions et à attaquer nos postes.

L'amiral Bonard crut utile de faire connaître publiquement au peuple annamite les *véritables intentions de la France*.

« Le peuple annamite, disait l'une de ses *proclamations*, étant depuis longtemps accoutumé à regarder le chef du royaume comme son père, répugne, dit-on, à le renier pour en prendre un autre. Le Gouvernement français n'entend pas que les anciens sujets du roi d'Annam deviennent les ennemis de ce roi qui, d'après le traité, est aujourd'hui l'ami de l'Empereur des Français... La cession des provinces que le souverain de l'Annam a faite à Sa Majesté est comme un mariage, où la jeune fille accordée à son fiancé, tout en devant obéissance à ce dernier, ne renie pas pour cela son père. L'épouse, bien traitée par celui qui la protège et veille à ses besoins, perd bientôt toute appréhension et, sans oublier ses parents, finit par aimer son mari. Ainsi il adviendra du peuple annamite, quand il sera bien convaincu, par des faits et non par de vaines paroles, que les Français, loin de vouloir le dévorer, le défendent contre ses oppresseurs, et que, protégeant tous les gens tranquilles, ils ne font la guerre qu'aux voleurs et aux pirates ».

Dans une autre proclamation, il déclarait : « ceux qui disent que l'Empereur d'Annam ne veut pas le bien de son peuple sont des fourbes qui ne reconnaissent aucune loi, aucune règle, si ce n'est celle de la force ou de la ruse.

En effet, qu'est-ce donc que toutes ces autorités ridicules, qui se donnent à elles-mêmes les titres militaires les plus élevés pour venir enlever vos enfants, vos moissons et vos richesses ? Autorités que l'on voit se faisant partout construire des forts qui ne servent à rien contre un ennemi qui n'existe pas ; des forts qu'ils ne savent pas défendre, mais d'où ils s'élancent comme d'un repaire de tigres, pour profiter des récoltes qu'ils n'ont pas semées !

Que le peuple réfléchisse donc à tous les malheurs, à toutes les pertes qu'il a éprouvées, en suivant ces funestes conseils ! Bientôt il verra que ses véritables ennemis sont ces chefs de bandes, et non les Français ; bientôt aussi il reconnaîtra qu'il ne peut recouvrer la tranquillité et l'abondance que lorsque, contribuant à livrer tous ces chefs, il aura purgé le pays de tyrans parés de titres auxquels ils n'ont aucun droit.

En signant le traité de paix, S. M. Tự-đức a donné l'ordre à tous ces personnages de comédie de rentrer paisiblement chez eux, de déposer leurs titres, leurs armes et tous les habits d'emprunt.

Pendant de longs mois, le gouvernement a attendu que ces orgueilleux, véritables fléaux du peuple, exécutent ces ordres, obéissent à la raison et abandonnent enfin une résistance devenue impossible. Mais aujourd'hui, il faut qu'on le sache, le temps de la patience est finie ! »

Le traité du 5 juin 1862, ratifié par le gouvernement français, fut reçu à Saigon au début de l'année 1863. L'amiral gouverneur, qui venait de remporter des succès importants sur les rebelles, exigea que l'échange des ratifications se fît sans délai. La cérémonie eut lieu solennellement à Hué, le 16 avril 1863, en présence de Tự-đức et de l'amiral Bonard.

CHAPITRE XXV

Intervention française en pays d'Annam.
II. — Le gouvernement des amiraux.

82. — L'amiral de la Grandière : annexion des provinces occidentales. — Le 30 avril 1863, peu de jours après être revenu de Hué, l'amiral Bonard remettait son service au contre-amiral de la Grandière et s'embarquait le lendemain pour la France. Il comptait rejoindre son poste au bout de quelques mois, mais sa santé ébranlée ne lui permit pas de retourner dans la colonie.

L'*amiral de la Grandière* fut *titularisé* comme *gouverneur de la Cochinchine* le 28 novembre 1863 et conserva la direction des affaires jusqu'au 4 avril 1868. Du 29 mars au 26 décembre 1865, il fit un voyage en France : il gouverna donc effectivement la Cochinchine pendant *quatre années et trois mois*. Cette période est l'une des plus importantes dans l'histoire de la colonie naissante et, parmi ses gouverneurs, l'amiral de la Grandière est peut-être celui qui travailla le plus efficacement à sa sécurité, à sa grandeur et à sa prospérité.

Hors de l'échange des ratifications à Hué, l'amiral Bonard avait promis de rendre la citadelle de Vĩnh-long, conservée jusqu'alors comme gage de la sincérité de la cour ; l'amiral de la Grandière la fit donc évacuer le 25 mai 1863. « La *remise de Vĩnh-long*, a dit un témoin, alors qu'il était évident que la rebellion fomentée par la cour n'avait pas cessé et quand les chefs de bandes, loin d'avoir quitté le pays selon les conditions du traité de paix, montraient plus d'audace que jamais, ne pouvait être considérée que comme un succès de la politique annamite ». De là à espérer l'évacuation des autres places, il n'y avait qu'un pas. La cour sut tirer parti de la situation ; le bruit se répandit que Tự-đức allait envoyer une *ambassade en France* pour traiter du *rachat des trois provinces occupées*. Et, en effet, à la fin du mois de juin une mission annamite dont le chef était *Phan Thanh-Giảng* arriva à Saigon et s'embarqua le 4 juillet sur le transport *l'Européen*. Elle fut reçue par l'empereur le 7 novembre 1863 et, au discours de Phan Thanh-Giảng (traduit par Aubaret), Napoléon répondit par quelques *paroles d'intention bienveillante*. Le lendemain, les ambassadeurs furent avisés que réponse leur serait envoyée à Hué; ils espéraient que leur démarche avait réussi et partirent pleins de confiance.

Mais le gouvernement français et l'empereur, après une longue période de tâtonnements et d'hésitations, adoptèrent l'avis du Ministre de la Marine, *Chasseloup-Laubat*, et le 29 janvier 1865 l'amiral de la Grandière fut officiellement informé que toutes *propositions de rachat* faites par la cour de Hué étaient *définitivement repoussées*.

Dès avant cette date, Tự-đức, malgré les bons rapports de ses ambassadeurs sur les dispositions du gouvernement français, n'avait pas abandonné sa politique de violence et des désordres étaient encouragés partout; après l'échec final de la combinaison de rachat, il ne désespéra pas de ressaisir la Cochinchine. Il voulait lasser les Français de leur conquête en multipliant les embarras, en rendant les *provinces ingouvernables*. Les mandarins des provinces de l'Ouest entretenaient les troubles; ils étaient chargés de fournir les armes aux bandes qui semaient le trouble et l'effroi parmi les populations paisibles de l'Est. Au mois de janvier 1866, *Phan Thanh-Giảng* fut nommé *gouverneur de ces provinces* (*Vĩnh-long, Châu-đốc et Hà-tiên*), pour donner en apparence satisfaction aux protestations énergiques que l'amiral avait fait entendre contre l'attitude hostile des autorités annamites. Mais le calme ne se rétablit pas; les insurgés attaquèrent plusieurs postes de la province de Mỹ-tho et même des environs de Saigon.

L'amiral avisa Phan Thanh-Giảng que l'annexion des provinces occidentales s'imposerait si leurs mandarins continuaient à se faire les complices des rebelles; il fit même faire une démarche en ce sens à Hué. Mais les ministres, loin de consentir à envisager même la possibilité d'une *cession des provinces de l'Ouest*, offrirent une fois de plus de racheter les provinces de l'Est. C'en était trop.

Après des dispositions minutieuses, l'amiral ordonna la *prise de possession* des territoires occidentaux ; elle se fit sans coup férir.

Il envoya alors son interprète, M. Legrand de la Liraye, en porter à Hué la notification officielle. Protestations, réclamations. . . les ministres demandèrent, en échange des provinces nouvellement occupées, une partie des provinces orientales. Des négociations se poursuivirent à Saigon où l'envoyé de Tự-dức revendiqua la province de Biên-hòa. L'amiral coupa court à la discussion en déclarant que la limite naturelle des provinces françaises était la frontière du Bình-thuận et qu'il ne consentait à aucun remaniement de territoire.

Aux habitants des six provinces, il adressa une proclamation où il indiquait les causes qui avaient dicté sa conduite. Il montrait que le gouvernement annamite avait violé le traité de 1862 et lui avait ainsi donné le droit et imposé la nécessité, pour sauvegarder la tranquillité des provinces françaises, de se charger de la police dans les trois autres. « Cette annexion, poursuivait-il, s'est faite pacifiquement ; pas une violence n'a été commise, pas une goutte de sang n'a été versée ; les propriétés ont été et seront respectées. L'accueil que nous avons reçu des populations est un témoignage éclatant du progrès de notre influence. . . Il n'y a plus, à dater de ce jour, qu'une autorité, qu'une administration dans la Basse-Cochinchine, dont les six provinces sont et resteront françaises ».

83. — La mort de Phan Thanh-Giảng. — L'annexion des provinces occidentales eut pour effet la mort de Phan Thanh-Giảng, *un des plus remarquables serviteurs de son pays.*

Lorsque la guerre avait éclaté entre la France et l'Annam, il avait seul osé, mais en vain, conseiller la paix. Quand la cour de Hué fut réduite aux extrémités, ce fut lui que le roi chargea des négociations. Phan Thanh-Giảng conclut la paix et obtint, par son habileté diplomatique, la rétrocession de la citadelle de Vĩnh-long. Il fut alors envoyé en ambassade à Paris, puis, en 1865, nommé vice-roi des trois provinces de l'Ouest.

Il avait depuis longtemps compris qu'il était impossible de résister à la France, et jugeait inutile de poursuivre la lutte. Il espérait que le traité de paix serait fidèlement exécuté, que ses compatriotes deviendraient les élèves des Français et comme les disciples de la civilisation française. Lorsque le gouvernement français, las des attaques perpétuelles qui partaient des trois provinces occidentales, eut décidé d'annexer ces provinces, Phan Thanh-Giảng ne tenta pas une résistance qu'il savait absolument vaine. Se rendant auprès de l'amiral de la Grandière dont la flottille venait de mouiller en face de Vĩnh-long, il apporta lui-même sa soumission, formulée dans les termes les plus dignes, sans rien demander pour lui, se préoccupant surtout du sort qui serait fait à ses administrés. Quand il redescendit à terre, se trouvant au milieu des indigènes rassemblés sur les quais, il leur adressa quelques paroles pour les engager au calme.

Quelques jours plus tard, ayant réuni sa famille autour de lui, il fit à tous ses dernières recommandations, fit préparer son cercueil et *se donna la mort par le poison, le 5 juillet 1867*, il mourut dans une pauvre maison en chaume qu'il avait habitée pendant le temps de son gouvernement, voulant ainsi donner à chacun l'exemple de l'abnégation, de la pauvreté et de l'intégrité scrupuleuse dans l'exercice des plus hauts emplois (1).

Le gouvernement français lui fit de belles funérailles. Le cercueil fut conduit par une canonnière au canton de Bảo-thành (province de Bến-trè) où était né Phan Thanh-Giảng et où il avait voulu que fût son tombeau, et les troupes françaises lui rendirent les derniers honneurs.

Quant à Tự-đức, il proclama dans un *édit du 22 octobre 1867* : La conduite de Phan Thanh-Giảng, du commencement jusqu'à la fin, a été déplorable ; la science qu'il possédait et qui aurait dû lui donner l'occasion d'illustrer son nom s'est montrée vaine. Il a été ingrat plus qu'on ne peut le dire et, bien qu'il ait pu se donner la mort, il n'a pas racheté son déshonneur.

---

(1) D'après Luro, *Le pays d'Annam*, et Silvestre, *La politique française en Indochine*.

84. — Le gouvernement des amiraux. — Les gouverneurs de la Cochinchine, pendant dix-huit ans, furent des amiraux. Ils s'occupèrent avec activité d'organiser le pays et de le mettre en valeur.

Grâce à eux Saigon se transforma rapidement. « Quand on songe, écrivait en 1866 un témoin de ces transformations, à ce qu'était Saigon il y a quatre ans, aux marécages qui en couvraient une partie, aux cimetières qui en occupaient une autre et laissaient exhaler pendant les pluies de redoutables effluves, aux cases en paillotes qui servaient de demeures à tous les Français ; quand, d'un autre côté, on met en balance les canaux creusés, les plaines assainies, les grandes voies tracées, les constructions solides élevées de toutes parts, l'agglomération sans cesse croissante des habitants, on ne peut méconnaître l'activité déployée par le gouvernement (Septans).

C'est aux amiraux gouverneurs et à leurs collaborateurs, *Aubaret, Vial, Silvestre, Luro, Philastre*, etc.., que remonte cette première organisation de l'administration qui a tant contribué aux progrès et à la prospérité de la Cochinchine.

On avait conservé l'*organisation administrative indigène* avec ses phu, ses huyên, ses chefs de canton, ses notables, de village ; mais, au-dessus, on avait constitué un corps de fonctionnaires européens ayant le titre d'*inspecteurs des affaires indigènes*. Les inspecteurs des affaires indigènes, formés pour la plupart au *Collège des Stagiaires* à Saigon, aidés d'un ou de deux interprètes et lettrés annamites, avaient pour principales attributions de lever les impôts, de faire la police et de rendre la justice. Un pareil système n'est sans contredit applicable que dans une administration restreinte et encore en voie de formation, mais il a permis à certains officiers, sagement placés dans les conditions les plus favorables pour développer leurs facultés naturelles, de devenir des administrateurs remarquables dont la valeur n'a pu être dépassée.

A la tête du service administratif se trouvait la *direction de l'intérieur*. Cet important rouage, instrument principal du gouvernement, comprenait trois bureaux distincts : *le secrétariat général* (correspondance avec les inspecteurs, police secrète, instruction publique, cultes) : le *bureau de l'administration et du conten-*

tieux (finances, travaux publics, préparation du budget, direction du personnel, contrôle); le *bureau de l'agriculture, du commerce et de l'industrie* (agriculture et commerce et, en outre, justice indigène, police générale, assistance publique). Le *directeur de l'intérieur* choisi par l'amiral fut l'un des officiers les plus anciens du corps expéditionnaire. *Paulin Vial.* Il fut installé le 1er décembre 1864.

Les *voies de communication* (canaux et routes) furent améliorées et multipliées; des fossés furent creusés pour l'*assainissement des régions basses et insalubres*; dans tous les centres, on ouvrit des *écoles primaires* où l'on enseigna le *quôc-ngü*, les caractères chinois, les rudiments du français, l'arithmétique, la géométrie, l'arpentage, la géographie et l'histoire. A Saigon, il y eut une *école normale*, remplacée en 1874 par un *collège secondaire* qui devint plus tard le Collège Chasseloup-Laubat.

Les *successeurs* de l'amiral de la Grandière ne modifièrent pas profondément les règles établies par lui. Ils gouvernèrent le pays du 4 avril 1868 au 6 juillet 1879 et cette période d'une dizaine d'années est loin d'avoir l'importance de celle qui l'a précédée.

C'est une *période calme*, de développement normal et continu, dont aucun obstacle grave n'a arrêté longtemps le progrès. La Cochinchine, s'étendant à présent des bouches du Mékong au golfe du Siam, doit rester française. Son *organisation est achevée*, au moins dans ses grandes lignes; son *avenir est assuré*. Les temps critiques ont pris fin.

Au point de vue *militaire*, quelques mouvements de rébellion vite réprimés pour la plupart. Au point de vue *administratif*, peu d'actes marquants, le sillon tracé par les deux premiers gouverneurs est fidèlement suivi. Au point de vue *économique*, le progrès est régulier, la richesse publique s'accroît, l'outillage se perfectionne.

En ces quelques années, le budget de la colonie a passé de 3 à 20 millions, les dépenses atteignent de 14.000.000 de francs, dont 3 millions et demi pour les travaux publics; enfin, la colonie exporte déjà 6 millions de piculs de riz.

Le gouvernement des amiraux se termine en 1879. Le premier gouverneur civil, M. Le Myre de Vilers, nommé le 14 mai, débarque à Saigon, le 3 juillet et prend son service quatre jours après.

Liste des commandants du corps expéditionnaire et des gouverneurs militaires (1858-1879).

Commandants du corps expéditionnaire.

V. Am. **Rigault de Genouilly**, du 31 août 1858 au (1) 1er novembre 1859.
C. Am. **Page**, du 2 novembre 1859 au 7 février 1861.
C. Am. **Charner**, du 8 février 1861 au 28 novembre 1861.

Gouverneurs militaires (2).

C. Am. **Bonard**, du 30 novembre 1861 au 22 avril 1863.
C. Am. DE LA GRANDIÈRE, du 23 avril 1863 au 28 novembre 1863.
C. Am. **de la Grandière**, du 29 novembre 1863 au 28 mars 1865 et du 27 novembre 1865 au 4 avril 1868.
C. Am. ROZE, du 29 mars 1865 au 26 novembre 1865.
C. Am. OHIER, du 5 avril 1868 au 10 décembre 1869.
Gén. FARON, du 11 décembre 1869 au 8 janvier 1870.
C. Am. **de Cornulier-Lucinière**, du 9 janvier 1870 au 1er avril 1871.
C. Am. **Dupré**, du 1er avril 1871 au 7 mars 1872 et du 16 décembre 1872 au 16 mars 1874.
Gén. D'ARBAUD, du 8 mars 1872 au 15 décembre 1872.
C. Am. KRANTZ, du 17 mars 1874 au 1er décembre 1874.
C. Am. **Duperré**, du 1er décembre 1874 au 31 janvier 1876 et du 7 juillet 1876 au 16 octobre 1877.
Col. BOSSANT, du 1er février 1876 au 6 juillet 1876.
C. Am. **Lafont**, du 17 octobre 1877 au 6 juillet 1879.

---

(1) Date de l'arrivée de l'amiral devant Tourane ; en fait, il était désigné pour diriger l'expédition depuis le 25 novembre 1857.
(2) Les **Gouverneurs titulaires** ; les GOUVERNEURS INTÉRIMAIRES.

CHAPITRE XXVI

Intervention française en pays d'Annam.
III. — Affaires du Tonkin.

C'est le geste d'un homme aventureux et hardi qui conduisit les Français aux rives du Fleuve Rouge. Ils y vinrent en médiateurs et se trouvèrent transformés bientôt, comme ils l'avaient été au Sud du pays d'Annam, en « conquérants malgré eux », pour employer l'expression aussi exacte que pittoresque du lieutenant de vaisseau *Riennier*, aide-de-camp de l'amiral Bonard.

85. — JEAN DUPUIS AU TONKIN. — *Jean Dupuis* était un *négociant français* venu en *Chine* au moment de l'expédition française de 1898 ; il s'était établi à *Han-k'eou* sur le Fleuve Bleu (Yan-tseu-kiang) et avait ouvert un *commerce d'armes*.

Il reçut des ordres très importants des autorités provinciales du *Yun-nan* où les *Musulmans révoltés* donnaient fort à faire aux troupes impériales. Mais l'exécution de ces ordres était très malaisée ; il paraissait même impossible de transporter par la voie ordinaire du Fleuve Bleu les lourdes pièces de canon commandées, non seulement à cause des gorges et des rapides qui marquent le cours du fleuve, mais surtout à cause des difficultés de la dernière partie du voyage par la route de terre ; comment transporter à travers les montagnes abruptes des objets encombrants dont l'énorme poids ne pouvait être divisé entre deux bêtes de somme (1).

Or, en 1868, passa à Han-k'eou la Mission d'exploration du Mékong ; Francis Garnier, son chef depuis la mort de Doudart de Lagrée, communiqua à Dupuis les renseignements qu'il rapportait

(1) D'ap. *Emile Rocher*, employé à l'arsenal de Foutchéou fondé par les Français ; Dupuis l'avait engagé pour créer un arsenal au Yun-nan, il devint plus tard consul de France.

sur la navigabilité du Fleuve Rouge et Dupuis résolut d'aller les vérifier et les compléter. Il partit avec le personnel qu'il avait engagé pour le compte du vice-roi du Yun-nan (Emile Rocher et des instructeurs provenant de l'ancien corps franco-chinois contre les *Tai-ping* (*Thái-bình*). Arrivé dans la *capitale du Yun-nan* au mois de février 1871, il se rendit à *Mong-tseu* et, de là, à *Man-hao,* point extrême de la navigation vers le Nord. Là, il s'embarqua sur le fleuve ; il fit halte à *Lao-kay* où il visita *Lưu Vĩnh-Phúc*, chef des *Pavillons Noirs* (1) ; puis atteignit un point à peu près situé à hauteur de *Yên-bay* ; il s'assura que, de là jusqu'à la mer, la navigation ne rencontrait plus d'obstacle et revint à son point de départ.

Fort de cette *expérience personnelle*, *Dupuis* s'occupa de préparer son expédition. Le 26 octobre 1872, il quitta Hong-kong avec une flotille composée de deux canonnières, le *Hong-kiang*, capitaine *Vlaveanos* et le *Lao-kay,* capitaine *d'Argence* ; d'une chaloupe à vapeur, le *Son-tay*, capitaine *Brocas* et d'une grosse jonque chinoise armée en guerre et portant du matériel d'artillerie.

Arrivé au Tonkin le 9 novembre 1872, il fit ressortir devant les autorités annamites tous les avantages que retirerait le pays de l'*ouverture du Fleuve Rouge* et s'engagea à payer « tous droits de navigation, douanes et autres établis ou à établir » par le gouvernement annamite. Le gouverneur des trois provinces maritimes, *Lê Tuân*, objecta qu'il ne pouvait prendre sur lui d'accorder l'autorisation de remonter le fleuve, qu'il était obligé d'en *référer à son gouvernement.*

Mais le 4 décembre, aucune réponse n'étant arrivée de Hué, Dupuis — inquiet d'apprendre que des barrages se construisaient sur le cours du fleuve — partit avec sa flotille ; *il arriva à Hanoi le 22 décembre.*

---

(1) Des bandes de rebelles Tai-ping, traquées par les troupes impériales, avaient passé au Tonkin ; une de ces bandes s'était installée à Lao-kay, une autre sur la Rivière Claire, toutes deux pillant le pays à merci. La première est connue sous le nom de *Pavillons Noirs* (*Cờ-đen*), l'autre sous le nom de *Pavillons Jaunes* (*Cờ-vàng*).

Malgré les difficultés élevées par les mandarins annamites, il réussit à louer des jonques avec lesquelles il transporta les armes et les munitions achetées par les autorités du Yun-nan ; livraison en fut faite à Man-hao. Les autorités chinoises, après l'avoir parfaitement accueilli, lui firent de nouvelles commandes et le chargèrent d'organiser un convoi de sel du Tonkin. Ils lui remirent à cet effet des *lettres* pour le gouverneur *Lê Tuấn* et pour le général annamite commandant à Son-tây, *Hoàng Kè-Viên*.

Le 30 avril, Dupuis était de retour à Hanoi. Les mandarins qui, pendant son absence, avaient usé de toutes sortes de mauvais procédés à l'égard de son personnel, firent obstacle à l'exécution de son contrat pour la fourniture de sel au Yun-nan.

Le 27 mai, *arrive à Hanoi*, spécialement envoyé par Tự-đức, le général *Nguyễn Tri-Phương*, le vaincu de Chi-hoa, mais glorieux encore des victoires remportées contre Lê Phụng dans le Tonkin même et bien connu pour sa haine des étrangers. Il fait afficher une proclamation aux termes de laquelle : 1° les Annamites et les Chinois ayant des rapports avec les Européens seront rigoureusement punis ; 2° interdiction est faite d'envoyer des convois au Yun-nan ; 3° Dupuis et ses gens doivent quitter le Tonkin, sinon ils seront exterminés jusqu'au dernier.

Vlaveanos arrache la proclamation, Dupuis la brûle publiquement, — et à partir de ce moment cesse de se prévaloir de sa qualité d'agent des autorités du Yun-nan ; il est *sujet français*. Les Annamites demandent alors à l'amiral Dupré, gouverneur de la Cochinchine, de lui enjoindre de quitter Hanoi, cette ville n'étant pas ouverte au commerce par le traité du 5 juin 1862.

L'amiral invite son compatriote à partir. Celui-ci fait valoir qu'il « ne pourrait obtempérer à cet ordre et serait forcé, dans la situation présente, de se maintenir à Hanoi ».

A ce moment, une *ambassade* fut envoyée *à Saigon* ; elle avait à sa tête le mandarin *Lê Tuấn*, nommé ministre de la Justice. L'amiral proposa d'envoyer un officier au Tonkin « pour signifier à Dupuis l'ordre de se retirer et l'y soumettre par la force s'il refusait d'obéir de bonne grâce ; par la même occasion, cet officier travaillerait à consolider l'autorité du roi au Tonkin. » Le gouvernement de Tự-đức accepta en principe l'envoi d'un officier à Hanoi, mais tout en émettant quelques objections de détail.

L'amiral Dupré, pendant que les négociations continuaient, acquit la certitude que la cour de Hué faisait des démarches auprès du gouvernement anglais de Hong-kong pour le décider à intervenir dans le débat. Il écrivit aussitôt en substance à Hué : Vos démarches à Hong-kong ont changé la situation. Je ne saurais souffrir que des étrangers soient mêlés à une affaire qui ne regarde que vous et nous. Je vais donc prendre des mesures pour envoyer un officier à Hanoi ; s'il est entravé dans sa mission par le fait des autorités annamites, je serai forcé d'en rendre votre gouvernement responsable.

86. — Envoi de Francis Garnier au Tonkin. Conquête du delta. — L'officier choisi par l'amiral Dupré fut le lieutenant de vaisseau *Francis Garnier*, qui avait été *autrefois inspecteur des affaires indigènes* en Cochinchine. Il partit avec 170 hommes environ, fantassins de marine et marins ; de Tourane où il relâcha le 15 octobre, il expédia au gouvernement annamite une lettre par laquelle l'amiral demandait l'envoi d'un plénipotentiaire à Hanoi pour régler les questions en litige soulevées par la présence de Dupuis ; il énumérait ensuite ses griefs ; démarches auprès du gouvernement de Hong-kong ; mauvais traitements infligés aux chrétiens du Tonkin ; il indiquait en outre qu'il lui paraissait impossible de laisser fermée la seule voie mettant facilement les provinces méridionales de la Chine en communication avec la mer et terminait : « je donne l'ordre à M. Garnier de rester à Hanoi jusqu'à ce que l'affaire de la navigation du Fleuve Rouge soit réglée. » Le gouvernement de Hué répondit que le souverain était satisfait de la venue de Garnier et qu'il envoyait trois mandarins au Tonkin.

Le 5 novembre, Garnier était devant Hanoi. Dès son arrivée, il rendit ses intentions publiques par deux proclamations :

« Vous vous rappellerez, disait-il à ses troupes, que vous êtes au milieu de populations inoffensives et malheureuses ; que votre séjour au milieu d'elles ne doit pas être une charge ajoutée à toutes celles qui pèsent déjà sur elles ; qu'il doit inaugurer, au contraire, une ère de soulagement et de paix. Vous vous efforcerez de faire aimer et respecter le drapeau qui vous abrite, en ne négligeant aucune occasion de vous rendre utiles; en vous montrant en toute circonstance, justes et bienfaisants. »

D'autre part, s'adressant aux populations du Tonkin, il leur faisait savoir que « les mandarins du noble royaume annamite étant venus à Saigon demander assistance », l'amiral l'avait envoyé « pour voir comment les choses se passaient » ; il disait que les Français voulaient chasser les pirates qui désolaient les côtes du Tonkin, et désiraient procurer au pays la facilité de faire le commerce, et par là lui apporter la richesse et la paix. « Telles sont nos intentions, concluait-il ; nous vous les faisons connaître à tous, mandarins, soldats et populations du Tonkin. »

Dès sa première visite au maréchal Nguyễn Tri-Phương qui commandait à Hanoi, il lui dit : « Je viens sur l'ordre du gouverneur de Saigon, m'entendre avec vous dans le but de poser les bases d'un traité de commerce entre les deux nations. Par ce traité nous ouvrirons au commerce et à la navigation le fleuve du Tonkin, et votre pays en retirera les plus grands avantages. J'espère que vous voudrez bien vous concerter avec moi pour le règlement de toutes les questions que cette décision pourrait soulever, et particulièrement pour l'établissement des droits de douane. » Malgré la présence à Hanoi d'un envoyé de Tự-đức venu pour s'occuper de ces questions, le général répondit qu'il ne pouvait rien décider sans en référer à Huế ; Francis Garnier dit alors : « J'attendrai la réponse de la cour. »

Cependant, le maréchal ne songeait qu'à empêcher Garnier de remplir sa mission et lui suscitait sans cesse des obstacles. De son côté, d'ailleurs, il était mécontent d'être tenu dans l'inaction et finalement demanda Tự-đức d'être autorisé à combattre ou à se retirer.

Cependant, le gouvernement annamite avait répondu à Garnier : il allait en appeler aux « pays voisins ». A cette menace, s'en joignirent de plus directes et le chef français en fut réduit à poser un *ultimatum*. Il demanda le désarmement de la citadelle (où il voyait faire d'importants travaux) et l'autorisation pour Dupuis de se rendre au Yun-nan. Sans réponse dans le délai fixé, il recourrait à la force.

Le 20 novembre 1872, le délai étant écoulé, il *enleva la citadelle* avec sa poignée d'hommes.

Après ce succès, il adressa à ses troupes un ordre du jour où il disait : « Je vous félicite de la modération que vous avez montrée vis-à-vis des vaincus, de l'humanité que vous avez témoignée aux blessés. Continuez à honorer le pavillon français, en respectant scrupuleusement les propriétés privées, en vous abstenant de toute destruction inutile, en protégeant les habitants inoffensifs. »

Au cours du mois suivant, les lieutenants de Garnier *(de Trentinian, Balny d'Avricourt, Hautefeuille)* s'emparèrent des villes du delta, Phủ-lý, Hải-dương, Ninh-bình ; Garnier lui-même prit Nam-định. Il s'occupa sans retard d'organiser *l'administration des provinces.*

Tự-đức s'effraya ; il envoya des ambassadeurs à Hanoi et à Saigon pour négocier la paix. Mais en même temps, il faisait des préparatifs pour continuer la lutte et il prenait à sa solde les *Pavillons Noirs*, qui vivaient de la piraterie dans les environs de Lao-kay.

Le 21 décembre, un dimanche, Garnier était en conférence avec les ambassadeurs quand on l'avertit que la citadelle était attaquée ; les Pavillons Noirs débouchaient de la route de Phủ-hoài-đức ; leurs bannières s'agitaient dans la campagne. Sur les ordres de leur chef, les Français ouvrent le feu et, dès les premières volées de canon, les Pavillons Noirs commencent à reculer. Garnier fait alors une sortie avec 18 hommes ; il fouille quelques villages, s'élance en avant de son détachement et victime de son courage, tombe dans une embuscade où il trouve la mort avec deux de ses hommes.

87. — Traité du 15 mars 1874. — Cependant, les négociations continuaient à Saigon avec la mission dont Lê Tuấn était le chef, et, poussées activement par l'amiral Dupré, elles aboutirent enfin, le 15 mars 1874, à la signature d'un traité où le *principe du protectorat* était énoncé.

Dans un esprit de conciliation qu'il importe de souligner, la France rendait les villes du Tonkin que Garnier et ses lieutenants avaient prises. Elle reconnaissait la *souveraineté du roi d'Annam* et son entière *indépendance vis-à-vis des puissances étrangères*. Elle s'engageait à lui donner gratuitement l'appui nécessaire pour *maintenir l'ordre* et la tranquillité intérieurs, pour le défendre contre toute attaque et pour détruire la piraterie qui désolait une partie des côtes du royaume. Elle faisait le don gratuit de cinq bateaux à vapeur, 100 canons et mille fusils avec les munitions nécessaires. Elle faisait remise, en outre, du reste de l'indemnité de guerre que l'Annam n'avait pas encore entièrement payée. Enfin, elle s'engageait à mettre à la disposition du roi des *instructeurs militaires* et marins en nombre suffisant pour reconstituer son armée et sa flotte, des *ingénieurs* et des *chefs d'ateliers* pour diriger les travaux qu'il voudrait faire entreprendre, des hommes *experts en matière de finances* pour organiser le service des impôts et des douanes, des *professeurs* pour fonder un collège à Hué.

En reconnaissance de cette protection et de ces services, Tự-đức s'engageait à conformer sa politique extérieure à celle de la France et à ne rien changer à ses relations diplomatiques telles qu'elles existaient au moment de la signature du traité. Dans aucun cas, le roi d'Annam ne pourrait faire avec une autre nation un traité en désaccord avec celui qu'il avait conclu avec la France, et *ne devait faire aucune négociation sans en avoir d'abord informé le gouvernement français*. La cour de Hué reconnaissait en outre, la pleine souveraineté de la France sur *les six provinces de Cochinchine* ; révoquait et annulait toutes les prohibitions portées contre la *religion catholique* et accordait aux sujets annamites de l'embrasser et de la pratiquer librement ; s'engageait à *ouvrir au commerce* les ports de *Qui-nhơn* et de *Hải-phong*, la *ville de Hanoi* et le *Fleuve Rouge* de la mer au Yun-nan.

Un *Résident* ayant rang de ministre devant être placé par la France auprès du souverain annamite et un *consul* ou agent assisté d'une force suffisante devait être nommé dans chacun des ports ouverts au commerce. Le roi d'Annam pouvait nommer un Résident à Paris et à Saigon.

L'échange des ratifications se fit solennellement à Hué, le 13 avril 1875.

M. *Rheinart* fut désigné comme *Résident à Hué*, M. de *Kergaradec* et M. *Turc*, comme *consuls à Hanoi* et *à Haiphong*.

CHAPITRE XXVII

Intervention française en pays d'Annam.
IV. Le gouvernement civil en Cochinchine.
Affaires du Tonkin (II).

88. — Le gouvernement civil en Cochinchine (1879). — *M. Le Myre de Vilers*, ancien officier de marine démissionnaire, ancien préfet, directeur de l'intérieur en Algérie, fut nommé *gouverneur de la Cochinchine, le 14 mai 1879*. Il prit son service le 7 juillet suivant.

L'amiral Jauréguiberry, Ministre de la Marine, avait remis au premier *Gouverneur civil* des instructions où on lisait : « Après vingt ans d'occupation, cette vaste contrée, placée désormais hors de toute contestation politique par l'exécution loyale du traité de 1874 qui a consacré la cession des trois provinces de Vinh-long Châu-dòc et Hà-tiên, mise à l'abri des troubles intérieurs par la fermeté d'une administration toute militaire, me paraît préparée à aborder l'*étape qui sépare le pays conquis de l'état colonial* et le *régime exceptionnel du droit commun*. »

Ainsi était clairement définie dans son principe la mission dévolue au gouvernement civil et M. Le Myre de Vilers la précisait encore dans son discours d'arrivée : « Il s'agit de substituer au régime d'exception, nécessaire à l'origine d'un établissement, le *régime de droit et de liberté* qui est à la base de notre constitution républicaine et qui seul peut assurer la prospérité d'un pays civilisé. »

Et il ajoutait, à l'adresse des Annamites : « Le progrès va s'accomplir vingt ans seulement après le débarquement de nos troupes à Saigon. Je ne pense pas que l'histoire contienne un exemple d'une pacification aussi complète dans une période aussi courte... Cette transformation intérieure n'amènera pas un relâchement même momentané, dans le respect de notre domination. Certes, l'intention du gouvernement est de respecter la religion, les mœurs et les coutumes des populations appelées à participer à notre civilisation, de développer leur instruction, d'accroître leur richesse. Mais que les Annamites sachent bien que leur premier devoir est de s'incliner devant la loi du pays.

M. Le Myre de Vilers occupa ses fonctions du 7 juillet 1879 au 12 janvier 1883; cette période fut coupée par un voyage et un séjour en France du 4 mars au 1er novembre 1881. Pendant son gouvernement effectif de près de trois ans, des réformes importantes pour la vie de la colonie furent accomplies.

Il suffira d'énumérer les principales :

Création du Conseil colonial (décret du 8 février 1880) ;

Création des Conseils d'arrondissement (15 mai 1882) ;

Création du Conseil municipal de Cholon ;

Organisation de la justice ; séparation des pouvoirs administratif et judiciaire ; juridiction d'appel confiée à une Chambre de la Cour de Saigon ; création de tribunaux de première instance ;

Programme de travaux publics; développement des voies terrestres et fluviales ;

Réforme des impôts ; péréquation de l'impôt foncier et de l'impôt personnel ; suppression des corvées, etc.

Le gouvernement se préoccupa aussi d'*associer les indigènes à l'administration*; d'*améliorer leur situation* morale et matérielle; de *constituer l'outillage économique*, de *développer l'instruction* par l'ouverture de nouvelles écoles.

« L'activité remarquable, l'esprit méthodique de M. Le Myre de Vilers lui ont permis de réformer presque toutes les parties de l'administration du pays et, quand il n'a pas terminé lui-même ses entreprises, il les a du moins engagées. Vue à distance, l'œuvre de ces quatre années paraît immense : elle le fut en réalité, et nul gouverneur après lui n'en a laissé de pareille. » (P. CULTRU).

Jusqu'à la constitution de l'Union indochinoise, Le Myre de Vilers eut *cinq successeurs* dont trois intérimaires. Ils s'inspirèrent des mêmes méthodes de gouvernement que lui et il n'y eut pas d'événements très remarquables dans la vie de la colonie ; au point de vue *politique*, répression de troubles sur la frontière d'Annam ; au point de vue *administratif*, réformes apportées à l'institution du Conseil colonial. Le dernier gouverneur titulaire de la Cochinchine fut M. *Filippini*, mort à Saigon le 22 octobre 1887, après quatre mois seulement de séjour.

Liste des Gouverneurs civils de la Cochinchine (1).

MM. **Le Myre de Vilers**, du 7 juillet 1879 au 4 mars 1881 et du 1er novembre 1881 au 12 janvier 1883 ;

Gén. DE TRENTINIOM, du 5 mars 1881 au 31 octobre 1881 ;

Ch. Thomson, du 13 janvier 1883 au 27 juillet 1885 ;

Gén. BÉGIN, du 28 juillet 1885 au 19 juin 1886 ;

Filippini, du 20 juin 1886 au 22 octobre 1887 ;

PARDON, du 23 octobre 1887 au 3 novembre 1887.

89. — HENRI RIVIÈRE AU TONKIN (2 AVRIL 1882) ; SA MORT (19 MAI 1883). — Tự-đức, qui n'avait pas tenu les engagements que lui imposait le traité du 5 juin 1862, ne fut pas plus fidèle à ceux qu'il avait acceptés par le traité du 15 mars 1874.

Malgré que l'indépendance de l'Annam vis-à-vis de toute puissance étrangère y fût nettement inscrite, en 1877 et en 1881, il envoya des ambassades *rendre hommage à l'Empereur de Chine*, voulant marquer ainsi qu'il continuait à le considérer comme son suzerain ; et il lui demanda le *secours des troupes impériales* lorsque, en 1878 et en 1879, des tentatives de rébellion créèrent les troubles au Tonkin. Des armées chinoises pénétrèrent dans le pays et, une fois l'ordre rétabli, y restèrent casernées.

(1) **Les Gouverneurs titulaires** ; les GOUVERNEURS INTÉRIMAIRES.

D'autre part, les Annamites qui faisaient preuve de bons sentiments à l'égard de la France furent accablés de *vexations* et des *difficultés* sans nombre furent suscitées aux *représentants de la République à Haiphong* et surtout *à Hanoi* ; la piraterie et le brigandage étaient ouvertement favorisés quand les intérêts français avaient à en souffrir. Enfin *Lưu Vĩnh-Phúc* fut revêtu de *hautes dignités* dans la hiérarchie annamite et ses *Pavillons Noirs* n'apportèrent plus aucune borne à leurs déprédations et à leurs insolences. La petite *garnison de Hanoi* était *menacée*.

Le Myre de Vilers, malgré toute sa modération et son désir d'éviter un conflit, fut contraint de prendre des *mesures de protection*.

Le 1er novembre 1881, il télégraphia à Paris : « En présence de *l'impuissance* (pour ne pas dire la mauvaise volonté) *du gouvernement de Hué* et devant *l'attitude des Pavillons Noirs*, il me paraît indispensable de *doubler la garnison de Hanoi*. Il n'y aura pas d'opération militaire. Je n'ai pas besoin de crédit. »

Au capitaine de vaisseau *Henri Rivière*, chargé de conduire deux compagnies de renfort, il donna ces instructions : « Le gouvernement de la République ne veut à aucun prix faire de guerre de conquête; c'est *politiquement, administrativement, pacifiquement*, que nous devons étendre et affermir notre influence au Tonkin et en Annam ; ainsi la *mesure* que nous prenons aujourd'hui est-elle *essentiellement préventive*. Vous devez donc n'avoir *recours à la force qu'en cas d'absolue nécessité* et je compte sur votre prudence pour éviter cette éventualité peu probable d'ailleurs.. »

Henri Rivière rejoignit à Hanoi, le *2 avril 1882*, le chef de bataillon *Berthe de Villers*, qui avait sous ses ordres deux compagnies d'infanterie de marine. Il fit une visite de courtoisie au gouverneur de la province qui ne la lui rendit pas, et chaque jour, il put constater que des *travaux de fortification* s'exécutaient avec activité dans l'intérieur de la citadelle dont l'accès fut interdit à tout étranger ; des *milices* étaient convoquées ; des *provisions* et *munitions* accumulées.

La citadelle, dans son état actuel, constituant un véritable *danger pour les troupes françaises*, Rivière demanda au gouverneur de la faire évacuer, qu'il se chargerait lui-même de la mettre hors d'état de nuire et la rendrait ensuite aux autorités. Si le gouverneur n'acceptait pas ces conditions, la citadelle serait attaquée.

Le gouverneur ne répondant pas à l'ultimatum, la *citadelle fut attaquée et prise (25 avril 1883)*; Rivière en fit sauter les portes, jeta les canons dans les fossés, pratiqua quelques brèches et la remit aux mandarins. Il écrivit au gouverneur de la Cochinchine: « je pense que nous pourrons laisser l'administration civile aux mandarins et que notre occupation du Tonkin doit se résumer en une *occupation militaire*. Notre *concession* fortifiée, et je vais y aviser, en communication par eau avec Haiphong, est notre *seul point d'occupation vrai*... Avec un *poste sur la Rivière Claire*, la navigation du Fleuve Rouge est assurée. On verra après. J'attends vos ordres ».

Pendant plusieurs mois, Henri Rivière se contenta de réaliser aussi parfaitement et aussi pacifiquement que possible cette occupation partielle; les Français étaient à Hanoi en exécution du traité du 15 mars 1874 ; ils devaient y rester et ne demandaient pas davantage.

Des pourparlers se poursuivaient activement à Hué avec les Annamites, à Paris, à Tientsin et à Pékin avec les Chinois ; car la Chine, qui n'avait fait aucune objection lorsque l'annonce du traité de 1874 lui avait été officiellement faite, s'avisait, huit ans plus tard, d'invoquer la qualité de tributaire de l'Annam pour intervenir dans le débat ouvert entre la cour de Hué et la France. Rivière attendait donc, sur la défensive, le résultat de ces pourparlers, ne prenant que les mesures que lui imposaient les circonstances ; c'est ainsi que le 12 mars 1883, *il fit occuper Hongay*, étant avisé que le gouvernement annamite allait concéder les mines de charbon de cette région à une société étrangère ; que, le 27 mars, il prit d'assaut *Nam-định* parce que des travaux y étaient entrepris pour barrer les communications avec Haiphong.

Mais pendant qu'il était à Nam-định, les troupes annamites et les Pavillons Noirs attaquèrent *la concession*, et malgré la leçon que leur infligea le commandant Berthe de Villers, elles revinrent quelques jours plus tard ; toutes les nuits des alertes avaient lieu ; de la rive gauche du fleuve une fusillade incessante était dirigée sur les *bâtiments de la concession et de la mission*. Des réguliers chinois vinrent se joindre aux Annamites et aux Pavillons Noirs. Etablis autour de Hanoi avec des moyens d'attaque de plus en plus puissants, ces adversaires devenaient de plus en plus audacieux. Le 11 mai, ayant établi des batteries sur la rive gauche du fleuve, ils bombardèrent la concession ; dans la nuit du 12 au 13, un parti de Pavillons Noirs vint attaquer la mission et brûla l'église.

Le 15 mai, la nécessité de réagir devenant plus impérieuse, le chef du corps expéditionnaire envoya le commandant de Villers sur la rive gauche : les villages d'où l'on tirait contre la concession furent détruits, la route de Gia-lâm à Bắc-ninh fut nettoyée jusqu'au Canal des Rapides, des canons furent pris et quelques hommes tués à l'ennemi. Mais, c'est contre Sơn-tây qu'il aurait fallu diriger une opération, car là se concentraient les troupes annamites et chinoises ; mais les eaux étaient basses et rien ne pouvait être pour le moment tenté. En attendant, Rivière résolut de diriger une forte reconnaissance offensive dans la direction de la citadelle de Hoài-đức, d'où les Pavillons Noirs venaient, même en plein jour, braver les soldats français et exciter à la fuite les Annamites encore nombreux dans Hanoi.

Des dispositions minutieuses furent prises le 18 mai et le lendemain l'opération commença. Malheureusement, aux termes du rapport officiel, « nous avons poussé notre reconnaissance trop loin, entraînés par l'ardeur de chacun, et nous nous sommes heurtés à des obstacles dont il eût été facile de venir à bout en couvrant d'obus les villages où les Pavillons Noirs nous attendaient ». C'est en attaquant, sans préparation suffisante, un de ces villages que *Rivière* fut blessé et tomba ; les Pavillons Noirs se précipitant, le criblèrent de coups de lance (19 mai 1883).

Les survivants de la colonne rentrèrent dans leurs quartiers sans être inquiétés.

CHAPITRE XXVIII

Intervention française en pays d'Annam
IV. Affaires du Tonkin.

III. Etablissement du Protectorat en Annam.

90. — M. HARMAND, COMMISSAIRE GÉNÉRAL DE LA RÉPUBLIQUE. — En France, la nouvelle de la *mort de Rivière* eut un *grand retentissement*. Le gouvernement prit des mesures immédiates ; le Parlement vota des crédits ; le général Bouët fut nommé commandant supérieur. Enfin, un décret du 7 juin désigna M. *Harmand*, qui avait été compagnon de Francis Garnier en 1873 et qui était à ce moment consul de France à Bangkok, pour remplir les fonctions de *commissaire général* civil de la République au Tonkin ; il avait autorité sur les forces de terre (corps d'occupation commandé par le général *Bouët*) et de mer (flottille du Tonkin commandée par le capitaine de frégate *Morel-Beaulieu*). L'amiral *Courbet* était chargé du commandement en chef de la division navale des côtes du Tonkin.

M. Harmand estimait qu'il ne serait possible d'établir la paix dans le bassin du Fleuve Rouge qu'après une *action prompte et énergique à Hué*. Le gouverneur de la Cochinchine partageait cet avis, et l'amiral Courbet s'y rangea après avoir constaté que l'opération était possible. Le Ministère, consulté, donna son approbation. La mort de Tự-đức survenue le 19 juillet, et les désordres qui la suivirent à la cour, précipitèrent les événements. Le 18 août 1883, l'amiral avec 5 vaisseaux et 2 avisos, arrivait à l'embouchure de la rivière de Hué et commençait aussitôt à bombarder les forts de Thuận-an ; le 20, les troupes de débarquement donnaient l'assaut et occupaient le fort principal ; les autres étaient abandonnés pendant la nuit par les Annamites. Dès le 21, la cour d'Annam envoyait un parlementaire ; M. Harmand déclara qu'il ne traiterait qu'à Hué. Le lendemain, dans la capitale, il présentait un traité en 27 articles au gouvernement annamite, et donnait vingt-quatre heures pour l'accepter ou le rejeter en bloc. Le 25 août, le traité était signé.

Par le traité Harmand, l'Annam reconnaissait le Protectorat français, remettait à la France le soin de présider aux relations du gouvernement annamite avec les puissances étrangères, y compris la Chine, s'engageait à rappeler ses troupes du Tonkin et à y établir l'administration sous le contrôle de la France ; il cédait la province du *Bình-thuận* qui était rattachée à la Cochinchine et les trois provinces du Nord, Thanh-hóa, Nghệ-an et Hà-tĩnh, étaient incorporées au Tonkin. La France s'engageait à garantir l'intégrité de l'Annam et à le protéger contre les agressions du dehors et les rébellions du dedans ; elle abandonnait les sommes qui lui restaient dues.

C'est un *véritable traité* qui fut régulièrement signé et non comme on l'a écrit par erreur, des préliminaires de paix ; un traité dans toute la valeur du terme, définissant les conditions nécessaires au fonctionnement du protectorat, n'omettant aucun point important et posant les bases de l'organisation actuelle, lesquelles furent conservées dans la revision qui devait être faite dix mois plus tard.

« C'est l'œuvre personnelle de M. Harmand et l'honneur de sa carrière diplomatique » (M. Billot).

91. — État de guerre avec la Chine. — Traité de Tientsin (9 juin 1885). — Vers la fin du mois d'octobre, le contre-amiral *Courbet* fut nommé *commandant en chef* des troupes de toutes armes et vint aussitôt à Hanoi où il proclama l'*état de siège*. Le commissaire général partant le 23 décembre pour la France, fit à l'amiral la remise des services. Mais Courbet, soucieux de laisser à un administrateur civil la direction et le contrôle de ces services, fit appel à un inspecteur (depuis 1867) des affaires indigènes de Cochinchine, *J. Silvestre*, qui reçut le titre de *directeur des affaires civiles et politiques*.

Cependant que d'interminables négociations se poursuivaient avec la Chine, menées simultanément en France et à Pékin, des réguliers chinois, amenés du Yun-nan et du Kouang-si, étaient casernés à Sơn-tây, à Bắc-ninh et à Hưng-hóa et ne se privaient pas de prendre part aux combats contre les Français, en liaison avec le généralissime annamite *Hoàng Kế-Viêm* et Lưu Vĩnh-Phúc, chef des Pavillons Noirs.

On reconnut en France la nécessité de *suspendre l'action diplomatique* et de frapper des coups assez forts pour vaincre la résistance du gouvernement chinois. Le premier coup fut frappé à Sơn-tây dont l'amiral Courbet s'empara le 16 décembre 1883 après une lutte de plusieurs jours. On ne pouvait atteindre Hưng-hóa à cause de l'état des eaux, mais une expédition contre Bắc-ninh fut préparée. A ce moment, Courbet fut promu vice-amiral et maintenu au commandement de la division navale et le *général Millot* fut appelé au *commandement supérieur* des troupes ; deux généraux de brigade, *Brière de l'Isle* et *Négrier*, furent aussi nommés.

Aussitôt arrivé, le général Millot continue les opérations contre les troupes chinoises. Brière de l'Isle tourna les obstacles accumulés sur la route de Bắc-ninh et Négrier s'empara de Đáp-cầu ; craignant d'être pris entre deux feux, les Chinois évacuèrent *Bắc-ninh* (12 mars 1884) ; Négrier les poursuivit sur la route de Lạng-sơn ; il occupa *Phủ-lạng-thương* et *Kep* (17 mars) malgré les retours offensifs des Chinois. Pendant ce temps, Brière de l'Isle s'emparait de *Thái-nguyên* (19 mars). Le mois suivant, *Hưng-hóa* que Lưu Vĩnh-Phúc défendait, fut bombardé à distance ; quand l'infanterie française parvint devant la place, l'ennemi avait fui. Le 1er juin, *Tuyên-quang* fut à son tour occupé.

Cette campagne énergique et les succès qui l'avaient marquée parurent tout d'abord produire sur le gouvernement chinois un effet tout différent de celui que l'on en aurait pu attendre. Le 12 avril, deux décrets furent promulgués à Pékin ordonnant : le *gouverneur du Yun-nan* et le *gouverneur du Kouang-si*, responsables de la prise de Sơn-tây et de Bắc-ninh, seront *arrêtés* et *mis en jugement*, les officiers qui avaient battu en retraite seront décapités devant l'armée. A l'annonce de ces rigoureuses punitions, il devint apparent que tout espoir d'entente devait être abandonné, que le parti de la résistance avait le dessus dans les conseils du gouvernement et qu'il fallait d'attendre à un redoublement de mesures hostiles.

Cependant, le mois suivant, le capitaine de frégate *Fournier* était mis en relations avec le vice-roi du Tche-li, *Li Hong-tchang* et après quelques jours de négociation, ils signaient, pour la France et pour la Chine, la *convention de Tiênlsin* (11 mai 1884), aux termes de laquelle les troupes chinoises devaient *évacuer les places de la frontière* dans des délais déterminés. Mais le gouvernement de Pékin semblait ignorer les engagements pris par les signataires ; ainsi le commandant chinois de Lạng-sơn n'avait reçu aucun ordre d'évacuation. Il en résulta de regrettables incidents de frontière (*affaire de Lạng-sơn*), à la suite desquels le gouvernement chinois continuant à envoyer des troupes au Tonkin, l'amiral Courbet détruisit la flotte chinoise dans le port de *Fou-tchéou* et bombarda l'arsenal ; le *blocus de Formose* (T'ai-wan) fut déclaré. Sur terre, le général *Brière de l'Isle* infligeait de sérieuses pertes aux troupes chinoises ; *Lạng-sơn* était pris le 3 février, et *Tuyên-quang*, qu'assiégeaient les Pavillons Noirs, était débloqué.

La Chine fut réduite à signer un nouveau *traité le 9 juin 1885*, par lequel elle s'engageait à respecter les arrangements intervenus ou à intervenir entre la France et l'Annam, et promettait un traité de commerce, qui fut en effet conclu l'année suivante (25 avril 1886).

92. — Traité du 6 juin 1884. — Le Protectorat. — L'état de guerre régnant entre la France et la Chine n'avait pas empêché l'Annam de traiter.

A Paris, on ne voulait ni d'une conquête, ni d'une annexion immédiate, et le gouvernement de la République accepta donc de revenir sur certaines clauses du traité Harmand. M. *Patenôtre* fut envoyé à Hué avec pleins pouvoirs pour signer le traité qui devait être substitué à celui du 25 août 1883 et dont le projet avait été préparé à Paris. Les principales modifications portaient sur les cessions de territoire ; le gouvernement avait estimé inutile d'annexer le Bình-thuận à la Cochinchine et d'incorporer le Hà-tĩnh, le Nghệ-an et le Thanh-hóa au Tonkin. Nguyễn Văn-Tường prit texte de ces concessions pour en demander d'autres. Patenôtre répondit qu'il n'avait pas mission de négocier, qu'il n'était venu à Huế que pour signer avec les plénipotentiaires annamites un traité contenant les *dernières concessions* de la France. Tường, bien que se rendant compte de l'inutilité de ses protestations, poussa l'insistance jusqu'à se faire saisir d'un ultimatum ; peut-être y voyait-il le moyen de couvrir sa responsabilité aux yeux de ses compatriotes.

Une autre difficulté se présenta : M. Patenôtre devait obtenir *remise du sceau* envoyé par l'empereur chinois au roi d'Annam comme à tous les monarques tributaires. Il consentit à ce que ce sceau fût fondu devant lui au lieu d'être envoyé en France. L'opération se fit le *6 juin*, publiquement, avec une certaine solennité, dans le salon de la Légation de France. Quand elle fut terminée, lorsque le sceau, *signe de la vassalité de l'Annam*, ne fut plus qu'un peu d'argent liquide au fond d'un creuset, le nouveau traité fut signé par M. Patenôtre, pour le gouvernement de la République et Nguyễn Văn-Tường, pour le souverain annamite.

Le *protectorat français* était définitivement établi sur l'*Annam*

CHAPITRE XXIX

Le pays d'Annam de 1883 à 1885.

Les successeurs de Tu-duc.

93. — LES SUCCESSEURS DE Tự-đức. — Tự-đức était mort le 19 juillet 1883, âgé de 54 ans, après 35 ans de règne. Il avait désigné pour lui succéder un de ses fils adoptifs, *Dục-đức* et lui avait donné un *conseil de régence* dont les membres les plus influents étaient : *Nguyễn Văn-Tường* et *Tôn-thất Thuyết*, l'un Ministre des emplois civils, chargé des affaires étrangères, l'autre Ministre de la guerre. Le premier était d'un esprit cultivé et d'un sens politique très avisé ; le second était jeune, sans expérience des affaires, tout prêt à manifester sa haine de l'étranger.

Dục-đức ne fut pas couronné. Il fut *déposé au bout de trois jours* ; une faction mit à sa place le prince *Hồng-dật*, frère utérin de Tự-đức, qui reçut le nom de *Hiệp-hòa* (21 juillet 1883) ; Nguyễn Văn-Tường et Tôn-thất Thuyết conservèrent la régence. Mais, à la suite d'une nouvelle révolution du palais, Hiệp-hòa fut *déposé* le 30 novembre 1883 ; il mourut le même jour, empoisonné, d'après le bruit qui courut.

Tôn-thất Thuyết porta au pouvoir un autre fils adoptif de Tự-đức, nommé *Ưng-đăng*, âgé de 15 ans, qui reçut le nom de *Kiến-phúc*. Thuyết prit la *présidence du conseil de régence* ; avec Nguyễn Văn-Tường, il possédait toute l'autorité.

Ils se tenaient tous deux en rapports avec Lưu Vĩnh-Phúc et Hoàng Kế-Viêm, faisaient des armements dans le Thanh-hóa et le Nghệ-an, et préparaient un soulèvement général contre les Français. Le représentant de la République à Huế, *Gabriel Lemaire*, était traité sans égards ; à ses demandes d'explications, les régents répondaient par des faux-fuyants et ils tentaient de l'abuser.

Le roi qu'ils avaient fait, Kiên-phúc, ne régna pas longtemps ; *il mourut* à son tour le 31 juillet 1884, — huit mois après son couronnement, sept semaines après la conclusion du traité signé en son nom par Nguyễn Văn-Tường (1).

Un successeur lui fut donné dans la personne de son jeune frère, âgé de 13 ans seulement, le prince *Ưng-lịch* qui reçut le nom de *Hàm-nghi* et fut couronné le 2 août 1884. C'était le quatrième roi mis sur le trône depuis la mort de Tự-đức, c'est-à-dire depuis un an.

Le nouveau souverain était tenu en tutelle par la Reine-mère (mère de Tự-đức) qui passait pour n'être pas sans influence dans les conseils du gouvernement. Mais le pouvoir restait réellement entre les mains des membres du Cơ-mật et particulièrement de Tôn-thất Thuyết, — son collègue le Ministre des emplois civils, chargé des affaires étrangères ayant perdu de son crédit depuis la signature du traité du 6 juin 1884.

Cependant, *les esprits ne se calmaient pas* à la cour ; la nouvelle de la conclusion des préliminaires de paix avec la Chine (4 avril 1885) avait semblé décourager un moment les adversaires de l'influence française, mais ils reprirent bientôt de l'assurance. A Huế même des *préparatifs menaçants* étaient faits : des travaux de fortification étaient exécutés à l'intérieur de la citadelle ; des tranchées-abris barraient les chemins... Le chef de la petite garnison française, colonel Pernot, ayant fait des réclamations, le Résident général Lemaire, se fiant aux renseignements annamites, répondit que le colonel s'effrayait à tort de simples travaux d'écoulement des eaux pluviales !

L'*opposition* ne tarda pas à devenir ouverte ; le *protectorat* était sans cesse *mis en question* et la cour adoptait des formes injurieuses dans sa *correspondance officielle*. C'est ainsi que le Ministre de la guerre adressa une *lettre insolente* au Résident général ; il envoya même une copie de cette lettre dans toutes les provinces du Tonkin, accompagnée d'un décret conçu dans les

(1) Voir ci-dessus, lecture 92.

termes les plus violents. Le Département des affaires étrangères étant informé du fait, le Ministre et Président du Conseil, de Freycinet, télégraphia que *la France ne pouvait plus supporter que Thuyết siégeât au Conseil de régence* ; à défaut d'une réponse satisfaisante, il pourrait être procédé à une démonstration militaire. La garnison de Hué allait, dans tous les cas, être renforcée.

Mais à ce moment, le général de Courcy était déjà en mer pour rejoindre son poste et Lemaire obtint de rentrer en France.

94. — LE GÉNÉRAL DE COURCY. ATTAQUE DE LA GARNISON FRANÇAISE A HUÉ (5 *juillet 1885*). Le général *Roussel de Courcy*, nommé par décret du 14 avril 1885, *commandant en chef* des troupes formant le corps expéditionnaire, reçut aussi les *pouvoirs civils et politiques*. Il arriva au Tonkin au commencement du mois de juin, mais il avait hâte de se rendre en Annam, car ses instructions attiraient toute son attention sur la situation que la politique des régents avaient créée dans la capitale.

Le 27 juin, le général quitta le Tonkin avec une escorte de 800 zouaves et de 100 chasseurs à pieds. Le 1er juillet, il était à Hué; il fit aussitôt savoir à la cour son désir de *présenter les lettres* qui l'accréditaient auprès du souverain ; mais on remit à plus tard la date de l'audience, le Ministre de la guerre Thuyết se disant malade.

Le 4 juillet, le général donna à la légation de France, où il s'était installé avec son état-major, une réception à laquelle furent conviés les fonctionnaires civils et les officiers ; ses hôtes s'étaient retirés depuis un moment quand, vers une heure du matin (5 juillet 1885), les canons de la citadelle ouvrirent simultanément *le feu sur la légation et sur les ouvrages occupés par les Français* dans la citadelle même (1).

(1) La garnison française était installée : 1° à l'angle N.-E. de la citadelle dans un ouvrage en forme de bonnet de prêtre appelé *Mang-ca*, construit en dehors de l'enceinte ; 2° au dedans de l'enceinte, dans des casernements attenant au Mang-ca et séparés du reste de la citadelle par un petit mur crénelé ; c'est cet espace que l'on a appelé la « concession » ; il avait été mis à la disposition des Français,

« En un instant, dit le général de Courcy, l'incendie dévora les paillotes qui servaient de casernement à nos troupes et, pendant tout le reste de la nuit, les fusées incendiaires, les balles et les boulets pleuvaient sur elle et sur la *Javeline*, canonnière mouillée près du Mang-ca. A la légation, cent cinquante hommes d'infanterie de marine tenaient tête aux attaques répétées de bandes hardieis, restaient impassibles sous le feu des batteries de la citadelle qui les criblaient de boulets et de mitrailles, transformant l'hôtel (de la légation) en une véritable ruine. Au Mang-ca, dès le point du jour, deux colonnes débouchaient et se jetaient furieuses et intrépides dans l'immense citadelle. Trois heures plus tard, trente mille hommes, qui formaient la garde de la place, étaient en déroute, la cour en fuite, les palais royaux entre nos mains. A huit heures, le drapeau français remplaçait sur la citadelle les couleurs de l'Annam ».

Dès qu'il s'était rendu compte de l'échec de l'agression, *Tôn-thất Thuyết*, *emmenant Hàm-nghi* et suivi de quelques troupes fidèles, *s'était enfui* vers la citadelle de Quảng-trị où il était arrivé le 6 juillet au soir ; il en partit bientôt pour se rendre à Cam-lô (1). *Nguyễn Văn-Tường* avait aussi disparu, mais il revint bientôt et *fit sa soumission* au général ; on le retint prisonnier dans le palais du Ministre des affaires étrangères.

La capitale de l'Annam était au pouvoir de la France, mais le désordre y régnait : les mandarins avaient fui, les fonctions

---

le Mang-ca s'étant trouvé trop petit pour les abriter.

Dans la nuit du 5 juillet, il y avait au Mang-ca une compagnie d'infanterie de marine avec le colonel Pernot ; les zouaves et les chasseurs étaient dans la « concession ». Les bâtiments de la légation et les services de la Résidence générale, construits de l'autre côté de la rivière à environ 600 mètres du Mang-ca, étaient défendus par une compagnie d'infanterie de marine.

(1) Quelque temps après, les colonnes françaises approchant, il partit vers le Laos et le Haut-Tonkin pour tenter de trouver du secours ; il laissait Hàm-nghi avec ses deux fils et un petit nombre de partisans ; le roi fut pris le 1er novembre 1888, grâce à des traîtres, et envoyé en Algérie. Thuyết mourut en Chine.

publiques n'étaient plus exercées, la population restait dans l'épouvante.

Le général fit venir M. Silvestre du Tonkin pour préparer la réorganisation de l'administration et un *gouvernement provisoire* fut constitué, avec le prince *Thọ-xuân*, oncle de Tự-đức, à sa tête et Nguyễn Văn-Tường, comme *président du Cơ-mật.*

95. — Le cinquième successeur de Tự-đức : Đồng-khánh (1885-1889). — Ces mesures n'eurent aucune influence heureuse sur la situation du pays. *L'insurrection grandit* dans les provinces ; elle avait comme agents les mandarins de tous grades ; des *massacres de missionnaires et de chrétiens indigènes* eurent lieu dans le *Quảng-ngãi*, le *Quảng-trị* ; le mouvement gagna les provinces du Sud, le *Bình-định*, le *Phú-yên*. Des secours durent être envoyés à *Qui-nhơn* où plus de 8.000 chrétiens, échappés à grand'peine aux massacres étaient sans abri ; *Đồng-hới* et *Quảng-nam* furent occupés.

Le général de Courcy, après un voyage à Qui-nhơn, revint à Huê où il prit la responsabilité de mesures énergiques ; il fit *arrêter Nguyễn Văn-Tường* dont la complicité avec les révoltés ne faisait pas de doutes (1). Puis, comme il fallait renoncer à l'espoir de voir Hàm-nghi retourner dans sa capitale, le général décida *d'élever au pouvoir un autre prince.* Sur la présentation de la Reine-mère et du Cơ-mật, fut accepté un frère de Kiên-phúc et de Hàm-nghi mais plus âgé qu'eux, le prince *Ứng-xuy*, qui reçut le nom de *Đồng-khánh.*

C'était un prince de 23 ans, d'un abord agréable. Il fut reçu dans le palais le 14 septembre 1885 et la cérémonie solennelle du couronnement eut lieu six jours plus tard. Dans le manifeste par lequel il annonçait son avènement, il s'exprimait ainsi :

« Depuis trois mois... les peuples étaient indécis et ne savaient sur qui s'appuyer ; le jour ni la nuit, personne ne rendait hommage

(1) Il fut déporté à Poulo-Condore et, plus tard, à Papaëte (île de Haïti) où il mourut.

aux reines (la mère et l'épouse de Tự-đức) ; l'encens ne fumait plus sur l'autel refroidi des ancêtres. Fils de Tự-đức, le royaume étant en péril et le peuple sans maître, j'obéis aux *volontés des saintes reines*. C'est aussi afin de montrer mon amitié pour une *puissance amie* que *j'accepte le pouvoir*. Nous n'avons tous qu'une même volonté. — Maintenant que le trône est tranquille, les grâces doivent être répandues en tous lieux. Que le gouvernement me fasse savoir quelles sont les faveurs à accorder aux provinces ; j'approuverai ses propositions... ».

La *mère de Tự-đức* proclamait de son côté :

« Notre gouvernement a traité de la paix avec le gouvernement français, il y a vingt ans... Mais le désordre a régné depuis, par la faute d'un rebelle, le membre de la famille royale Thuyết. Le gouvernement français a fait savoir que sa volonté est qu'il y ait un roi et que la citadelle lui soit rendue. Et j'ai pensé : les autels des ancêtres royaux sont abandonnés, les peuples n'ont plus de soutien ; il ne faut pas s'opposer aux bonnes intentions des Français qui veulent nous rendre ce qui a été perdu et réparer ce qui a été rompu... Le général en chef, le résident, le chef du gouvernement provisoire, les mandarins du Cơ-mật, les membres de la famille royale nous demandent de couronner le prince *Úng-xuy*, deuxième fils adoptif de Tự-đức. J'ai choisi le 6e jour de ce mois (14 septembre) pour l'accompagner dans le palais et le 11e jour pour la cérémonie du couronnement...

« Quant à Hàm-nghi, s'il revient, il recevra le titre de *duc* et il lui sera permis de *continuer le culte de son père*...

« Ainsi sera satisfait aux volontés des souverains défunts, ainsi seront comblés les vœux du peuple, ainsi le royaume retrouvera son point d'appui, ainsi pourrai-je revivre la splendeur des jours passés. Il n'y a pas de bonheur plus grand ».

CHAPITRE XXX

Le Gouvernement civil au Tonkin
Paul Bert (1886).

96. — DÉCRETS DES 27 ET 31 JANVIER 1886. — PAUL BERT, RÉSIDENT GÉNÉRAL EN ANNAM ET AU TONKIN. — Un décret ayant été signé le 7 janvier 1886, aux termes duquel les pays placés sous le protectorat de la France étaient distraits du Ministère de la marine et des colonies pour être rattachés au Département des affaires étrangères, le Président du Conseil Ch. de Freycinet, Ministre des affaires étrangères, proposa à la signature du Président de la République, à la date du 27 janvier, un nouveau décret relatif à l'*organisation du protectorat de l'Annam et du Tonkin*.

« La pacification de l'Annam et du Tonkin est assez avancée, disait le Ministre dans son rapport de présentation, pour qu'il soit possible de placer désormais ce pays sous l'*autorité civile* et d'organiser le protectorat sur des bases définitives ».

D'après ce décret, le *Protectorat de l'Annam et du Tonkin* constituait, au regard de la Métropole, *un service spécial, autonome*, ayant son *organisation*, son *budget* et ses *moyens propres* ; les dépenses civiles et militaires devaient être supportées par le budget du Protectorat. Le Chef du Protectorat, représentant de la République française auprès de la cour de Hué, relevant du Ministre des affaires étrangères, dépositaire des pouvoirs de la République en Annam et au Tonkin, devait porter le titre de *Résident général* ; ce haut fonctionnaire était assisté par *deux Résidents supérieurs*, l'un à Hué, l'autre à Hanoi.

Enfin, le 31 janvier, furent rendus deux décrets : M. *Paul Bert*, député, membre de l'Institut, était envoyé en mission temporaire en Annam et au Tonkin pour exercer les fonctions de Résident général.

M. *Dillon*, consul général et M. *Paulin Vial*, ancien directeur de l'intérieur en Cochinchine, étaient nommés Résidents supérieurs, le premier à Hué, le second à Hanoi.

Paul Bert, au Parlement, s'était toujours intéressé à la politique coloniale. Il avait notamment manifesté sa confiance en l'œuvre entreprise au Tonkin, en son utilité et en son succès final. Après Lạng-sơn (1), il soutint dans la presse, dans des conférences, à la Chambre des députés, la nécessité de l'expansion coloniale. Aussi, à un moment où la politique du général de Courcy était suivie de regrettables résultats, où il fallait au Tonkin et en Annam un homme nouveau, où le gouvernement civil devait y être installé, le Président du Conseil eut la pensée de faire appel à *Paul Bert*. Son prestige de savant, membre de l'Académie des Sciences, d'orateur, d'homme politique, son activité, ses talents d'organisateur, sa foi dans l'œuvre coloniale de la France le désignaient pour remplir le rôle de *chef du Protectorat* de l'Annam et du Tonkin.

Paul Bert quitta Paris le **12 février 1886** ; il était accompagné de quelques *collaborateurs* choisis parmi lesquels : M. *Klobukowski*, consul, qui fut désigné pour remplir les fonctions de directeur du cabinet ; M. *Chailley*, directeur-adjoint ; M. *Laurent*, inspecteur des finances ; M. *Dumoutier*, diplômé de l'Ecole des Langues orientales ; les capitaines *Luce*, *Toutée* et *Schillemans*. La mission reçut à Saigon, le 28 mars, un excellent accueil tant de la population européenne tout entière (2) que du Gouverneur intérimaire, général Bégin.

Après un voyage à Phnom-penh, il partit le 2 avril pour le Tonkin. A Hanoi, le général *Warnet*, chargé de l'expédition des affaires depuis le rappel du général de Courcy, lui présenta le personnel civil et militaire et lui fit la remise des services (7 avril 1886).

---

(1) Voir ci-dessus, lecture 91.

(2) Lire le compte-rendu du banquet qui lui fut offert et les discours prononcés à cette occasion, dans *une des grandes énergies françaises, Paul Bert*, par P. DE LA BROSSE (Imp. d'Ext.-Or., 1925).

97. — PROCLAMATIONS DE PAUL BERT. — Le lendemain, 8 avril, il adressait trois *proclamations :* aux *Français* de l'Annam et du Tonkin ; aux officiers, sous-officiers, soldats et marins du *corps expéditionnaire* ; aux *populations tonkinoises.*

Il faisait appel au concours des premiers pour l'établissement du protectorat ; c'est à eux qu'il appartenait d'exploiter le magnifique *champ d'action ouvert au commerce et à l'industrie français* pour le plus grand bien de la France et de l'Annam « dont les intérêts sont désormais intimement et indissolublement unis ».

Au corps expéditionnaire, il apportait le salut affectueux et reconnaissant de la Patrie ; « on saluera avec respect, disait-il, ceux qui ont affronté ensemble tant de périls divers et mêlé fraternellement leur sang sur les champs de bataille ». « Ce sang et celui des morts glorieux, ajoutait-il, n'aura pas été versé en vain. Grâce à tant de sacrifices, la suprématie politique et morale de la France est définitivement établie sur cette terre si disputée. Les traités l'ont consacrée. Vous avez bravement et utilement travaillé pour la fortune et la grandeur de votre pays. Sur ce sol même, un peuple honnête et laborieux vous devra la *richesse qui suit la sécurité* ».

Le Résident général, dans ces proclamations, laissait déjà deviner sa pensée : c'était sur une *collaboration cordiale des Français et des Annamites* qu'il voulait fonder l'édifice du Protectorat. Mais en s'adressant aux Annamites mêmes, il expose avec détails cette *pensée féconde* et il la développe avec un grand bonheur d'expresson. Aussi, faut-il reproduire intégralement ce document qui mérite une place à part dans l'histoire des rapports entre Français et Annamites.

« ... Le Gouvernement de la République française m'a choisi pour le représenter et être ici l'interprète de ses volontés.

« Depuis longtemps, dans mon pays, je me suis appliqué à connaître et à défendre les intérêts de ce peuple d'Annam si laborieux si intelligent, et j'ai demandé que le peuple français lui tendit une main amicale.

« L'ardent désir, qu'en toute occasion j'ai manifesté, de le voir prospérer et jouir en paix du fruit de ses riches cultures, a été la cause déterminante de la mission que l'on m'a confiée et que j'ai acceptée avec bonheur, bien que j'aie dû, pour la remplir, abandonner provisoirement mon pays et d'importants travaux scientifiques et législatifs.

« Je viens chez vous avec la ferme intention d'examiner sur place la situation du pays et de m'enquérir de vos besoins.

« Des malentendus nous ont divisés, nos relations ont été gravement troublées : au lieu d'échanger paisiblement de la soie, nous avons brutalement échangé du plomb ; le sang a coulé, et nous nous sommes aperçus que les sentiments d'estime dont nous étions réciproquement animés s'altéraient dans nos cœurs. J'ai scrupuleusement étudié les causes de ces divisions regrettables ; je veux les faire cesser. *Car nos peuples ne sont pas faits pour se combattre, mais pour travailler ensemble et se compléter l'un par l'autre.*

« La France est un pays prospère et riche en ressources de toute nature. Si des Français viennent se fixer sur votre territoire, il faut que vous sachiez que ce n'est nullement dans la pensée de s'emparer de vos terres ni de vos récoltes ; mais au contraire, avec l'intention d'*augmenter la richesse générale* en donnant de la plus-value à vos domaines, en facilitant vos exploitations agricoles, déjà si habilement conduites, par la création de *voies de communication faciles*, par la *mise en valeur des richesses* que recèlent vos mines et par la *protection* que nous accorderons à vos *transactions commerciales avec les peuples étrangers.*

« Les Français ont pour cela des moyens que les Annamites ne possèdent point encore ; ils ont les capitaux, l'outillage, les ingénieurs et une grande expérience des affaires ; ils sont vos frères aînés. De même que les Chinois autrefois ont amélioré votre état social en vous apportant leur civilisation, en vous initiant aux travaux de leurs législateurs, de leurs philosophes et de leurs littérateurs, de même les Français qui viennent aujourd'hui chez vous, amélioreront votre *situation agricole, industrielle et économique*, et élèveront encore votre niveau intellectuel par l'*instruction*.

« Les Français n'ont pas davantage l'intention d'usurper les *fonctions publiques*, elles seront conférées par mes soins aux plus dignes d'entre vous, en récompense de leur science et de leurs services.

« Rien ne sera changé dans vos *rites*, dans vos *usages* ; vos *traditions* seront respectées ; vous continuerez à être soumis à vos *mêmes lois et règlements*, et je veillerai scrupuleusement à ce que pas un Tonkinois ne fournisse indûment une journée de *corvée*, ne paie indûment une sapèque d'*impôt*.

« Les cantons et les villages seront administrés comme autrefois ; votre *système communal* ne sera pas modifié ; vous choisirez vous-mêmes vos *notables*, ils seront spécialement chargés de la répartition de *l'impôt* et prendront, sous leur responsabilité, dans l'étendue de leur territoire administratif, telles mesures de *police* qui leur paraîtront utiles pour la sauvegarde de vos biens et de vos personnes.

« Pour m'éclairer dans les graves questions d'*intérêt général*, je réunirai à Hanoi un *conseil* composé de *délégués* que vous élirez dans chaque province *parmi les notables*.

« Ils me transmettront les *vœux de la population* et m'éclaireront sur ses *besoins* : je m'inspirerai de leurs *conseils* dans toutes les questions qui l'intéresseront directement, comme celles de création ou d'entretien des voies de communication, exploitation des mines, etc.. Je les tiendrai au courant de mes actes, et leur indiquerai les volontés de la France, qu'ils feront ensuite connaître aux habitants.

« Je ne puis vous donner une plus grande preuve de ma *confiance* et de ma *sincérité*. Les populations m'en sauront gré, et je compte sur leur concours dévoué pour qu'à jamais ce pays du Tonkin, berceau de l'Annam, où tant de dynasties illustres se sont succédé, *prospère et grandisse sous le Protectorat définitivement établi de la France.* »

CHAPITRE XXXI

L'Union indochinoise. — Les successeurs de Dông-khanh.

99. — L'UNION INDOCHINOISE. — Paul Bert fit l'Union indochinoise. Cette réforme répondait à l'idée d'unité politique poursuivie de tous temps par les empereurs d'Annam. Les protectorats du Tonkin, de l'Annam, du Cambodge formèrent avec la Cochinchine le gouvernement général de l'Indochine française. Un décret du 11 novembre 1887 détermina les attributions du chef de l'Union. Le traité franco-siamois du 3 octobre 1893 fit entrer le Laos dans le nouveau cadre politique et le décret du 5 janvier 1900 chargea le Gouverneur général de l'administration du territoire de Kouang-tchéou-wan cédé à bail par la Chine en 1893. Le 20 octobre 1911, quatre décrets furent promulgués qui précisèrent et fixèrent les pouvoirs du Gouverneur général. L'un d'eux stipulait nettement que les divers pays composant l'Union « possèdent leur autonomie administrative ».

Le Gouverneur général exerce tous les pouvoirs du Gouvernement français, sous le contrôle du Ministre des Colonies; il prend des arrêtés et fait des règlements qui s'appliquent à toute l'Indochine; il est le chef de tous les fonctionnaires et aussi de l'armée; il prépare les divers budgets, budget général et budgets locaux des différents pays formant l'Indochine française, et les soumet au Gouvernement français.

Le Gouverneur général est assisté dans sa tâche par de nombreux collaborateurs dont les principaux sont :

a) le Secrétaire général du Gouvernement général, son collaborateur direct, chargé plus spécialement de la direction des Finances, auquel il peut déléguer tout ou partie de ses pouvoirs, et qui le remplace par intérim ;

b) les chefs des administrations locales : Gouverneur de la Cochinchine, Résidents supérieurs au Tonkin, en Annam, au

Cambodge et au Laos, Administrateur en chef du territoire de Kouang-tchéou-wan, qui administrent les différents pays de l'Union indochinoise et dans les pays de protectorat comme l'Annam et le Tonkin, dirigent et contrôlent l'administration indigène ;

c) les directeurs des Services généraux qui sont en quelque sorte ses conseillers et dirigent les grands services publics : Finances, Douanes, Justice, Travaux publics, Postes et Télégraphes, Instruction publique, etc.

De plus, le Gouverneur général convoque une fois au moins par an, tous les hauts fonctionnaires de l'Indochine ainsi que les représentants des assemblées élues (Conseil colonial, Chambres de Commerce et d'Agriculture) et les représentants de l'Administration indigène pour les consulter sur diverses questions intéressant le pays, et notamment sur le budget général et les budgets locaux. Cette assemblée s'appelle le *Conseil de Gouvernement*. Elle siège dans la ville que désigne à cet effet le Gouverneur général, Saigon, Hanoi, Hué ou Phnom-penh. Dans l'intervalle de ses sessions, le Gouverneur général est assisté par une *Commission permanente* du Conseil de Gouvernement.

Voici dans leur ordre de succession le nom des Gouverneurs généraux de l'Indochine (les noms titulaires en caractères gras et les noms des intérimaires en petites capitales) ; les dates indiquent la durée des fonctions dans la colonie.

MM. **Constans** (du 16 novembre 1887 au 21 avril 1888).
RICHAUD (du 22 avril au 7 septembre 1888).
Richaud (du 8 septembre 1888 au 30 mai 1889).
Piquet (du 31 mai 1889 au 12 avril 1891).
BIDEAU (du 13 avril au 25 juin 1891).
de Lanessan (du 26 juin 1891 au 9 mars 1894 et du 27 octobre au 29 décembre 1894).
CHAVASSIEUX (du 10 mars au 26 octobre 1894).
RODIER (du 30 décembre 1894 au 14 mars 1895).
Rousseau, Armand (du 15 mars au 20 octobre 1895 et du 15 mars au 9 décembre 1896).
FOURÈS (du 21 octobre 1895 au 14 mars 1896, et du 10 décembre 1896 au 12 février 1897)

MM. **Doumer** (du 13 février 1897 au 29 septembre 1898, du 25 janvier 1899 au 15 février 1901 et du 21 août 1901 au 13 mars 1902).

FOURÈS (du 29 septembre 1898 au 24 janvier 1899).

BRONI (du 16 février au 20 août 1901 et du 14 mars au 14 octobre 1902).

Beau (du 15 octobre 1902 au 30 juin 1905, du 7 déc. 1905 au 27 juillet 1906, du 3 janvier 1907 au 27 février 1908).

BRONI (du 1er juillet au 6 décembre 1905 et du 28 juillet 1906 au 2 janvier 1907).

BONHOURE (du 28 février au 23 septembre 1908).

Klobukowski (du 24 septembre 1908 au 12 janvier 1910 et du 12 juin 1910 au 16 février 1911).

PIQUIER (du 23 janvier au 11 juin 1910).

LUCE (du 17 février au 14 novembre 1911).

Sarraut, Albert (du 15 novembre 1911 au 3 janvier 1914).

VAN VOLLENHOVEN (du 4 janvier au 4 août 1914).

Van Wollenhoven (du 5 août 1914 au 4 mars 1915).

Roume (du 5 mars 1915 au 22 mai 1916).

CHARLES (du 23 mai 1916 au 21 janvier 1917).

Sarraut (du 22 janvier 1917 au 21 mai 1919).

MONGUILLOT (du 22 mai 1919 au 29 février 1920).

Long, Maurice (du 20 février 1920 au 17 novembre 1920).

LE GALLEN, Maurice (du 18 novembre 1920 au 31 mars 1921).

Long (du 1er avril 1921 au 14 avril 1922).

BEAUDOIN (du 15 avril 1922 au 9 août 1923).

Merlin, Martial (du 10 août 1923 au 22 avril 1925).

MONGUILLOT (du 23 avril 1925 au 17 novembre 1925).

Varenne, Alexandre (du 18 novembre 1925 au 4 octobre 1926).

PASQUIER, Pierre (du 4 octobre 1926 au 16 mai 1927).

Varenne, Alexandre (du 17 mai 1927 au 1er novembre 1927).

MONGUILLOT (du 1er novembre 1927).

ROBIN, René (du 7 août 1928 au 26 décembre 1928).

Pasquier, Pierre (du 26 décembre 1928).

100. — THÀNH-THÁI (1889-1907). — Đồng-khánh survécut peu à Paul-Bert. Il régna à peine 3 ans et mourut le 28 janvier 1889. On lui donna pour successeur un enfant de 10 ans, fils de Dục-đức, qui prit le nom de règne de Thành-thái.

Sous son règne, il y eut encore quelques révoltes en plusieurs points de l'Annam (en particulier dans le Nord-Annam, en 1893, sous la direction du lettré *Phan Đình-Phùng*); mais elles furent toutes réprimées par la France qui combattit aussi avec succès la piraterie au Tonkin.

« Nous avons vu, écrivait dans les dernières années du règne de Thành-thái, un ancien mandarin annamite, nous avons vu les réguliers chinois séjourner dans les villes, et jamais nous ne pourrons oublier leurs méfaits. Ils enfonçaient les portes des maisons, pillaient et saccageaient tout; la moindre résistance était punie des derniers supplices. On ne pouvait voyager facilement; la campagne était pleine de bandits qui arrêtaient les voyageurs. Aussi chacun restait chez soi, le commerce s'en ressentait, et souvent, alors que l'abondance régnait dans une province, les habitants des provinces voisines devaient mourir de faim. »

Une pareille situation n'a pris fin que parce que le Gouvernement français a employé contre ces pirates des troupes européennes ou indigènes: infanterie et artillerie coloniales, légion étrangère, tirailleurs annamites et tonkinois, et les miliciens de la garde indigène. Chaque année environ 7.500.000 piastres furent consacrées à l'entretien de ces troupes.

D'autre part, la multiplication des lignes télégraphiques, des voies de communication et des moyens de transport rapides a permis de rassembler au moment voulu dans une région troublée les forces nécessaires pour rétablir l'ordre et ramener le calme.

Aussi l'Indochine est-elle aujourd'hui entièrement pacifiée, et c'est un des bienfaits que les Annamites apprécient le plus parmi tous ceux que leur a procurés l'administration française.

Thành-thái régna dix-neuf ans. En 1907, l'état de sa santé l'empêchant de bien remplir les devoirs de sa charge, il abdiqua (3 septembre).

« Le souverain, dit-il dans son acte d'abdication, a pour mission de veiller sur toutes choses concernant le ciel, la terre, les génies et les hommes... Malgré nos faibles qualités, nous avons été appelé à renouer la grande chaîne de succession impériale... C'est grâce au protectorat français et aux bons services des mandarins dévoués que nous avons pu parvenir jusqu'à ce jour. Mais le souci des affaires publiques nous a causé une maladie qui nous rend très pénible l'exercice de notre charge.

« Parmi nos dynasties des Trần et des Lê, il y a eu des précédents en matière d'abdication. Après en avoir délibéré avec le noble Gouverneur général, nous avons porté notre choix sur notre cinquième fils, Vĩnh-san. Il convient que nous abdiquions en sa faveur, afin qu'il continue le culte aux ancêtres de la dynastie ainsi qu'aux génies des frontières et de l'agriculture... Nous nous retirerons dans un palais distinct où, dans un profond repos, nous pourrons nous soigner...»

Le jour même de l'abdication, le prince Vĩnh-san, âgé de huit ans seulement, reçut du Conseil de Régence le titre de période Duy-tân.

Le jeune Duy-tân ne régna pas. Il était encore sous la tutelle de son Conseil de Régence lorsqu'au mois de mai 1916, il tenta de fomenter un soulèvement contre la France. Dans la nuit du 3 au 4 mai, il s'échappa de son palais pour rejoindre les rebelles. Son entreprise échoua lamentablement. La population annamite, fidèle à la France dont elle avait pu apprécier depuis 30 ans le bienfaisant protectorat, ne répondit pas à l'appel du souverain. Arrêté deux jours après sa fuite, Duy-tân fut immédiatement déposé et remplacé sur le trône par un fils de Đồng-khánh, le prince *Bửu-đảo*, qui prit le titre de période de Khải-định.

101. — Khải-Định (1916-1925). — A peine intronisé, le nouveau souverain adressa à son peuple une proclamation dont voici un important extrait :

« Bien qu'indigne, nous sommes aujourd'hui l'espoir de tout un peuple, et notre pensée se reporte au souvenir du Roi notre père qui, monté sur le trône à une époque difficile, mit toute son énergie à restaurer et à raffermir les assises de la dynastie, parcourut le Nord et le Sud en pacificateur, prêchant la paix avec l'état ami, puis fit rentrer dans l'ordre les éléments de résistance et les organisations d'opposition. Le calme fut rétabli. Cette sage politique porte aujourd'hui ses fruits, puisque, malgré notre peu de sagesse, la couronne royale est replacée sur notre tête.

« Nous acceptons ce lourd fardeau d'un cœur inquiet, car notre crainte est vive, ne sachant si notre bonne volonté sera à la hauteur de notre mission, pour témoigner de notre gratitude envers les nobles représentants du Protectorat ainsi qu'envers les dignitaires du Conseil de Régence, et pour répondre aux espérances du peuple. Nous comptons néanmoins sur le concours entier du Protectorat ainsi que sur le zèle et le dévouement des dignitaires du Conseil de Régence pour mener notre tâche à bien.

« Nous constatons que le peuple, en ces derniers temps, s'est égaré dans des voies malheureuses et funestes pour lui, et son ignorance excite notre pitié. Qu'il ne s'étonne donc point de la longueur de nos conseils et de nos exhortations. En ce temps de guerre mondiale, notre Etat jouit d'une situation privilégiée au point de vue de la paix et de l'ordre. C'est le résultat naturel de la politique sage et avisée du Protectorat pendant trente années. Au contraire des époques passées, c'est une ère de bonheur exempte de préoccupations et d'inquiétudes. Qu'on regarde ces écoles créées partout, destinées soit à développer le cœur et l'esprit de la jeunesse studieuse, soit à donner une instruction professionnelle.

« Ce sont ces bienfaits du Protectorat qui feront le bonheur de notre peuple et le feront entrer dans la voie de progrès et de civilisation des peuples d'Occident. De même qu'un malade languissant se repose sur la science de son médecin, de même notre peuple entrera dans la voie de la régénération sous l'égide de la France. Et j'en vois, parmi nombre d'autres, trois raisons essentielles.

« La première est que, dans cette lutte pour l'existence, seules les nations très civilisées et très puissantes sont suffisamment armées pour développer leur richesse économique et leur puissance nationale. Il n'en est pas ainsi de notre peuple, qui est pareil à un malade à peine convalescent.

« La deuxième est que les Français sont braves et animés du plus pur esprit de sacrifice ; cet esprit est leur guide et leur stimulant quand il leur faut se défendre contre toute agression venant du dehors. Nos nationaux, au contraire, ont des mœurs confinant à l'indolence ; ils n'ont rien du magnifique esprit des hommes de l'antiquité. Comment pourraient-ils alors assurer eux-mêmes leur défense et la sécurité nationale ?

« La troisième est que les richesses de notre sol ne sont pas exploitées ; la main-d'œuvre, bien qu'abondante, n'est pas utilisée avec science et méthode. C'est qu'il nous manque des maîtres, que nous trouvons parmi nos protecteurs. Les moyens nous faisant défaut ainsi que nous venons de le développer, comment pourrait-on concevoir qu'il y ait des gens qui tentent de lever le drapeau de l'indépendance, sans attirer la risée du monde entier ? Il est écrit dans le livre *Kinh-thi* : « Comment prendrait-on un tigre avec la main, ou traverserait-on une rivière à la nage sans flotteur ? » Les hommes sont ainsi faits, ils sont bornés dans leurs connaissances. Cette maxime est tout un enseignement pour les gens qui sont portés à mal faire.

« Nous vous engageons, ô mandarins et habitants de l'Annam et du Tonkin, à bien comprendre le sens de cette citation classique, et à extirper de votre cœur toutes aspirations malsaines. Que chacun, dans son état, s'adonne avec courage et activité à ses occupations ; qu'il cherche à faire valoir ses talents et son habileté ; que les mandarins, tout particulièrement, exercent leur charge avec conscience, en excluant les pratiques malhonnêtes et véreuses.

« Ainsi commencera une ère de paix et de bonheur, pour la prospérité du peuple et le raffermissement des fondements de la dynastie. Dans le *Kinh-thi* il est dit : « Suivre le bon sens est un bienfait, faire le mal est nuisible. Aussi le résultat ne tarde-t-il pas à se manifester. » Et il y est dit encore : « Il faut vivre d'un côté sans s'attirer de haine, et de l'autre sans inspirer de dégoût, afin de conserver un bon renom. »

« O vous tous, ne considérez point mes paroles comme sans grande portée. Au contraire, prêtez-y une sérieuse attention, ce qui vous évitera des erreurs. Tel est le but de notre présente proclamation, qui a été revue par le Conseil de Régence, selon notre intention. »

Le règne de Khải-định s'ouvrit au milieu des circonstances difficiles que la grande guerre a imposées à tous les peuples du monde, mais il était permis de bien augurer de l'avenir du pays d'Annam sous la conduite d'un tel souverain, qui avait une si haute conscience de son véritable rôle et qui se montrait aussi passionnément résolu à travailler à la prospérité de ses Etats, conformément aux vues généreuses et éclairées du gouvernement du Protectorat. Les événements ont confirmé ces espérances. S. M. Khải-định fut un souverain sage et bon, épris d'idéal et de progrès. Vis-à-vis de la nation protectrice, il montra le plus sincère et le plus loyal attachement.

En 1922, à l'occasion de l'exposition coloniale de Marseille, S. M. Khải-định vint en France avec son fils le prince Vinh-Thụy. Dans une adresse au président de la République, l'empereur exprima bien le sentiment profond de loyalisme qui l'animait :

« Rompant avec les rites millénaires, j'ai franchi les frontières de nos Etats et ai entrepris cette lointaine randonnée. Je ne fais qu'accomplir un vœu de mon auguste père, le roi Đồng-khánh, en venant sur le sol de la France remercier de vive voix la nation protectrice de l'œuvre de progrès et d'émancipation qu'elle a entrepris en Annam. »

L'empereur confia à la France l'éducation de son fils, le prince héritier Vinh-thụy, qui, dans sa prime jeunesse, avait reçu sous un précepteur annamite l'enseignement de la culture chinoise.

S. M. Khải-định mourut le 6 novembre 1925. Le gouverneur général annonça en ces termes le décès :

« Le Gouverneur général par intérim a la profonde douleur de porter à la connaissance de la population de l'Indochine le décès de S. M. Khải-định, Empereur d'Annam, survenu, en son Palais royal à Huế, le six novembre 1925, à cinq heures du matin.

« Fils de l'Empereur Đồng-khánh, décédé le 28 février 1889, le Prince Bửu-đảo, né le 8 octobre 1885, était investi, en novembre 1906, du titre de Phùng-hoa-quận-công (Prince de 2e rang), et, en mars 1909, de celui de Phùng-hoa-công (Prince de 1er rang), et montait sur le Trône d'Annam à la date du 18 mai 1916.

« S. M. Khải-định avait, depuis longtemps déjà, témoigné, de la manière la plus éloquente, de ses sentiments de pleine et entière confiance en l'action tutélaire de la France en lui remettant, au mois de mars 1922, le soin d'éduquer et de former son unique fils, le Prince Vĩnh-thụy, appelé à Lui succéder sur le Trône d'Annam.

« Le Gouvernement français conserve, avec piété et respect, le souvenir de S. M. Khải-định qui sut être un Souverain d'une haute et rare conscience, préoccupé des seuls intérêts de son Pays, en même temps qu'un loyal et fidèle Ami du Gouvernement protecteur. »

Le 8 janvier 1926, le prince héritier Vĩnh-thụy fut solennellement intronisé sous le titre de règne de Bảo-đại. Les emblèmes du pouvoir lui furent remis au cours de la cérémonie qui eut lieu le matin.

M. le Gouverneur général Alexandre Varenne adressa au nouveau souverain les félicitations du Gouvernement français.

« Sire,

« Je salue et reconnais en vous, au nom de la République française, le nouveau souverain de l'Empire d'Annam.

« Au fils du fidèle et loyal ami de la France, Sa Majesté Khải-định, je me félicite d'adresser ici les premières paroles d'espérance et les premiers vœux de bonheur qui, du cœur de tous, montent jusqu'à son trône.

« Fidèle aux directions de vos ancêtres, vous saurez suivre les règles qui conduisent dans les voies véritables de la perfection qui est toujours agissante, toujours persévérante. Vous chercherez la sagesse et l'on pourra dire de vous comme du sage de Confucius que sur un vêtement de soie à fleurs vous portez une robe simple. D'une autre source jaillie du sol de la France vous apprendrez les vertus de clémence et de bonté qui sont le lait de la tendresse humaine. Vous n'oublierez jamais que, sur votre faiblesse et pour votre grandeur, se sont penchées les figures unies de l'antique Annam et de la douce France.

« Aimez toujours passionnément la paix pour que dans ce pays de calme labeur règne l'harmonie des cœurs pour le bien-être des hommes. Et s'il me faut enfin formuler un dernier vœu au nom de ma patrie c'est qu'un jour, Sire, vous receviez le seul éloge digne de l'ambition des grands de ce monde, celui qui ne sortira plus de la bouche de l'orateur officiel. mais celui qui montera vers vous par la voix unanime d'un peuple reconnaissant. »

S. M. Bảo-đại répondit en français :

« Je suis très sensible aux souhaits que vous venez de m'adresser en ce jour solennel de mon couronnement et je vous en remercie profondément.

« Les représentants du gouvernement protecteur ont daigné agréer et confirmer l'acte de feu l'empereur mon père, par lequel je fus fait prince héritier, malgré mon jeune âge. Peu après, je fus envoyé dans votre noble et grand pays pour faire mes études. Quatre printemps se sont écoulés depuis ; mon esprit commençait à s'ouvrir à la science et à la civilisation française ; je m'efforçais de travailler avec application et avec assiduité pour me montrer reconnaissant de tant de faveurs.

« Hélas ! La mort de mon père survint alors que je me trouvais si loin de lui et je n'ai pas eu la suprême consolation de l'entourer à ses derniers moments. Votre amitié, M. le Résident supérieur, a su atténuer l'amertume de cette séparation et je vous en remercie de tout mon âme.

« Conformément au rite traditionnel de ma dynastie et par la grâce du gouvernement du Protectorat, comme par les vœux des membres du gouvernement, des mandarins et du peuple de mon pays, je suis appelé à accéder au Trône.

« Cependant, obéissant à la volonté de S. M. l'empereur mon père, je vais retourner en France pour continuer mes études afin d'être un jour digne de la haute mission que le Ciel m'a confiée. Pendant mon absence, je mets tout mon espoir dans le gouvernement du Protectorat et je lui demande de travailler de concert avec la Cour d'Annam pour préparer l'avènement d'un règne de paix et de bonheur dans mon Etat ; c'est mon vœu le plus cher.

« Je termine en formulant des souhaits de prospérité à l'adresse de Son Excellence le Président de la République, je fais des vœux ardents pour le Gouvernement français qui entoure ma jeunesse de tant d'affectueuse sollicitude, je forme des vœux de félicité pour M. le Ministre des Colonies ainsi que pour vous, M. le Gouverneur général et M. le Résident supérieur.

« A ces souhaits sont associés tous ceux que je forme pour tous les Français, fonctionnaires, officiers et colons résidant en ce pays. »

Dans l'après-midi du 8, la cérémonie d'intronisation se déroula dans la salle impériale du palais Thái-hòa où sur un trône élevé sous un haut baldaquin, debout, paré comme une châsse, tiare constellée de gemmes précieuses en tête, le tout jeune Fils du Ciel, disparaissant dans une splendide robe bleue à ramages d'or, botte de soie noire, reçut dans une attitude hiératique l'hommage des *lays* répétés, rythmiques, des grands mandarins du royaume dont les rangs pressés s'alignaient jusqu'au fond de la cour précédant le palais.

Les funérailles de S. M. Khải-định eurent lieu à Huế le 29 janvier. Dès 7 heures du matin, le cortège formé à l'intérieur du palais Cần-thành se mit en marche. La levée du corps avait eu lieu en présence des autorités françaises, des délégués des divers pays de l'Union et des souverains protégés. A la porte Hiền-nhơn un catafalque était dressé ; le cercueil laqué d'or et orné de fleurs y fut placé. Le Résident supérieur d'Annam, M. Pasquier, prononça un discours d'adieux dont voici le texte :

« Sire,

« A l'instant où, pour jamais, vous venez de franchir l'enceinte de la Cité interdite, pour gagner, au milieu du recueillement de votre peuple, à travers les paysages qui enchantèrent vos yeux, votre

Palais d'Eternité, je tends vers vous en offrande, pour vous accompagner dans votre ultime voyage, les fleurs de la douleur et celles de l'amitié.

« Pour mon dernier adieu, laissez-moi oublier l'Empereur fils d'une longue lignée de Princes et de Rois, me détourner de cette grandeur attachée à votre naissance que la mort drape d'une nouvelle et insigne majesté, pour ne me souvenir que de l'ami que j'ai perdu et que la France a perdu avec moi.

« Le Gouverneur général inclinera devant le Roi loyal et fidèle, le salut de la République, moi, je vous apporte simplement avec une émotion profonde le suprême adieu de tous les Français qui vous ont connu.

« Vous avez eu l'heureuse infortune de naître sur les marches du Trône et de vivre vos années de jeunesse et d'adolescence dans l'adversité.

« De ces temps difficiles que vous avez traversé sans jamais oublier votre haute origine, vous avez gardé l'indulgence pitoyable aux faiblesses des hommes.

« Avant de recevoir la divine investiture, en sujet, vous avez vécu au milieu de vos sujets.

« D'eux est montée vers vous la grande leçon du labeur opiniâtre d'un peuple penché sur le royaume de la terre et des eaux.

« Aussi avez-vous accepté avec la couronne le devoir de défendre tout ce qui a fait la famille forte et la cité respectée, apportant dans l'accomplissement de votre métier de Roi une conception hautaine et magnifique qui a parfois caché votre véritable nature et abusé le jugement des hommes d'aujourd'hui.

« Par la dignité de votre vie, par votre scrupuleuse piété à vos saints Tôn-Miếu, vous avez voulu assurer à ce peuple sage et respectueux des forces ancestrales, la protection des Dieux de l'Empire.

« Mais si vous avez été le constant serviteur de cette « grande « pensée méditative et calme qui se complait dans le pieux

« recueillement des choses mortes », vous n'avez pas ignoré non plus, comme vous l'avez dit au Peuple de France, que nous étions « une grande pensée vivante, active, créatrice ».

« Vous avez souhaité de toute votre âme droite et sincère, de tout votre amour pour votre pays la conciliation de nos pensées divergentes, l'union de nos destinées pour la réalisation d'un bel idéal de fraternelle justice et de solidarité humaine.

« Vous avez répondu à tous les appels de la France. Vous et votre peuple, vous êtes conduits en fils de France à l'heure où, pour la défense de notre civilisation et de nos foyers à votre voix, on a entendu sur les routes d'Asie le bruit sourd et profond des légions en marche.

« Pour l'avenir du royaume et comme gage de votre foi, vous avez confié au Gouvernement de la République votre bien le plus précieux, votre fils unique, le Prince Vĩnh-thụy.

« A l'heure où désormais vous appartenez à l'Histoire, comment Français et Annamites pourraient-ils ne pas reconnaître à tant de signes donnés par votre sagesse la noblesse de votre esprit, l'abnégation politique de vos sentiments.

« Ce sera pour moi l'honneur et la fierté de ma carrière d'avoir obtenu votre confiance et mérité votre amitié.

« Je voudrais avoir la mémoire ample et présente pour évoquer ces entretiens aimables et familiers où vous me découvriez votre âme subtile et charmante.

« Avec celui dont vous ne pouviez prononcer le nom sans émotion, le gouverneur général Albert Sarraut, j'ai eu le rare privilège de connaître vos intimes pensées. Je sais la pureté de votre esprit, flamme haute et ardente qui consumait votre frêle corps. Je sais avec quelle angoisse — quelle acuité de toutes vos facultés — non pour vous, non même pour votre famille, mais pour votre peuple — vous cherchiez à déchiffrer l'énigme de l'avenir.

« Mille traits me viennent à la pensée. Mais de tous mes souvenirs, il n'en est pas de plus grand ni de plus poignant que celui qui retrace à mes yeux le tableau du Palais consterné, de cette Cour frappée de stupeur de ces grands se glissant sans bruits, dans l'ombre de l'obscure chambre où déjà règne le silence auguste de la mort pour recueillir votre dernier mot d'ordre, recevoir votre ultime volonté.

« Nous n'oublierons jamais qu'à cette heure solennelle, vous avez proclamé vôtre foi en la France généreuse et dicté votre impérial désir de voir pour le bien de la nation annamite tous ses ordres obéis.

« Confiant dans les destinées de votre peuple, allez, Sire, allez, vers le pays des ombres rejoindre vos Ancêtres.

« Le fondateur de votre dynastie en vous voyant apparaître avant à vos côtés la grande figure de la France protectrice, reconnaîtra en vous, le fils de son esprit ».

Le cortège se remit en marche précédé de deux éléphants richement harnachés ; puis suivaient des cymbaliers, des joueurs de tambours, des frappeurs de gongs. On remarquait encore les piqueurs, le coupé du roi, la musique royale, les porteurs de broderies symboliques, des bonzes, des autels votifs, tous les personnages et les serviteurs du palais. Au Nam-giao, le 31, à 9 heures du matin, eut lieu la mise au tombeau. Le gouverneur général, placé à droite du cercueil, salua au nom de la République française Sa Majesté Khải-định.

Quelques jours après la mort de l'empereur, le 11 novembre, avait été promulguée, par arrêté du gouverneur général, une convention réglant les rapports entre le gouvernement annamite et le protectorat conformément aux idées et aux sentiments exprimés peu de temps avant sa mort par S. M. Khải-định et dont on retrouve les traces dans un testament impérial rédigé en quốc-ngữ. Voici quelques passages de ce document :

« Tout homme ici-bas doit inéluctablement franchir le chemin de démons par lequel nous sommes retranchés du monde des vivants ; mais il faut nécessairement, sa vie durant, rendre quelques services à la société pour marquer son passage sur cette terre.

« De ma nature, je suis porté à l'amour de l'humanité, mais j'ai vécu à une époque où des bouleversements sociaux se sont produits sur toute la surface du globe et des transformations politiques ont été enregistrées chez la plupart des peuples.

« Les principes d'humanité et de justice sont foulés aux pieds, pour faire place à l'esprit de lucre et à la course au pouvoir. C'est de l'Europe et de l'Amérique que ces doctrines ont été importées chez nous, il y a bientôt 60 ans.

« Descendant des Tiên-Long (immortels et dragons), nous sommes un peuple pacifique, aux mœurs douces, admirables et meilleures à celles de tous les autres peuples du globe.

« Mais durant ces 60 dernières années, des mœurs ambitieuses et subversives venant des étrangers ont gagné nos milieux sociaux. Notre pays serait un jour le théâtre où se dérouleraient des scènes sanglantes : nos habitants s'entre-déchireraient et s'entre-tueraient, et le sang coulerait à flots à courir nos cours d'eau et nos montagnes, et cela parce que nous nous serions laissés entraîner à l'adoption de ces doctrines malfaisantes et de ses sentiments d'ambition, en faisant litière des nobles sentiments d'humanité et de justice. Après tout, ces bouleversements rentrent dans l'ordre des temps et des événements, et eût-on essayé d'y parer afin d'assurer le règne de la paix et de la sécurité, l'entreprise serait une tâche presque surhumaine. L'essentiel serait alors de veiller à la sauvegarde et au respect de nos Tôn-miêu (temples des empereurs) dans les conjonctures d'un changement de nos institutions politiques.

« Ce changement de notre régime politique se produira tard sinon tôt, et cela à cause des fautes commises durant les règnes de Thành-thái et de Duy-tân.

« Le roi Thành-thái, prince aux mœurs déréglées, sans scrupule, contempteur des lois sociales, ne s'attachait ni au bien du pays ni à l'amour du peuple, ni au respect des Cựu-miêu (temples des anciens empereurs), pendant que les mandarins se livraient sans vergogne à des actes de prévarication et de concussion. Nombreux étaient les grands dignitaires qui vendaient leur pays et grugeaient le peuple.

« Pour toutes ces choses, l'élite intellectuelle prit la tête d'un mouvement de réaction, en prêchant l'exode des étudiants à l'étranger dans l'intention d'y fomenter une révolte libératrice. Et les émigrés ont constitué un parti révolutionnaire dont le but est l'abolition de la monarchie avec la cour. Ce parti qui s'est formé depuis le règne de Thành-thái jusqu'à présent, est assez mal connu ici, chez nous où l'on ignore encore ce qu'il vaut. Il est nécessaire de savoir qu'il est fort en réalité, ayant trouvé des appuis en Europe et en Amérique, et n'attend que l'occasion pour agir.

« C'est pourquoi, depuis mon avènement au Trône, j'ai été, jour et nuit, accablé de soucis au sujet de nos Tôn-miếu, et j'ai perdu, de ce fait, appétit et sommeil, ayant pour compagnes inséparables la maladie et la souffrance. C'était pour moi douleur et soucis incessants, puisque, j'étais, comme dit un adage, « l'unique pilier pour soutenir une grande maison ».

« Je ne me permettrai aucune comparaison avec nos anciens Empereurs ; je puis dire néanmoins que ma vertu était suffisante pour l'accomplissement de ma haute charge.

« Si je vais aujourd'hui être l'hôte d'en haut, c'est que mes augustes ancêtres veulent bien, par bienveillance, m'appeler à trôner aux Cựu-miếu (temples de la Dynastie régnante).

« Une pensée taquine toutefois mon esprit, c'est que le futur souverain n'est pas encore complètement formé en talent et en vertu, par conséquent, je suis plein d'appréhensions pour l'avenir. Mais que faire ? C'est le ciel qui le veut ainsi, c'est écrit d'avance au livre du Destin.

« Quoiqu'il advienne, je ne puis que placer mes espoirs sur le gouvernement protecteur que je prie de bien vouloir prendre sous sa protection nos Tôn-miếu, comme il en a donné la promesse officielle à moi-même et à mon gouvernement. Je resterais, même au ciel, infiniment... reconnaissant envers la France et le gouvernement du protectorat.

« Au cas où, suivant le cours normal des choses, Vĩnh-thụy sera appelé à prendre le pouvoir, le Palais d'An-định continuera à rester sa propriété personnelle, on ne devra jamais considérer ce bâtiment comme bien de l'État.

« Après le dépôt de ma dépouille mortelle à Thiên-dinh-cung (tombeau), il y aura lieu d'y créer un service de culte et de garde qui sera assuré par un Ho-su. 6 Phung-truc à choisir parmi les Tôn-thât masculins et un détachement de 15 ou 20 *linh*.

« Vu l'insalubrité du lieu de ma sépulture et l'absence de tout logement, il ne faudra pas que les femmes de mon sérail viennent s'y fixer à demeure.

« Dans ces conditions, les femmes de mon harem se diviseront en deux groupes pour demeurer auprès des deux Reines-mères. Elles iront à mon tombeau à toutes les occasions de cérémonie pour rentrer ensuite.

« Tous les 4 ou 5 jours, si elles désirent faire une visite à mon tombeau, elles n'auront qu'à en demander l'autorisation aux Reines-mères, puis à s'y faire transporter par les autos du Palais.

« Les femmes de mon sérail resteront auprès de LL. MM. les Reines-mères jusqu'au jour du transfert de ma tablette de culte aux temples de Phung-tiên et Tho-miêu. Alors elles viendront habiter à Phung-tiên comme chargées de culte au même titre que les dames du harem des anciens Empereurs, pour la commodité de remplir leurs obligations auprès de LL. MM. les Reines-mères.

« Au cas où le Prince Vĩnh-Thụy me succédera au Trône, j'octroie d'ores et déjà le titre Hoang-mau à sa propre mère la Reine Hau-phi.

« Mes recommandations ci-dessus concernant les Reines-mères et les femmes de mon sérail, ne s'appliquent que dans l'hypothèse où le Prince Vĩnh-thụy sera appelé à me succéder au Trône.

« Dans le cas contraire, c'est-à-dire celui où, pour des causes diverses, mon fils ne serait pas intronisé, voici comment il faudrait procéder :

« S. M. la Reine-mère, Khôn-nguyên-hoàng-thái-hậu, irait s'installer à Ngân-hy-điện (tombeau de Đồng-khánh).

« S. M. la Reine-mère, Khôn-nghi-hoàng-thái-hậu, demeurerait au Palais d'An-dinh avec son petit-fils Vĩnh-thụy. On désignerait, des serviteurs et servantes pour servir les Reines-mères qu'on traiterait comme le furent les Reines-mères des anciens Empereurs, et cela jusqu'à leur mort.

« En ce qui concerne leurs obsèques, on observera les rites du royaume et cela jusqu'au jour du transfert de leurs tablettes de culte au Temple des anciens Empereurs.

« J'ai à faire une recommandation tout particulière, en m'adressant au Protectorat et aux Membres du Cơ-mật : On ne perdra jamais de vue la nécessité d'apporter dans les relations d'amitié, les sentiments de cordialité la plus parfaite ; on ne négligera point l'observation des principes sociaux les plus sacrés qui lient mutuellement Souverain et mandarins.

« Si jamais d'ici quelques années, les Reines-mères venaient par malheur à quitter le monde, je serais reconnaissant au Protectorat, aux Membres du Cơ-mật, ainsi qu'à tous les mandarins de la Cour, de vouloir bien leur faire des obsèques dignes de leur rang, suivant les prescriptions des rites, étant donné que mon fils Vĩnh-thụy est encore trop jeune et inexpérimenté... »

La convention du 11 novembre maintient le pouvoir royal avec le caractère rituel et religieux qu'il tient de la tradition ; et, d'autre part, elle vise à coordonner les efforts du souverain et du gouvernement protecteur, à organiser une participation du peuple aux affaires publiques. Elle est ainsi rédigée :

Considérant l'évolution de tous les Etats modernes ;

Considérant les modifications que la situation économique et sociale du pays d'Annam imposent à l'organisation administrative du Protectorat ;

Considérant la multiplicité des affaires qui ne permet pas au Souverain d'intervenir personnellement dans l'administration quotidienne du pays, tout en continuant à assurer l'exécution du premier de ses devoirs qui reste la célébration des rites d'où dépendent l'ordre et la paix du royaume, principe déjà posé par l'ordonnance royale du 3 juin 1886 ;

Considérant la minorité du Roi ;

Considérant que les intérêts de la France et ceux de l'Annam sont intimement liés ; qu'ils sont solidaires les uns des autres et que, par suite, il est indispensable d'assurer complètement la communauté de vues et d'action de laquelle dépend la bonne administration du pays ;

Considérant qu'il importe de donner à la marche des affaires plus de célérité et une plus grande unité de direction ;

Considérant les idées qui guidèrent Sa Majesté dans le gouvernement du pays, et le vœu des populations comme celui de la Cour, tendant à conserver les principes de morale qui régissent les rapports des sujets et du Souverain et des sujets entre eux, afin d'autre part de suivre l'esprit de la constitution orale du Royaume d'Annam et de se conformer aux prescriptions rituelles qui font régner le Souverain ayant reçu mandat du Ciel, mais qui donne délégation aux Ministres du soin de gouverner et d'administrer l'Empire.

Entre :

Les Membres du Conseil de Régence, soussignés, agissant au nom de S. M. l'Empereur (1) ;

Et le Gouverneur général de l'Indochine, dépositaire des pouvoirs de la République,

Il a été convenu ce qui suit :

Article premier. — Seuls les règlements concernant les rites ou les règles constitutionnelles du Royaume feront l'objet d'ordonnances royales. L'intervention directe du Souverain reste entière

---

(1) **Erratum** :

Au lieu de :

« Entre :

« Les Membres du Conseil de Régence, soussignés, agissant au nom « de Sa Majesté »,

Lire :

« Entre :

« Les Représentants de l'Empire d'Annam, soussignés, agissant « au nom de Sa Majesté ».

pour l'exercice du droit de grâce et pour l'attribution des grades posthumes et des brevets de génie aux villages de l'Annam et du Tonkin. Les distinctions honorifiques, les grades de Điện-hàm, les titres de Cung-hàm et les cinq titres de noblesse seront conférés par Sa Majesté à ses sujets, conformément aux dispositions de l'article 5 de l'ordonnance royale du 7 juin 1923.

Toutes les autres questions concernant la justice et l'administration du Royaume, l'organisation des services, le recrutement et la nomination des fonctionnaires annamites de tous les degrés sont réglées par arrêtés des Représentants du Protectorat. Toutefois, en Annam, les arrêtés du Résident supérieur seront pris en Conseil des Ministres, après avis obligatoire de ceux-ci. Etant donné l'évolution actuelle du pays, le Gouvernement annamite juge le moment opportun de faire participer le peuple à la gestion des affaires de l'Etat. C'est pourquoi, le Résident supérieur en Annam reçoit délégation permanente de Sa Majesté pour prendre, sur toutes les grandes réformes jugées utiles, l'avis de la » Chambre des Représentants du Peuple », première étape vers une participation plus effective de la population aux affaires publiques.

Ces réformes seront applicables par voie d'arrêtés, après avis conforme de cette assemblée.

Les arrêtés pris par les Représentants du Protectorat auront force obligatoire dans chacun des pays où s'exerce leur autorité.

La nomination et la révocation des Ministres sera faite par le Roi, après accord intervenu avec le Résident supérieur en Annam et adhésion du Gouverneur général.

Art. 2. — Les dépenses relatives à l'administration civile et militaire du Gouvernement annamite seront incorporées au budget local de l'Annam.

La liste civile du Souverain et de la Famille Royale, les dépenses du service des Rites et celles qui concernent les Palais et tombeaux formeront un budget spécial à la disposition du Souverain et dont la gérance sera confiée au Ministre des Finances.

Art. 3. — Le Conseil des Ministres sera présidé par le Résident supérieur en Annam ; en cas d'absence ou d'empêchement, il devra se faire représenter.

Art. 4. — La présente convention rentre en exécution à la date de sa signature.

Fait à Hué, le six novembre mil neuf cent vingt-cinq.

Ont signé : *Le Gouverneur général de l'Indochine* MONGUILLOT.
LL. EE. TON-THAT HAN, *Président du Conseil de Régence ;*
NGUYEN HUU-BAI, *Ministre de l'Intérieur, Président du Conseil des Ministres ;*
HO DAC-TRUNG, *Ministre des Rites ;*
TON-THAT TRAM, *Président du Conseil de la Famille Royale ;*
VO LIÊM, *Ministre des Travaux publics ;*
TRAN DINH-BÀ, *Ministre de la Justice ;*
PHAM VAN-THU, *Ministre des Finances;*
NGUYÊN DANG-TAM, *Secrétaire général du Conseil des Ministres.*

Vu pour être annexé
à l'arrêté du 11 novembre 1925:

Hanoi, le 11 novembre 1925.

Le Gouverneur général p. i. *de l'Indochine,*

MONGUILLOT

102. — BẢO-ĐẠI, 1926. — Le prince Vĩnh-thụy est le fils unique de l'empereur Khải-định. En 1922, âgé de neuf ans, il reçut l'investiture de prince héritier présomptif et vint en France avec l'empereur et son cousin, le prince Vĩnh-can. Jusqu'alors il avait été initié à la culture chinoise, mais son père, désireux de faire de l'héritier présomptif un souverain ouvert aux idées du siècle, résolut de confier son éducation à la puissance protectrice. Il l'amena avec lui en France en 1922 ; le jeune prince Vĩnh-can partit avec eux. Depuis lors, le prince Vĩnh-thụy poursuit ses études à Paris, il ne les a interrompues que pour venir se faire couronner empereur sous le titre de règne de Bảo-đại qui signifie « conserver la grandeur ».

S. M. Bảo-đại est le treizième empereur de la dynastie des Nguyễn.

QUATRIÈME PARTIE

CHAPITRE XXXII

L'organisation administrative de la Cochinchine.

103. — La première organisation administrative. — Lorsque les Français intervinrent vers le milieu du XIXe siècle au pays d'Annam, l'empereur, souverain absolu, exerçait tous les pouvoirs par l'intermédiaire de la classe des mandarins.

L'intervention française se manifesta de deux manières :

D'une part, la France plaça les représentants de son autorité à côté — quelquefois au-dessus — de ceux de l'administration indigène ;

D'autre part, elle fit appel à la collaboration des Annamites en les associant aussi étroitement que possible à l'administration du pays.

L'intervention française n'a pas revêtu partout les mêmes formes.

En Cochinchine, les premiers gouverneurs conservèrent l'organisation indigène avec ses phủ, ses huyện, ses chefs de canton, ses notables de village ; mais les fonctionnaires indigènes chargés de diriger la province (tổng-trấn, bố-chánh, etc.) furent remplacés par des fonctionnaires français appelés *inspecteurs des affaires indigènes*, formés pour la plupart au Collège des Stagiaires à Saigon, et qui, aidés d'un ou deux interprètes et lettrés, eurent pour principale mission de lever les impôts, de faire la police et de rendre la justice dans chaque province ou *inspection*. Les inspecteurs des affaires indigènes relevaient directement du gouverneur de la Cochinchine, dont l'autorité s'était substituée à celle du vice-roi annamite, lorsque les divers territoires formant la Basse-Cochinchine avaient été cédés à la France (traités de 1862, 1867 et 1874).

Les premiers gouverneurs furent des amiraux ; à partir de 1879 ils furent remplacés par des gouverneurs civils.

104. — L'ADMINISTRATION PROVINCIALE. — Aujourd'hui l'organisation administrative de la Cochinchine dans ses grandes lignes est la suivante :

A la base, se trouve la *commune*, dont la population se divise en inscrits et non-inscrits. Elle est dirigée par un conseil de douze notables élus par leurs pairs parmi les habitants présentant certaines garanties de fortune, de savoir et d'honorabilité ; les décisions du conseil des notables sont exécutées par trois agents, le *hương-thân*, le *thôn-trưởng*, le *hương-hào*, qui occupent les trois derniers rangs dans la hiérarchie des notables. Les notables administrent les biens de la commune dont ils affectent les ressources à des dépenses d'intérêt communal : routes, marchés, écoles, temples, maison commune, etc...

Au-dessus de la commune se trouve le *canton*, administré par un chef et un sous-chef de canton qui sont aujourd'hui de véritables fonctionnaires, choisis après concours parmi les candidats désignés par les villages.

Les cantons sont à leur tour réunis en *province*, dont chacune est placée sous l'autorité d'un administrateur français. Dans certaines provinces, les chefs et sous-chefs de canton sont les seuls intermédiaires entre les notables et l'administrateur. Dans quelques autres, les cantons ont été groupés en circonscriptions administratives à la tête desquelles sont placés des fonctionnaires annamites de rang plus élevé, *đốc-phủ*, *phủ* ou *huyện*, qui sont de véritables délégués du chef de la province. Certaines circonscriptions particulièrement importantes ont même à leur tête des fonctionnaires français (1).

Au chef-lieu réside le chef de province, un *administrateur*, qui a sous ses ordres immédiats, des fonctionnaires français (administrateur-adjoint, comptable, etc.), ou annamites (*đốc-phủ-sứ*, *phủ* ou *huyện*, secrétaires-interprètes, lettrés). Il est assisté, en outre, d'un *Conseil provincial* ou d'arrondissement, exclusivement composé d'indigènes et qui vote le budget de la province. D'autre part,

(1) Voir ci-contre la liste des provinces de Cochinchine.

Liste des provinces de Cochinchine.

PROVINCES	NOM DU CHEF-LIEU	DÉLÉGATIONS ET POSTES ADMINISTRATIFS
Bắc-liêu. . .	Bắc-liêu. . .	Vinh-lợi, Vinh-châu, Ca-mau, Gia-rai.
Ba-rịa . . .	Ba-rịa . . .	Cap Saint-Jacques.
Bến-tre . . .	Bến-tre . . .	Ba-tri, Sóc-sai, Thanh-phủ, Mỏ-cầy.
Biên-hòa . .	Biên-hòa . .	Núi-chùa-chan, Phủ-riêng, Võ-đạt, Long-thành, Thanh-sơn.
Cần-thơ. . .	Cần-thơ. . .	Circonscription du chef-lieu, O-môn, Cầu-kè, Phùng hiệp, Traon.
Châu-đốc . .	Châu-đốc . .	Circonscription du chef-lieu, Tri-ton, Tân-châu, Tinh-biên.
Chợ-lớn. . .	Chợ-lớn. . .	Circonscription du chef-lieu, Đức-hoa, Cần-dước, Cần-giọc.
Gia-định . .	Gia-định . .	Thủ-đức, Học-môn, Go-váp, Nhà-bè.
Gò-công . .	Gò-công. . .	Néant.
Hà-tiên. . .	Hà-tiên . . .	Circonscription du chef-lieu, Phú-quốc, Giang-thành, Hon-chong.
Long-xuyên .	Long-xuyên .	Circonscription du chef-lieu, Thốt-nốt, Chợ-mọi.
Mỹ-thọ . . .	Mỹ-thọ . . .	Circonscription du chef-lieu, Cai-bè, Cai-lậy. An-hoa, Bến-tranh, Chợ-gạo.
Rạch-gía . .	Rạch-gía. . .	Circonscription du chef-lieu, Long-mỹ, Go-quao, Giong-riêng, Phước-long.
Sa-đec . . .	Sa-đec . . .	Circonscription du chef-lieu, Cao-lãnh, Lai-vung.
Sốc-trang . .	Sốc-trang . .	Circonscription du chef-lieu. Phú-lộc, Bàng-long, Kế-sách.
Tân-an . . .	Tân-an . . .	Circonscription du chef-lieu, Mọc-hoa, binh-phước, Thủ-thừa.
Tây-ninh . .	Tây-ninh . .	Circonscription du chef-lieu, Trang-bang.
Thủ-dầu-một .	Thủ-dầu-một .	Tương-an, Hon-quân, Budop.
Trà-vinh . .	Trà-vinh . .	Circonscription du chef-lieu, O-lac, Bắc-trang, Càng-long, Bàng-da.
Vĩnh-long . .	Vĩnh-long . .	Circonscription du chef-lieu, Vũng-liêm, Tam-binh, Chợ-lạch.

Villes : Saigon et Chợ-lớn. — Iles Poulo-Coudore.

l'administrateur exerce son contrôle sur les agents qui représentent, dans la province, les grands services publics (Travaux publics, Postes et Télégraphes, Enseignement, Douanes, etc.) ; mais ces agents dépendent plus directement des *chefs de service* spéciaux résidant à Saigon et placés eux-mêmes sous l'autorité immédiate du gouverneur de la Cochinchine.

105. — Le gouvernement local. — Le *gouverneur de la Cochinchine* réside à Saigon. Il a la responsabilité de l'administration de tout le pays. En dehors des chefs de province ou des chefs de services par l'intermédiaire desquels il exerce son autorité, il est assisté de plusieurs assemblées qui participent plus ou moins à l'administration de la colonie : le *Conseil privé*, purement consultatif, le *Conseil du contentieux*, tribunal administratif, le *Conseil colonial*, corps élu dont la principale attribution est de voter le budget de la Cochinchine.

La Cochinchine possède en outre une *Chambre de Commerce* et une *Chambre d'Agriculture*, composées de Français et d'Annamites, et elle envoie un *député* au Parlement français.

Enfin, les villes de Saigon et de Cho-lon ont une organisation spéciale : elles sont administrées par un *Conseil municipal* composé de membres français et asiatiques élus et présidé par un maire. A Saigon, le maire est élu ; à Cho-lon, c'est un fonctionnaire nommé par l'Administration.

CHAPITRE XXXIII

Organisation administrative du Tonkin

106. — L'ADMINISTRATION PROVINCIALE. — Au Tonkin, l'action de l'administration française est un peu moins directe, car au-dessus de l'organisation traditionnelle avec les notables et les chefs de canton, on a conservé la plupart des mandarins provinciaux.

Les phủ et les huyện sont dirigés par les quan-phủ et les quan-huyện, choisis autrefois parmi les lauréats des concours littéraires (tú-tài ou cử-nhơn), puis parmi les élèves de l'Ecole des Mandarins (Hậu-bổ), et actuellement parmi les élèves de l'Ecole de Droit. Ce sont, comme on les appelle, les « père et mère du peuple », ce qui implique qu'ils doivent être à la fois très bons et très fermes à l'égard des habitants. Leur rôle est de faire exécuter par le peuple les ordres donnés par le Gouvernement, de faire respecter les lois, de rendre la justice en premier ressort, de recevoir les plaintes des habitants et de les examiner avec bienveillance.

Ils sont assistés dans leurs fonctions par un bureau composé de fonctionnaires nommés par le Gouvernement, un chef de bureau (*lại-mục*), deux ou trois rédacteurs (*thông-lại*), et par une garde civile (*lính-lệ*).

Les phủ et les huyện sont groupés en *provinces*. Les provinces importantes ont à leur tête un *tổng-đốc*; les moins importantes sont dirigées par un *tuần-phủ*. Les uns et les autres sont assistés d'un juge, *án-sát* ou *quan-án*, et d'un inspecteur des écoles, le *đốc-học*. Il n'y a plus de *bố-chánh*.

Ces mandarins provinciaux sont sous les ordres directs d'un administrateur qui dirige la province avec le titre de Résident. En dehors des mandarins provinciaux, le Résident a pour collaborateurs un certain nombre de fonctionnaires français et d'employés indigènes. De plus, il est assisté, comme en Cochinchine, d'un *Con-*

seil provincial exclusivement composé d'indigènes élus par les inscrits et choisis parmi les chefs de canton et les notables de marque, à raison de un ou deux par huyện. Les conseillers provinciaux donnent au Résident leur avis sur les questions d'intérêt général qu'il leur soumet et lui font connaître les besoins des populations de la région qu'ils représentent.

Toutefois, en certaines régions frontières, on a établi, au lieu de provinces proprement dites, des *territoires militaires,* dans lesquels toutes les fonctions administratives sont confiées à des officiers (1).

107. — Le gouvernement local. — Au Tonkin comme en Cochinchine, tous les fonctionnaires français relèvent de l'autorité d'un représentant de la France, le *Résident supérieur* qui réside à Hanoi. Depuis la suppression des fonctions de *kinh-lược* en 1897, les fonctionnaires indigènes sont placés également sous les ordres du Résident supérieur.

Le Résident supérieur prépare et administre le budget du protectorat (1). Il est assisté d'un *Conseil du protectorat* qui, comme le Conseil privé de Cochinchine, peut se transformer en *Conseil du contentieux* dont le ressort s'étend au Tonkin et à l'Annam.

Le Tonkin n'a pas de Conseil colonial; mais il possède une *Chambre consultative* indigène, créée par Paul Bert, et rétablie en 1907. Les membres de la Chambre consultative, sorte de conseillers généraux, au nombre de un ou deux par province, sont élus par les conseillers provinciaux et les notables des communes; ils sont appelés à se réunir, une fois par an au moins, à Hanoi. Ils délibèrent sur des questions d'ordre général qui leur sont soumises; ils font des propositions et émettent des vœux au nom de la population; ainsi les conseillers élus par le peuple participent à l'administration du pays comme les mandarins nommés par le gouvernement.

---

(1) Voir ci-contre la liste des provinces et des territoires militaires du Tonkin.

Liste des provinces et territoires militaires du Tonkin :

PROVINCES	NOM DU CHEF-LIEU	DÉLÉGATIONS
Bắc-giang . .	Phủ-lạng-thương . .	Lục-nam.
Bắc-kạn. . .	Bắc-kạn	
Bắc-ninh . .	Bắc-ninh	
Hà-đông. . .	Hà-dông	
Hải-dương . .	Hải-dương . .	Ninh-giang, Đông-triều.
Hà-nam. . .	Phủ-lý	
Hòa-binh . .	Hoà-binh	
Hưng-yên . .	Hưng-yên . .	Bân-yên-nhân.
Kiên-an. . .	Kiên-an	
Lạng-sơn . .	Lạng-sơn. . .	Binh-gia, Thât-khê, Lộc-binh, Na-châm, Đồng-đăng.
Lào-kay. . .	Lào-kay. . .	Pa-kha, Ba-xát, Phong-thô, Mương-khương.
Nam-định . .	Nam-định	
Ninh-binh . .	Ninh-binh	
Phúc-yên. . .	Phúc-yên	
Phú-thọ . .	Phú-thọ. . .	Hưng-hóa.
Quảng-yên . .	Quảng-yên . .	La Các-bà.
Sơn-la . . .	Sơn-la. . . .	Vạn-yên.
Sơn-tây. . .	Sơn-tây	
Thái-binh . .	Thái-binh	
Thái-nguyên .	Thái-nguyên .	Chợ-chu.
Tuyên-quang .	Tuyên-quang	
Vĩnh-yên. . .	Vĩnh-yên	
Yên-bay . . .	Yên-bay	
TERRITOIRES MILITAIRES		
1e Hải-ninh. .	Mon-cay . .	Ha-cói, Tiên-yên, Đinh-lập.
2e Cao-bằng. .	Cao-bằng . .	Quảng-uyên, Nguyên-binh, Đông-khê.
3e Hà-giang. .	Hà-giang. . .	Bảo-lạc, Đồng-văn, Hoàng-su-phi, Bắc-quang.
4e Lai-châu. .	Lai-châu. . .	Điện-biên-phủ
VILLES		
Hà-nội . . .	Hà-nội	
Hải-phòng . .	Hải-phòng	
Nam-định . .	Nam-định	
Hải-dương . .	Hải-dương	

Le Tonkin possède deux *Chambres de commerce* (à Hanoi et à Haiphong), et une *Chambre d'agriculture* (à Hanoi). Il n'a pas de député, mais il élit au *Conseil supérieur des colonies* un *délégué* qui est en même temps celui de l'Annam.

Les deux villes de Haiphong et de Hanoi forment des territoires distincts : elles sont administrées par un *Conseil municipal*. Le Conseil municipal comprend des membres français et annamites, et il est présidé par un Résident-maire.

CHAPITRE XXXIV

Les autorités communales et cantonales en pays annamite.

108. — LA COMMUNE ANNAMITE. — Cette institution, particulière au peuple annamite, est à la base de toute l'organisation du pays. Il importe d'en parler ici avec quelque détail.

La commune (*xã*) n'est autre chose que le groupement d'un certain nombre de familles qui, sous la conduite d'un chef, se sont installées sur un territoire en friche pour le mettre en valeur par la culture. Les Annamites racontent (à l'imitation des Chinois) que leur pays fut ainsi formé à l'origine de cent villages fondés par cent familles dont les noms servent encore aujourd'hui à désigner leurs descendants: Nguyễn, Lê, Vũ, Phạm, Đặng, etc...

Les habitants d'un même village forment plusieurs catégories sociales (*các hạng người*).

Les plus considérés, ceux qui constituent l'aristocratie du village dont les *chức-sắc* qui, pour services rendus à l'Etat, sont titulaires d'un brevet de mandarinat. Viennent ensuite les *kỳ-mục* qui font partie du Conseil des notables ; les *miễn-sai* et les *miễn-nhiêu* ou *nhiêu-nam* qui, en raison d'une situation spéciale, sont exemptés d'impôt ; les *nội-đinh* (inscrits), dont les noms sont officiellement enregistrés et qui, de ce fait, ont droit de prendre part aux charges et délibérations communales. A ces divers groupements s'oppose la masse de la population pauvre, ignorante, sans ambition, les *ngoại-đinh* (non-inscrits).

Si petite que soit une commune, elle a des propriétés qui appartiennent à l'ensemble des habitants. C'est ainsi que le *xã* possède : la maison commune (*đình*), le temple (*chùa*), des terres communales (*công-điền, công-thổ*) dont il partage les parcelles entre les habitants (*khẩu-phần*). Quelques-unes de ces parcelles sont réservées, et leur produit est affecté à l'entretien de la maison commune et du temple ou au paiement des dépenses diverses du village.

Le *xã* n'a pas d'autres revenus que ceux qu'il retire des terrains communaux ; mais comme cela ne lui suffirait pas pour entretenir les chemins et les routes qui sillonnent son territoire, tous les habitants doivent donner au village un certain nombre de journées de corvées (*công-dịch*).

Les habitants d'une même commune s'administrent eux-mêmes comme ils l'entendent. Ils ne suivent pas de règle fixe, comme celles par exemple que la loi impose à toutes les communes de France (1); ils se contentent d'observer certaines habitudes, certaines traditions dont les principales se ramènent aux suivantes : les biens de chaque commune sont administrés par un *conseil de notables (hội kỳ-mục)* qui, de bonne heure, a remplacé la réunion des chefs de famille (*tộc-mục* ou *tộc-trưởng*) qui existait autrefois, et qui existe encore dans quelques communes.

(1) Cette différence entre la commune annamite et la commune française a été très bien mise en lumière par un mandarin annamite au retour d'un voyage qu'il avait fait en France :

« Ce qui distingue essentiellement la commune française de la commune annamite, c'est que la première ne lie pas le Français à son village natal, tandis que nous, Annamites, à cause de la grande variété des institutions communales, nous nous croyons en Chine ou en Amérique aussitôt sortis de notre village. Tel qui est né à Đinh-bang, ne peut pas vivre à Phù-liõn, à cause de la différence des coutumes ; tel autre préfère acheter deux fois plus cher un *sào* de rizières dans le territoire de son village que la même surface de terre située sur le territoire du village voisin ; nous aimons mieux être pauvres dans notre commune que riches dans une autre. C'est là la cause de l'esprit casanier des Annamites, de leur patriotisme qui s'arrête à la porte du village, du peu de relations qui existent entre les gens, de l'absence de tout sentiment de solidarité ; d'où l'impossibilité de faire quelque chose de grand, de s'entendre entre compatriotes pour une entreprise commerciale, industrielle ou autre ; d'où encore l'abandon des 4/5 des terres cultivables ; d'où l'ignorance complète de tout ce qui n'est pas le hameau où l'on a sa case. Le Français, au contraire, est chez lui dans toute l'étendue de la France ; son village est là où il se trouve ; il participe aux dépenses comme aux avantages du lieu où il établit son domicile ». (*Bulletin de l'Ecole française d'Extrême-Orient*, 1907, p. 161).

109. — Les notables. — Les membres du Conseil des notables sont élus par les inscrits du village. Pour être choisi comme notable, il faut être instruit, avoir une certaine aisance, et surtout jouir d'une bonne réputation. On choisit aussi les notables parmi les vieillards qui, à défaut d'instruction, ont beaucoup d'expérience et peuvent donner de bons conseils. Le premier notable, qui est, dans toute la commune, le personnage le plus influent par son âge ou sa situation, s'appelle le *tiên-chỉ* ; puis viennent les notables (*kỳ-mục*), ceux qui dirigent effectivement les affaires de la commune ; ils sont choisis parmi les habitants qui déjà ont exercé des fonctions communales.

Le Conseil des notables est lui-même assisté d'agents d'exécution, les *dịch-mục* ou *chức-dịch*, dont font partie : le maire (*lý-trưởng*), élu par les notables et les inscrits, qui est responsable vis-à-vis du conseil de l'exécution des ordres, et sert d'autre part d'intermédiaire officiel entre la commune et les autorités administratives (phủ et huyện) ; — l'adjoint au maire (*phó-lý*), également élu et chargé spécialement des petits hameaux (*thôn*) dépendant du village principal ; — le collecteur d'impôt (*phần-thu*), chargé sous la responsabilité du lý-trưởng, de percevoir l'impôt personnel et l'impôt foncier (*thuế-đinh*, *thuế-điền*) que tout habitant doit payer à l'Etat ; — les veilleurs (*tuần-đinh* ou *tuần-kiểm*), chargés de la police du territoire du village ; — le *kê-biên*, chargé des registres de l'état civil ; — le *thủ-bộ*, chargé de conserver les registres communaux, tels que les rôles fonciers (*địa-bộ*).

Le Conseil des notables se réunit chaque fois qu'il est nécessaire de discuter sur une question importante, comme, par exemple : l'établissement annuel des rôles pour les impôts personnel et foncier dus à l'Etat, la répartition et la rentrée de ces impôts ; le partage des terres communales, les travaux d'intérêt public (construction de routes, de ponts, de canaux, de marchés, d'écoles, etc.) ; la préparation des fêtes rituelles. Il choisit les recrues pour le service militaire ; il juge les querelles et les conflits de peu d'importance qui peuvent s'élever entre les habitants du village.

Les réunions du Conseil des notables sont publiques et se tiennent dans la maison commune. Tous les habitants qui sont inscrits (*nội-*

dinh) ont le droit d'y prendre part, et prennent place sur les gradins ou sur le sol, selon le rang qu'ils occupent dans la société communale.

110. — LE CANTON. — Plusieurs communes, sept ou huit d'ordinaire, forment un canton (*tổng*).

A la tête de chaque canton, il y a un chef de canton (*chánh-tổng*) assisté d'un sous-chef de canton (*phó-tổng*). Le chef et le sous-chef de canton sont choisis parmi les lý-trưởng, les anciens lý-trưởng et les titulaires d'un grade de mandarinat du 8e ou 9e degré; ils sont élus par les principaux des notables et les lý-trưởng des diverses communes qui composent le canton, les anciens chefs et sous-chefs de canton, les titulaires d'un grade ou d'un diplôme universitaire, etc. Leur rôle est de s'occuper des questions d'ordre général intéressant à la fois tous les villages (entretien des grandes voies de communication, des ponts, des digues, police générale, etc.). Ils ont donc sous leurs ordres directs tous les lý-trưởng, sans que toutefois ils puissent s'immiscer dans les affaires intérieures des villages.

Comme les lý-trưởng sont les intermédiaires officiels entre leurs communes respectives et les autorités administratives (phủ et huyện), les chefs et sous-chefs de canton sont les intermédiaires officiels entre toutes les communes de leur canton et ces mêmes autorités administratives chaque fois qu'il s'agit d'une question d'intérêt général.

Une réforme communale a été entreprise au Tonkin il y a quatre ans, ayant pour objet de réglementer l'élection des notables des villages et d'instituer des budgets communaux. En 1925, 7387 villages étaient dotés d'un conseil d'administration et 5739 possédaient un budget communal.

CHAPITRE XXXV

Le Roi et les Ministres d'Annam.

111. — Le ROI. — Tandis qu'en Cochinchine et au Tonkin les autorités cantonales et communales relèvent directement du Gouvernement français représenté par les Administrateurs chefs de province, en Annam elles relèvent du Gouvernement annamite, c'est-à-dire du Roi représenté par ses ministres et les mandarins provinciaux.

Le Roi d'Annam est le mandataire du Ciel et, à ce titre, il a à remplir toute une série de devoirs religieux, à présider certaines grandes cérémonies dont la plus importante est celle du *Nam-giao* (1), qui consiste en un sacrifice triennal au Ciel et à la Terre (2). Les acrifice est offert par le Roi lui-même qui se rend au Nam-giao en un cortège magnifique comprenant 2.000 hommes de troupes, sans compter les mandarins civils.

Mais le Roi n'est pas seulement un chef religieux ; comme tous les mandarins qui le représentent, et à un titre supérieur, il est « le père et la mère du peuple », dont il se préoccupe d'assurer le bonheur et la prospérité.

Pour l'aider dans sa tâche, il a auprès de lui un certain nombre de ministres formant le Conseil des Ministres ou *Cơ-mật*, avec lesquels il travaille et qu'il interroge sans cesse sur les besoins de ses sujets, afin d'étudier avec le Résident supérieur les moyens d'y satisfaire.

---

(1) *Nam-giao* est le nom d'un tertre qui se trouve dans les environs immédiats de Huế et qui comprend quatre enceintes en maçonnerie formant autant d'esplanades.

(2) La *Société des Amis du Vieux Huế* a consacré au sacrifice du Nam-giao un des numéros les plus remarquables de son *Bulletin* (avril-juin 1915). C'est à cette série d'études qu'il faut se reporter si l'on veut connaître dans tous ses détails cette si curieuse cérémonie.

Le 11 novembre 1925 a été promulguée et rendue exécutoire la convention du 6 novembre de la même année (voir Chap. XXXI, nº 102) réglant les rapports entre le Gouvernement annamite et le Protectorat. Entre les membres du Conseil de Régence agissant au nom de S. M. l'Empereur et le Gouverneur général de l'Indochine, dépositaire des pouvoirs de la République, il a été convenu que :

« Seuls les règlements concernant les rites ou les règles constitutionnelles du royaume feront l'objet d'ordonnances royales. L'intervention directe du souverain reste entière pour l'exercice du droit de grâce et pour l'attribution des grades posthumes et les brevets de génie aux villages de l'Annam et du Tonkin. Les distinctions honorifiques, les grades de Diên-hàm, les titres de Cung-hàm et les cinq titres de noblesse seront conférés par Sa Majesté à ses sujets, conformément aux dispositions de l'article 5 de l'ordonnance royale du 7 juin 1923.

« Toutes les autres questions concernant la justice et l'administration du royaume, l'organisation des services, le recrutement et la nomination des fonctionnaires annamites de tous les degrés sont réglées par des arrêtés des Représentants du Protectorat. Toutefois, en Annam, les arrêtés du Résident supérieur seront pris en Conseil des Ministres après avis obligatoire de ceux-ci ».

D'autre part :

« Étant donné l'évolution actuelle du pays, le Gouvernement annamite juge le moment opportun de faire participer le peuple à la gestion des affaires de l'État. C'est pourquoi, le Résident supérieur en Annam reçoit délégation permanente de Sa Majesté pour prendre, sur toutes les grandes réformes jugées utiles, l'avis de la « Chambre des Représentants du Peuple », première étape vers une participation plus effective de la population aux affaires publiques ».

112. — Les ministres. — Le nombre des ministères est actuellement de sept. Ce sont les six ministères qui existaient déjà du temps de Gia-long, auxquels on a ajouté celui de l'Instruction publique :

Le Ministère de l'Intérieur (*Bộ Lại*) ;
Le Ministère de la Justice (*Bộ Hình*) ;
Le Ministère de la Guerre (*Bộ Binh*) ;

Le Ministère des Travaux publics (*Bộ Công*) ;
Le Ministère des Finances (*Bộ Hộ*);
Le Ministère des Rites (*Bộ Lễ*) ;
Le Ministère de l'Instruction publique (*Bộ Học*).

La principale attribution du *Ministre de l'Intérieur* est de diriger l'administration des provinces (*tỉnh*). Il est le supérieur des mandarins provinciaux, des mandarins subalternes, et exerce son autorité sur tout le personnel de toutes les administrations sans exception. C'est de lui également que dépendent les chefs de canton et lý-trưởng, puisqu'il peut les récompenser par des grades de mandarinat (*phẩm hàm*). Il est le chef de la Sûreté générale.

Le *Ministre de la Justice* révise les jugements importants, ceux qui entraînent des peines plus graves que celles du rotin (1), et propose sa décision au Résident supérieur. Le jugement n'est définitif qu'après la signature du Résident supérieur.

L'entretien d'une force armée étant dans les attributions du Gouvernement français, protecteur de l'Annam, le *Ministre de la Guerre* n'a à s'occuper que des effectifs strictement nécessaires au service de garde et d'escorte dans la capitale et dans les provinces. Il s'occupe également de l'organisation du service des *trạm* si utile pour les voyageurs et la poste. Les soldats (*lính*) qu'il recrute ont droit, en plus de la solde mensuelle qu'ils reçoivent du gouvernement, à une part de rizières (*lương-điền*) dans leur village d'origine. Cette part de rizières est mise à la disposition de leur famille jusqu'à leur libération.

Le *Ministre des Travaux publics* doit veiller à l'entretien et à la construction des voies de communication : routes provinciales, ponts, digues. Il doit étudier les travaux d'irrigation, faire

---

(1) S'il s'agit d'affaires ne comportant que des peines de rotin (*xuy*), les jugements sont rendus en première instance par les quan-phủ et quan-huyện qui les soumettent au quan-án, mandarin siégeant auprès du tổng-đốc, spécialement chargé de les réviser. Les jugements sont déclarés définitifs après approbation du tổng-đốc et du Résident. C'est seulement s'il s'agit d'affaires plus importantes, que ces jugements, après avoir été revêtus de l'avis des mandarins provinciaux et de l'avis du Résident, sont transmis au Ministère de la Justice.

creuser des canaux et veiller à l'emploi raisonné de la main-d'œuvre des corvéables (*công-dịch* ou *còng-ich*). Il surveille l'entretien des nombreux et beaux bâtiments qui sont dans le Palais, ainsi que des merveilleux tombeaux royaux.

Le *Ministre des Finances* veille au bon fonctionnement du service des impôts en même temps qu'il s'assure que les dépenses engagées ne sont point supérieures aux recettes. Tous les ans, il établit le budget du gouvernement annamite, dont les recettes sont alimentées par le budget local du Protectorat de l'Annam, dont le budget annamite est une annexe. C'est avec les ressources de ce budget que le Ministère des Finances doit payer les dépenses de la Cour, du personnel de l'administration annamite, de l'instruction publique, en même temps que les dépenses importantes exigées pour l'accomplissement des rites, ou celles qui concernent l'entretien des nombreux bâtiments annamites du Palais, de la capitale et des provinces.

Le *Ministre des Rites* est chargé d'entretenir dans le pays d'Annam les traditions du passé en ce qui concerne le culte et le cérémonial protocolaire ; c'est par ses soins en particulier que sont entretenues les pagodes situées dans l'enceinte des tombeaux royaux, et c'est lui qui organise les grandes cérémonies rituelles comme celles qui sont faites au *Nam-giao*, au *Xã-tắc*, et au moment des avènements et des anniversaires.

Pour être le dernier né, le *Ministère de l'Instruction publique* n'est pas le moins important. Il fut créé pour réformer progressivement l'enseignement traditionnel en Annam. Grâce à son action, les réformes se sont en effet succédé sans interruption, et le résultat a été tel qu'un seul et même Règlement général, régissant l'enseignement dans tout le pays annamite, a pu être publié et appliqué.

Les ministres exercent leur autorité dans les provinces par l'intermédiaire des mandarins provinciaux qui sont, comme au Tonkin : le *tổng-đốc* ou le *tuần-phủ* qui gouverne la province avec l'aide du *quan-bố* chargé du service fiscal, du *quan-án* chargé de la justice, du *đốc-học* chargé de l'enseignement, les *tri-phủ* et les *tri-huyện*.

CHAPITRE XXXVI

Le Protectorat.

113. — Le traité de 1884. — Depuis le traité de 1884, le royaume d'Annam est placé sous le Protectorat de la France, c'est-à-dire que la France gère toutes ses relations avec les pays étrangers et assume la charge de le défendre contre tout péril extérieur, qu'elle dirige l'administration intérieure et s'emploie au développement économique et intellectuel du pays.

Toutefois, le traité avait institué d'abord pour l'Annam un régime assez différent de celui qu'il établissait au Tonkin. Aux termes de ce traité, la France n'avait qu'un représentant, le Résident général, résidant à Hué. Il devait seulement « présider aux relations extérieures de l'Annam et assurer l'exercice régulier du Protectorat sans s'immiscer dans l'administration locale des provinces », qui restait tout entière entre les mains des fonctionnaires annamites, sauf en ce qui concernait « les douanes, les travaux publics et, en général, les services qui exigent une direction unique ou l'emploi d'ingénieurs ou d'agents européens ». De plus, l'impôt devait continuer à être perçu par les *quan-bô* « sans le contrôle des fonctionnaires français et pour le compte de la Cour de Hué ».

114. — Le gouvernement du Protectorat. — Cependant, peu à peu et dans l'intérêt même des Annamites, le Souverain a été amené à confier au gouvernement français le soin, non seulement de diriger les relations extérieures du pays et les grands services publics, mais encore de gérer les finances, de contrôler la perception et la répartition des impôts et même l'administration et la justice indigènes en Annam, comme cela avait lieu déjà au Tonkin. Deux ordonnances prises par Thành-thái (27 septembre 1897 et 15 août 1898) ont consacré le principe de ces réformes, qui ont été réalisées d'un commun accord par les gouvernements annamite et français.

A l'heure actuelle, le *Résident supérieur* préside les réunions du Co'-mật, assisté, comme au Tonkin, d'un Conseil du Protectorat. Dans l'intervalle des réunions du Co'-mật, il contrôle l'administration des ministères par ses délégués (*quan hội-biện*) qui sont les intermédiaires constants entre la Résidence supérieure et le Gouvernement annamite. Ces délégués sont au nombre de trois ; le Délégué à l'Intérieur (*quan hội-biện Bộ-Lại*) aide dans leurs fonctions les Ministres de l'Intérieur, de la Guerre et de l'Instruction publique ; le Délégué à la Justice (*quan hội-biện Bộ-Hình*) révise les jugements de concert avec le Ministre de la Justice ; le Délégué aux Finances (*quan hội-biện Bộ-Hộ*) aide le Ministre des Finances dans ses attributions, en même temps qu'il assiste aussi le Ministre des Travaux publics et le Ministre des Rites.

Le Résident supérieur dirige d'autre part les grands services publics qui relèvent tous de l'Administration française (Agriculture, Douanes et Régies, Postes et Télégraphes, etc.).

Il exerce en outre son contrôle sur l'administration provinciale indigène par l'intermédiaire des *résidents* placés sous ses ordres à la tête de chaque province et représentés dans certains postes éloignés ou particulièrement importants par des délégués français (1).

Dans chaque province, les résidents dirigent et contrôlent l'administration indigène. Une fois par mois, ils convoquent les mandarins provinciaux pour discuter ensemble les affaires intéressant la province, et réunissent le plus souvent possible le Conseil provincial, dont la composition et le fonctionnement sont les mêmes en Annam qu'au Tonkin.

La ville de Tourane est administrée par une commission municipale présidée par un Résident-maire.

L'Annam possède une *Chambre mixte d'Agriculture et de Commerce*.

115. — Les impôts. — La principale des attributions des autorités provinciales concerne l'impôt, dont elles doivent assurer la répartition et la perception suivant les instructions du Résident

(1) Voir à la page suivante la liste des provinces de l'Annam.

Liste des provinces de l'Annam.

PROVINCES	NOM DU CHEF-LIEU	DÉLÉGATIONS ET POSTES ADMINISTRATIFS
Binh-định.	Qui-nhơn	Bồng-sơn.
Binh-thuận	Phan-thiết	Phan-ri.
Darlac.	Ban-mé-thuot	
Hà-tĩnh	Hà-tĩnh	
Haut-Donaï	Dalat.	Djiring et Dran.
Khánh-hoà	Nha-trang	
Kon-tum	Kon-tum.	An-khê et Plei-ku.
Nghệ-an	Vinh.	Nghĩa-hưng.
Phan-rang	Phan-rang	
Phú-yên	Sông-cầu	
Quảng-binh	Đông-hới	
Quảng-nam	Fai-fo	Tam-kỳ.
Quảng-ngãi	Quảng-ngãi.	
Quảng-trị	Quảng-trị	
Thanh-hoá	Thanh-hoá	Hồi-xuân et Bài-thượng.
Thừa-thiên	Huê	
VILLES		
Tourane.		
Dalat.		

supérieur qui, étant ordonnateur du budget, fixe lui-même les recettes et les dépenses.

La plus grande partie des recettes du budget de l'Annam provient de deux contributions directes : *l'impôt foncier* dû par tout habitant disposant d'un terrain, et *l'impôt personnel* payé par chaque homme de 18 à 60 ans.

Ces impôts directs (*thuể chánh ngạch*) sont perçus dans chaque village par le lý-trưởng, lequel va au chef-lieu (*tỉnh*) pour en verser le montant à la Perception (*kho bạc nhà nước*). Ces opérations se font sous la surveillance des autorités cantonales, des autorités administratives, et sous la direction d'un mandarin provincial, le *bồ-chánh*. Les revenus des impôts sont versés selon les conventions intervenues entre le Gouvernement annamite et la France, dans la Caisse du Trésor du Protectorat qui en assure la répartition au mieux des intérêts du pays.

Les revenus des impôts sont employés par l'Administration pour faire face aux nombreuses dépenses des services publics (solde des fonctionnaires, des soldats; travaux d'entretien des routes, des digues, des canaux ; construction des chemins de fer, des bâtiments administratifs ; diffusion de l'instruction publique.

116. — Le Gouvernement général. — Depuis 1887, un haut fonctionnaire français a été mis à la tête de toute l'Union indochinoise, avec le titre de *Gouverneur général de l'Indochine française*. Son autorité s'étend non seulement sur l'Annam proprement dit et le Tonkin, mais encore à des titres divers sur la Cochinchine, le Cambodge, le Laos et le Territoire de Kouang-tchéou-wan. Il exerce tous les pouvoirs du Gouvernement français, sous le contrôle du Ministre des Colonies : il prend des arrêtés et fait des règlements qui s'appliquent à toute l'Indochine ; il est le chef de tous les fonctionnaires et aussi de l'armée ; il prépare les divers budgets, budget général et budgets locaux des différents pays formant l'Indochine française, et les soumet au Gouvernement français.

Le Gouverneur général est assisté dans sa tâche par de nombreux collaborateurs dont les principaux sont :

a) le Secrétaire général du Gouvernement général, son collaborateur direct, chargé plus spécialement de la direction des Finances, auquel il peut déléguer tout ou partie de ses pouvoirs, et qui le remplace par intérim ;

b) les chefs des administrations locales : Gouverneur de la Cochinchine, Résidents supérieurs au Tonkin, en Annam, au Cambodge et au Laos, Administrateur en chef du territoire de Kouang-tchéou-wan, qui administrent les différents pays de l'Union indochinoise, et dans les pays de protectorat comme l'Annam et le Tonkin, dirigent et contrôlent l'administration indigène ;

c) les directeurs des Services généraux qui sont en quelque sorte ses conseillers et dirigent les grands services publics ; Finances, Douanes, Justice, Travaux publics, Postes et Télégraphes, Instruction publique, etc.

De plus, le Gouverneur général convoque une fois au moins par an, tous les hauts fonctionnaires de l'Indochine ainsi que les représentants des assemblées élues (Conseil colonial, Chambres de commerce et d'agriculture) et les représentants de l'Administration indigène pour les consulter sur diverses questions intéressant le pays, et notamment sur le budget général et les budgets locaux. Cette assemblée s'appelle le *Conseil de Gouvernement*. Elle siège dans la ville que désigne à cet effet le Gouverneur général, Saigon, Hanoi, Hué ou Phnom-penh. Dans l'intervalle de ses sessions, le Gouverneur général est assisté par une *Commission permanente* du Conseil de Gouvernement.

CHAPITRE XXXVII

L'œuvre française au pays d'Annam ; la mise en valeur du pays.

117. — L'EXPLORATION. — Pour permettre aux indigènes de supporter plus aisément le poids des impôts nécessaires, les Français se sont préoccupés de mettre en valeur toutes les ressources du pays, et dans ce but, d'en faire au préalable l'exploration méthodique.

Ils savaient que le pays deviendrait d'autant plus riche qu'il serait mis en valeur par des hommes qui en connaîtraient mieux toutes les richesses. Et d'autre part, ils désiraient étudier attentivement les aspects naturels (montagnes, fleuves, végétation) et les populations d'une région du globe qui leur était à peu près entièrement inconnue, afin d'augmenter encore leurs connaissances et d'ajouter un nouveau domaine au champ déjà si vaste de la science française.

Une première exploration importante fut faite dès 1866 par deux officiers de marine : DOUDART DE LAGRÉE et FRANCIS GARNIER qui, partis de Saigon, remontèrent la vallée du Mékhong et traversèrent le Yunnan, où Doudart de Lagrée mourut. L'expédition revint, sous la conduite de Francis Garnier, par la vallée du Fleuve Bleu et Chang-hai ; elle avait duré deux ans, et recueilli, chemin faisant, le long d'un itinéraire qui dépassait 10.000 kilomètres, une quantité considérable de renseignements de toute sorte sur les pays parcourus et les populations rencontrées. En outre, elle avait démontré que le Mékhong était trop peu navigable pour être une voie de communication pratique entre l'Indochine et la Chine. Francis Garnier pensa alors que le Fleuve Rouge fournirait peut-être cette voie de communication, et les événements ont confirmé son hypothèse.

Mais la plus importante des explorations de l'Indochine, à la fois par le temps qu'elle a duré et par le nombre de ceux qui y ont pris part, est celle qui a été dirigée par M. PAVIE. Pendant 15 ans, de

1879 à 1895, M. Pavie et ses 40 collaborateurs, savants, ingénieurs, officiers, administrateurs, ont parcouru l'Indochine à peu près en tous sens. Leurs nombreuses missions à travers le pays ont eu deux résultats très importants : d'abord l'installation du Protectorat français au Laos, puis l'établissement de la carte de l'Indochine.

Depuis une vingtaine d'années, il n'y a plus de grandes missions d'exploration en Indochine ; mais la France a institué, à leur place, des missions permanentes composées de savants qui continuent chacun dans une voie spéciale, l'exploration méthodique du pays pour en connaître chaque jour davantage le sol, le climat, la végétation, ces populations avec leurs langues, leurs coutumes, leur histoire, etc.

Les principales de ces institutions sont :

Le Service géographique qui continue en partie l'œuvre de la mission Pavie et poursuit l'établissement de la carte détaillée de l'Indochine ;

Le *Service géologique* et le *Service des mines* qui étudient la constitution du sol et dressent l'inventaire de ses richesses minières ;

L'Observatoire de Phu-liên qui réunit toutes les observations relatives au climat faites sur divers points de l'Indochine et qui signale en particulier l'arrivée des typhons ;

L'École française d'Extrême-Orient qui poursuit l'étude de l'archéologie, de l'épigraphie, de l'ethnographie, de l'histoire, des religions, du folklore, des institutions, des langues et des littératures de l'Indochine et de l'Extrême-Orient, et qui propose les mesures nécessaires à la conservation des monuments historiques de l'Indochine.

118. — LA MISE EN VALEUR. — Connaissant de mieux en mieux le pays, l'Administration française, aidée par les colons français, a réussi à en augmenter la prospérité matérielle. Pour cela, la France a multiplié en Indochine les travaux d'irrigation, d'assèchement et de drainage ; elle a créé, peut-on dire, un réseau étendu de voies de communication qu'elle perfectionne chaque jour.

Autrefois, les Annamites n'avaient à leur disposition pour communiquer entre eux, pour transporter d'un point à un autre les produits de leurs récoltes et les objets nécessaires à l'existence, que les routes de terre plus ou moins bien entretenues, les voies fluviales où l'on ne naviguait que par sampans. Les Français ont amélioré les routes, ils en ont construit et en construisent tous les jours de nouvelles ; mais surtout, ils ont introduit en Indochine les moyens de communication dus à la vapeur et à l'électricité : chaloupes, chemins de fer, tramways, automobiles. Les chemins de fer en exploitation en Indochine ont une longueur de près de 1.610 kilomètres (1), auxquels il convient d'ajouter 465 kilomètres pour la ligne du Yunnan entre Lao-kay et Yunnan-fou.

Le réseau de routes, de voies navigables et de chemins de fer est complété par environ 17.000 kilomètres de lignes télégraphiques qui relient entre eux les postes les plus éloignés de l'Indochine (2).

L'établissement des chemins de fer et le développement des routes ont facilité l'organisation du *Service des Postes*. Celui-ci assure le transport rapide entre les points les plus éloignés du pays et même de l'étranger, des correspondances écrites, lettres, cartes postales, etc., des imprimés, journaux, revues, livres, etc., et même de toutes sortes d'objets légers et de faible volume, ou d'argent sous forme de mandats ou de lettres chargées. Les services postaux automobiles se sont considérablement développés. De nouveaux bureaux de postes ruraux sont annuellement ouverts ; le nombre de bureaux de postes et de télégraphes augmente également chaque année.

---

(1) Voici le détail des lignes de chemins de fer actuellement exploitées :

Hanoi à Na-cham.	179	kilomètres ;
Hanoi à Bến-thủy (Vinh).	326	—
Saigon à Mỹ-thọ.	70	—
Saigon à Khánh-hòa (Nha-trang) . . .	466	—
Tourane à Đông-hà (Quảng-trị). . . .	175	—
Haiphong à Lao-kay.	394	—

(D'après la Statistique de l'Inspection générale des Travaux publics, année 1926).

(2) Il faut y ajouter des postes de télégraphie sans fil, quelques câbles sous-marins, et plus de 4.000 kilomètres de lignes téléphoniques.

D'autre part, l'Administration s'est efforcée d'améliorer les procédés de culture indigène. La culture du riz en particulier a fait des progrès considérables depuis l'arrivée des Français, surtout au point de vue de l'étendue des surfaces cultivées et de l'exportation. En Cochinchine, la production annuelle du riz est passée de 50.000 tonnes à 2.000.000 de tonnes, année moyenne. En outre, grâce aux encouragements et aux conseils du Service de l'Agriculture, grâce aussi aux efforts des colons français, plusieurs autres cultures ont été essayées et se développent avec succès (maïs, coton, mûrier, ramie, jute, arachide, plantes à caoutchouc, plantes à parfums, café, thé, etc.). Les Français se sont également occupés d'améliorer l'élevage et de conserver les forêts en les exploitant avec discernement et profit.

Enfin, la grande industrie moderne (usines, distilleries, filatures, scieries à vapeur, etc.) a été inaugurée au Tonkin, surtout grâce aux capitaux des colons français ; elle fait vivre aujourd'hui plus de 50.000 ouvriers annamites.

119. — Le développement de l'instruction publique. — Mais il ne suffit pas à un peuple d'être riche, il faut qu'il soit instruit, car l'instruction est encore pour lui le meilleur moyen d'augmenter ses richesses.

Or, les Annamites qui, de tout temps, ont tenu l'instruction en très grand honneur, possédaient avant l'arrivée des Français de nombreuses écoles, et le mandarinat était réservé à ceux qui avaient subi avec succès les concours littéraires. Mais cet enseignement, purement chinois, n'apprenait aux Annamites rien de leur propre pays et surtout les laissait complètement ignorants des connaissances sans lesquelles un peuple reste aujourd'hui étranger à la civilisation moderne.

L'Administration française a entrepris d'améliorer cet enseignement indigène et surtout de le rendre plus profitable aux Annamites. Elle a organisé un enseignement franco-annamite, dont le but est de permettre aux Annamites de collaborer plus efficacement à l'Administration, et à la mise en valeur de leur pays.

A la base de cette organisation, les écoles primaires élémentaires et les écoles primaires de plein exercice répandent dans toutes les provinces l'instruction primaire. Le nombre de ces écoles s'accroît d'année en année. Le nombre des écoles indigènes était en 1925 de 3 385 et ces écoles comprenaient 214.000 élèves.

Les écoles ou collèges complémentaires donnent un enseignement primaire supérieur à plusieurs milliers d'élèves, qui se destinent soit au commerce, soit à des emplois administratifs. Les écoles professionnelles et les écoles d'art forment de bons ouvriers, des contremaîtres, des artisans, nécessaires à la mise en valeur du pays.

Pendant longtemps, l'enseignement primaire et l'enseignement complémentaire ont été réservés aux garçons ; depuis quelques années, grâce surtout à M. le Gouverneur général Sarraut, de nombreuses écoles ont été créées pour les jeunes filles annamites.

L'enseignement secondaire dont les jeunes Annamites n'ont pu bénéficier jusqu'ici qu'à la condition de se rendre en France, leur est aujourd'hui ouvert en Indochine même, au Lycée de Hanoi et au Collège de Saigon.

Enfin, grâce à l'élévation du niveau général de l'instruction, on a pu organiser en Indochine l'enseignement supérieur dont M. le Gouverneur général Beau a eu, dès 1906, la première idée, et en vue duquel il créa en 1907 l'Université indochinoise. L'idée de M. Beau a été reprise en 1916 par M. le Gouverneur général Roume, puis par M. le Gouverneur général Sarraut, qui a réalisé la création d'un certain nombre d'écoles techniques supérieures, dont l'ensemble constitue l'Université de Hanoi.

Les diverses écoles d'enseignement supérieur sont : l'Ecole de Médecine et de Pharmacie, l'Ecole Vétérinaire, l'Ecole supérieure de Pédagogie, l'Ecole d'Agriculture et de Sylviculture, l'Ecole des Travaux publics, l'Ecole des Sciences appliquées, l'Ecole de Commerce, l'Ecole des Beaux-Arts.

L'Ecole des Hautes-Etudes indochinoises a remplacé en 1924 l'Ecole de Droit et l'Ecole des Lettres, elle a pour objet de compléter la culture reçue dans les études secondaires et de préparer les fonctionnaires qualifiés pour les cadres de l'administration et de la justice indigènes.

120. — L'Assistance médicale. — La France a voulu aussi faire profiter lés Indochinois des bienfaits de la médecine européenne ; et pour cela, elle a créé le service de l'Assistance médicale. Son but est de répandre parmi les indigènes, les connaissances élémentaires de l'hygiène ; de les préserver, par la vaccine, de la variole qui cause parmi eux tant de ravages ; de donner à tous ceux qui le désirent des consultations gratuites ; de recevoir enfin, dans des ambulances ou des hôpitaux spécialement aménagés, les malades qui ont besoin de soins particuliers ou qui doivent subir une opération chirurgicale.

Ce service est assuré par une centaine de médecins européens civils ou militaires, aidés de quelques jeunes médecins indigènes qui ont suivi à Hanoi les leçons des professeurs de l'Ecole de Médecine de l'Indochine. Leur nombre s'accroît chaque année, et déjà ils ont fait apprécier leur valeur par la population.

D'autre part, l'Assistance médicale dispose de sommes importantes qui, en 1917, ont dépassé quatre millions de piastres, et qui proviennent, pour la plus grande part, de subventions du budget, mais aussi de dons de particuliers ; c'est en Cochinchine surtout que la générosité et l'initiative privées jouent le rôle le plus actif et le plus considérable. A Saigon, à Chợ-lớn, et dans la plupart des provinces, des associations de bienfaisance se sont formées pour créer et entretenir des œuvres d'assistance. La plupart des donataires sont de riches commerçants annamites ou chinois ; on ne s'adresse jamais en vain à eux lorsqu'il s'agit de fondations dont ils voient le fonctionnement et dont ils comprennent l'utilité.

En 1925, l'Assistance médicale exerçait son activité dans 459 établissements et formations sanitaires (postes médicaux, hôpitaux, maternités, crèches, etc.) ; elle a hospitalisé plus de 180.000 personnes, donné plus de 4 millions de consultations à environ 2 millions de malades, et assuré 4.600.000 vaccinations.

CONCLUSION

Nous avons essayé, dans les lectures qui précèdent, de marquer les principaux faits de l'histoire du pays d'Annam, depuis l'avènement des Lê jusqu'au moment où il s'est placé sous la protection de la France.

Le trait le plus important de toute cette histoire, celui qui mérite le plus d'être retenu, c'est *la tendance vers l'unité* qui s'était déjà manifestée à diverses époques de l'existence du peuple annamite, mais qui ne reçut un commencement de réalisation que sous Gia-long, aidé par les Français.

Non seulement, en effet, les Français ont effectivement contribué aux victoires de Gia-long, mais ils ont fait reconnaître l'indépendance de l'Annam par la Chine, qui, depuis des siècles, exerçait sa suzeraineté et qui, même aux périodes d'indépendance, n'avait jamais cessé de considérer l'Annam comme un pays tributaire. Ils ont en outre agrandi le pays d'Annam en lui unissant le Cambodge et le Laos et en faisant de l'Indochine française comme une grande famille dont les Annamites seraient les aînés.

Enfin, c'est grâce à l'intervention française que le pays d'Annam, unifié et élargi, a accru ses richesses au point de devenir un des pays les plus actifs et les plus prospères de l'Extrême-Orient.

Aussi les Français sont-ils persuadés que rien n'est plus désirable pour le développement et la prospérité du pays d'Annam que la collaboration sans cesse plus étroite des Annamites et d'eux-mêmes.

C'est d'ailleurs ce que disait, il y a quelques années, au peuple annamite M. le Gouverneur général Beau :

« Nous sommes venus dans ton pays suivant la trace de nos ancêtres qui, depuis deux siècles, fréquentaient ton rivage. Nous sommes venus, poussés par le même esprit d'aventure, par le même besoin d'expansion qui t'a poussé toi-même à quitter la terre natale pour venir disputer celle-ci à ses premiers occupants.

« Ignorant tes mœurs et ton histoire, nous croyions apporter à un peuple barbare les bienfaits de notre civilisation supérieure.

« Et nous nous sommes heurtés dans un long et sanglant conflit.

« Aujourd'hui, nous nous connaissons mieux et nous commençons à nous comprendre.

« Nous nous sommes rencontrés sur les champs de bataille et nous avons su braver la mort.

« Nous avons parcouru tes champs, tes rizières, tes collines, et partout nous avons admiré ton labeur incessant.

« Nous sommes entrés dans la cité, et nous l'avons trouvé fondée sur une admirable organisation communale.

« Nous sommes entrés sous ton toit, et nous y avons trouvé le respect de la famille et le culte des ancêtres.

« Nous avons visité tes temples, et nous y avons lu quelques-unes des plus belles maximes dont s'honore l'humanité.

« A ton tour, peuple du Tonkin et de l'Annam, comprends-nous !

« Nous ne prétendons t'imposer ni nos mœurs, ni nos coutumes, ni nos croyances.

« Nous t'apportons les deux bienfaits qui t'ont fait défaut jusqu'ici : la Science, créatrice de la Richesse, et la Force, gardienne de ses biens.

« Voici nos colons qui t'initieront à tous les secrets de la science occidentale. Par eux tu connaîtras le travail de la machine et tu apprendras comment les forces de la nature peuvent être asservies à l'homme pour alléger son travail.

« Nos intérêts vont se mêler aux tiens ; notre richesse sera ta richesse ; et de même notre force sera ta force.

« Contre l'ennemi du dehors jaloux de la fertilité de ton sol et du labeur infatigable de tes enfants, nous t'apportons le secours de notre épée.

« Nos intérêts sont confondus désormais et étroitement unis. Un nouveau pacte se fait entre nous, pacte librement consenti pour la défense des biens communs.

« Ton histoire se mêle à la nôtre, et c'est par nos fils unis aux tiens que s'achèvera ta destinée historique ».

Les Annamites ont très bien compris que leur sort était lié à celui de la France. Le loyalisme de leur attitude au cours de la grande guerre, l'importance de leur contribution en soldats, en ouvriers, en argent, en matières premières pour les besoins de la défense nationale en sont autant de preuves éclatantes. Et l'attachement de plus en plus profond des Annamites à la France protectrice, au lendemain de cette guerre qui aura scellé dans le sang le pacte d'union, ne peut que hâter l'acheminement du peuple d'Annam vers les destinées les plus hautes que prévoyait M. le Gouverneur général Beau.

Les Gouverneurs généraux qui ont suivi se sont tous attachés à cette belle idée de collaboration, d'association franco-annamite. Concluons par ces paroles récentes de M. le Gouverneur général Alexandre Varenne :

« De tous temps, ceux qui ont parlé ici au nom de la France ont proclamé leur sollicitude pour les populations d'Indochine. Ils l'ont fait en des termes dignes d'elle, de ses nobles traditions, de sa glorieuse histoire. Ils ont tenté dans le domaine de l'éducation et de la solidarité de généreux efforts. Mais l'œuvre était immense et souvent difficile. Ce n'est pas du premier coup d'œil qu'on pouvait embrasser l'étendue des problèmes et découvrir les solutions. Il y fallait le concours de l'expérience et la patine du temps.

« Nous voici parvenus à une étape nouvelle où, profitant des enseignements du passé, tenant compte des événements qui ont secoué les Etats et remué jusqu'au fond l'âme des hommes, il nous faut fournir un nouvel effort vers le mieux ».

Hanoi. — Imp. d'Extrême-Orient. — 50552.